Ursula Isbel • Pferdeheimat im Hochland

OMNIBUS

DIE AUTORIN

Foto: A. Flammang

Ursula Isbel, 1942 in München geboren, lebt als freie Autorin und Übersetzerin in einem Dorf im Chiemgau. Schwerpunkt und wichtigstes Anliegen ihrer Arbeit ist der Tierschutz. Sie selbst sagt über ihre Bücher: »Ich hoffe, dass… meine Bücher Freunde für meine Leserinnen und Leser sind. Dass sie ihnen auf dem Weg zum Erwachsenwerden ein Stück Geborgenheit, Hilfestellung und Orientierung geben, ihnen aber auch Liebe und Verantwortung für unsere Mitgeschöpfe ›vorleben‹ können.«

Ursula Isbel

Pferdeheimat im Hochland

Schottischer Sommer
Danny Boy

Band 20121

Der Taschenbuchverlag
für Kinder und Jugendliche
von Bertelsmann

Von Ursula Isbel ist bei
OMNIBUS erschienen:

Pferdeheimat im Hochland
3 Bände (20121, 20478, 20534)
Windsbraut (20590)

Umwelthinweis:
Dieses Buch wurde auf chlorfrei gebleichtem
Papier gedruckt.

Genehmigte Taschenbuchausgabe April 1997
Gesetzt nach den Regeln der Rechtschreibreform
Sammelband der 1990 beim Franz Schneider Verlag,
München erschienenen Bände
Alle Rechte dieser Ausgabe vorbehalten durch
C. Bertelsmann Verlag GmbH, München
© 1997 Ursula Isbel
Umschlagfoto: Bob Langrish, Popperfoto
Umschlagkonzeption: Klaus Renner
Karte: Werner Heymann
us · Herstellung: Stefan Hansen
Satz: Uhl + Massopust, Aalen
Druck: Presse-Druck Augsburg
ISBN 3-570-20121-X
Printed in Germany

10 9 8 7 6 5 4

Schottischer Sommer

1

Mein Bruder sang »Der Mai ist gekommen, die Bäume schlagen aus« – sehr laut, krächzend und ziemlich falsch; er war wegen seiner Sangesfreude in der ganzen Familie gefürchtet. Doch draußen war wirklich Mai. Wenn man aufs Land fuhr, konnte man den Kuckuck rufen hören und im Garten unseres Reihenhauses blühte der Flieder.

»Hilft mir mal wieder keiner beim Abwasch?«, rief Mutter in Tims Gesang hinein und mein Vater sagte automatisch hinter der Zeitung hervor: »Ihr solltet eurer Mutter wirklich mehr helfen.« Da hörte Tim zu krächzen auf und murmelte etwas von Schularbeiten und Prüfungen, und unsere Mutter streckte den Kopf aus der Durchreiche und beklagte sich darüber, dass in diesem Haus nie einer freiwillig auf die Idee käme, ihr eine Arbeit abzunehmen, und dass sie schließlich nicht unsere Sklavin sei.

Tim verschwand, wie immer, wenn es ums Abwaschen, Geschirrtrocknen oder Staubsaugen ging. Ich sah ihm nach und hätte ihm gern meine Meinung gesagt, doch aus Erfahrung wusste ich, dass es nicht viel brachte. Der einzige Erfolg war, dass Mutter dann durchdrehte, weil es unweigerlich zum Streit zwischen Tim und mir kam. Und letzten Endes zog ich dabei doch den Kürzeren – vermutlich, weil Hausarbeit in den Augen meiner Eltern noch immer mehr Mädchen- als Jungensache war, auch wenn sie sich für absolut modern hielten.

Ich ging also in die Küche, während aus dem Nachbargarten Grilldüfte herüberzogen und den Geruch des Flieders verdrängten. Meine Mutter kratzte Töpfe aus und ich versenkte die Hände im Spülwasser, das zu heiß war.

»Onkel Scott hat geschrieben«, sagte Mutter. »Ich fürchte, er wird immer mehr zum Einsiedler, seit Anne nicht mehr lebt.«

Onkel Scott war mit der Schwester meiner Mutter verheiratet gewesen. »Woher weißt du das?«, fragte ich.

»Seine Briefe werden so wunderlich. Er ist wohl sehr einsam, der Ärmste. Wenn die beiden Kinder gehabt hätten... So lebt er ganz allein in diesem großen Haus und ich möchte nicht wissen, was das für eine Junggesellenwirtschaft ist! Überall Hundehaare und Pfeifenasche und alte Zeitungen und in der Küche Berge von schmutzigem Geschirr...«

»Aber er hat doch eine Haushälterin«, sagte ich. »Und wieso meinst du, dass er einsam ist? Er hat seine Pferde.«

»Pferde sind keine Menschen«, erklärte meine Mutter. »Und Mrs. Tweedie ist inzwischen bestimmt schon über siebzig. Ich glaube, sie hat Gicht oder Rheuma.«

Mrs. Tweedies Leiden interessierten mich nicht sonderlich. »Aber hat er nicht immer zwei Pferdepfleger gehabt?«

Meine Mutter spritzte mehr Spülmittel ins Wasser. Es schäumte, was ich nicht ausstehen kann. »Ach, damit scheint's auch nicht mehr recht zu klappen. Scott beklagt sich darüber, dass er nicht die richtigen Leute kriegt. Vielleicht ist es auch so, dass er selbst einfach zu schwierig oder anspruchsvoll geworden ist. Jedenfalls hat er im Augenblick nur einen jungen Mann aus der Nachbarschaft und bei dreißig Pferden reicht das natürlich nicht vorn und hinten.«

»Verstehe ich nicht«, sagte ich und kratzte einen Essensrest aus einer Schüssel. »Hier sind Stalljobs sehr gesucht. Ich wollte, sie hätten in unserem Reitstall eine Stelle frei, dann könnte ich dort arbeiten – wenigstens für ein Jahr oder so.«

»Du sollst was Richtiges lernen, Laurie«, erwiderte meine Mutter erwartungsgemäß.

»Was ist an der Arbeit mit Pferden nicht richtig, kannst du mir das verraten?« Es war immer das gleiche alte Problem – meine Eltern und ich hatten bezüglich Arbeit, Schulausbildung und Beruf total verschiedene Ansichten.

»Vielleicht kriege ich ja die Lehrstelle bei *Sokrates*.« Das war ein Goldschmied in unserer Nähe, der in Wirklichkeit Huber hieß, sich aber einen griechischen Namen zugelegt hatte. »Nur meint er, dass es frühestens in einem Jahr klappen wird, wenn sein derzeitiger Azubi ausgelernt hat.«

»Vielleicht!«, sagte meine Mutter. »Und selbst wenn – was machst du inzwischen? Nach der mittleren Reife, meine ich? Du willst doch nicht etwa ein Dreivierteljahr lang zu Hause herumsitzen?«

Wir hatten das alles schon tausendmal durchgekaut. »Ich könnte inzwischen ein Berufsfindungsjahr machen«, sagte ich ohne Begeisterung.

Im Wohnzimmer hatte mein Vater den Fernseher eingeschaltet. Wir hörten die Stimme eines Sportreporters herüberdröhnen, aufdringlich wie ein Jahrmarktschreier.

»Nicht so laut!«, rief meine Mutter, doch Vater hörte sie nicht. Sie trocknete sich die Hände an einem Geschirrtuch ab und ging kopfschüttelnd zu ihm, während ich Berge von Tellern, Schüsseln, Tassen und Besteck spülte, die kein Ende zu nehmen schienen.

Dabei dachte ich an Onkel Scott. Ich hatte ihn vor acht Jahren kennen gelernt, als er mit Tante Anne nach Deutschland reiste. Damals war ich achteinhalb gewesen und er etwa fünfundvierzig. Natürlich war er mir – wie alle Leute über dreißig – steinalt vorgekommen. Ich erinnerte mich nur noch daran, dass er mich »Lassie« genannte hatte, wie diesen Hund im Fernsehen, und dass er Pfeife rauchte.

Endlich war das Geschirr gespült; zum Abtrocknen hatte ich keine Lust mehr. Zum Gebrüll von »Tor!«, »gelbe Karte« und »Foul« stieg ich die Treppe hinauf in mein Zimmer. Als ich dann am Fenster stand und zu unseren Nachbarn hinübersah, die als echte Grillfanatiker bei jedem Sonnenstrahl Würstchen auf der Terrasse brutzelten, ertappte ich mich dabei, dass ich noch immer an Onkel Scott dachte.

Tante Anne hatte uns Fotos von ihrem Haus geschickt; ein seltsames graues Gebäude mit mindestens fünf Kaminen, Vortreppe, Efeu zwischen schmalen Fenstern und einem Meer von Bäumen und Büschen drum herum, die das Haus irgendwie düster erscheinen ließen. Dazu gehörte auch viel Land mit Koppeln und Weiden, deren Grenze die Kette der Hügel und Berge war. Meine Tante hatte nicht ohne Stolz davon erzählt und ich hatte es nicht vergessen, denn als Kind kam es mir vor, als würde sie dort in einem Schloss wohnen.

Während ich darüber nachdachte, schaute ich auf unser winziges Gärtchen hinunter, ein handtuchgroßer Streifen Grün zwischen zwanzig ebensolchen Gartenstreifen, die alle gleich aussahen. Von der Hauptstraße drang Verkehrslärm herüber und drei Häuser weiter hatte jemand das Radio zu laut aufgedreht.

Onkel Scott aber saß allein in seinem großen, düsteren

Haus, in dem ab und zu eine gichtkranke Frau namens Tweedie herumschlurfte und versuchte Ordnung zu schaffen, während draußen die Pferde auf grünen Koppeln weideten, versorgt von meinem Onkel und einem jungen Typen, den ich mir sommersprossig und rothaarig vorstellte. In meiner Phantasie spielte dazu jemand auf dem Dudelsack.

2

Und wie hast du dir das vorgestellt?«, fragte mein Vater.

Ich wusste, jetzt musste ich die Sache richtig anpacken, wenn ich nicht gleich von vornherein alles verderben wollte. Ich musste einen vernünftigen, sachlichen Eindruck machen. Es wäre unklug gewesen, ihm und Mutter von meinem Traum zu erzählen.

Also sagte ich sehr vernünftig und sachlich: »Ich könnte ja mal an Onkel Scott schreiben und ihn fragen. Vielleicht freut er sich, wenn ihm jemand mit den Pferden und im Haushalt hilft.«

»Im Haushalt?«, wiederholte meine Mutter mit vielsagendem Unterton. »Du und Haushalt? Das erstaunt mich jetzt aber, Laurie. Ich versuche seit Jahren, dich fürs Kochen zu interessieren, doch ohne den geringsten Erfolg.«

Ich zog es vor, das zu überhören. »Ich könnte sicher eine Menge dabei lernen«, sagte ich tugendhaft. »Perfekt Englisch zum Beispiel. Pferdehaltung. Ein Jahr Auslandsaufenthalt ist doch schließlich keine üble Sache, oder?«

Mein Vater war nachdenklich geworden. Ich merkte, dass er die Idee nicht schlecht fand, aber überlegte, wo der Haken an der Sache sein mochte. Schwieriger war es schon mit meiner Mutter.

»Dein Onkel wird erwarten, dass du ihm den Haushalt führst«, sagte sie. »Oder wenigstens, dass du die allernötigsten Arbeiten im Haus erledigst und für ihn kochst. Und das kannst du nicht.«

»Kochen kann man lernen«, erwiderte ich. »Ich nehme ein Kochbuch mit. Das ist doch ganz einfach.«

»Ja. Kinderleicht«, sagte sie ironisch.

Diesmal jedoch hatte ich Vater auf meiner Seite.

»Warum sollte sie es nicht lernen können?«, meinte er. »Wenn man ins Wasser geworfen wird, schwimmt man. Vielleicht würde Laurie dadurch selbstständiger. Das allein wäre die Sache schon wert. Und gute Englischkenntnisse sind heutzutage auch nicht zu verachten. Ich wollte, ich hätte als junger Mann die Chance gehabt, für ein Jahr ins Ausland zu gehen. Aber davon konnte man damals nur träumen. Mein Vater war im Krieg gefallen, ich musste rasch Geld verdienen. Und dann haben wir früh geheiratet – zu früh vielleicht...«

Mutter hob den Kopf. »Willst du mir daraus einen Vorwurf machen? Du warst es doch, der unbedingt eine Familie haben wollte! Und du weißt, dass ich der Kinder wegen meinen Beruf aufgegeben habe, in dem ich bestimmt nie wieder unterkomme. Stattdessen sitze ich jetzt halbtags an der Kasse im Supermarkt. Glaubst du vielleicht, mir macht das Spaß? Ich könnte längst Einkäuferin in einem großen Modehaus sein...«

Ich hörte nicht mehr hin. Diese Diskussionen kannte ich schon, wusste, welchen Verlauf sie nahmen und wie sie endeten. Ich dachte an meinen Traum von vergangener Nacht, den ich verschwiegen hatte, weil er nicht »vernünftig« war – das sind Träume ja selten –, und ohne den dieses Gespräch nie stattgefunden hätte.

Im Traum war ich durch einen verwilderten Garten gegangen, in dem Rhododendronbüsche, groß wie junge Bäume, rot und golden blühten. Dämmerlicht lag über den Pfaden und im dichten Blattwerk sangen die Vögel. Sonst war es still. Ich konnte die Tropfen von den Blütenblättern ins Gras fallen hören und plötzlich, sehr nahe, das sanfte Wiehern eines Pferdes und leichtes Hufgetrappel auf weichem Grund. Dann teilte sich das mannshohe Buschwerk wie ein Vorhang und ich sah eine Koppel im Mondlicht, auf der sich eine Gruppe von Pferden frei und wild bewegte. Ihr Fell glänzte wie silberne Birkenstämme, wie Ebenholz und reife, rote Kastanien, und der Wind spielte in ihren Mähnen und Schweifen. Wie verzaubert betrachtete ich sie, gefangen von der Schönheit dieses Bildes. Und während ich da stand, hörte ich, wie jemand meinen Namen rief. Ich sah mich um und bemerkte ein Haus zwischen den Bäumen, breit und düster unter dem dunklen Himmel. Ein Mann lehnte an der Säule der Vortreppe und winkte mir zu. Und obwohl seine Gestalt, sein Gesicht verschwommen waren wie auf einer längst verblassten Fotografie, wusste ich doch, dass es Onkel Scott war, der dort auf mich wartete.

Mitten in der Nacht war ich aufgewacht. Plötzlich war alles ganz natürlich und einfach, als hätte es mir »der Herr im Schlaf gegeben«, wie es in einem Sprichwort heißt. Ich wusste genau, was ich zu tun hatte. Sicher gab es Hindernisse, die überwunden werden mussten, aber die gibt es ja immer.

»Wir lassen Scott entscheiden«, hörte ich meinen Vater sagen. »Wenn er sie nimmt, soll's mir recht sein.«

»Ich hab keine Lust, mich zu blamieren«, erwiderte meine Mutter mit einem Seitenblick auf mich, der nicht besonders freundlich war. »Ein paar Tage, nachdem sie ihm die erste Mahlzeit vorgesetzt hat, wird ein Brief in unserem Postkasten liegen, in dem er sich beklagt, dass wir ihm ein Kuckucksei ins Nest gelegt haben.«

Ich bemühte mich, liebenswürdig und sachlich zu bleiben. »Ich schreibe ihm natürlich«, sagte ich. »Ich schreibe ehrlich, dass ich nicht kochen kann – noch nicht. Dass ich aber dafür etwas von Pferden verstehe. Vielleicht ist ihm das sogar wichtiger. So was soll's ja geben.«

»So viel einer eben versteht, der seit zwei Jahren reitet«, schränkte meine Mutter ein.

»Ich helfe regelmäßig bei Habermanns im Stall«, erinnerte ich sie, noch immer höflich, obwohl es mir langsam schwer fiel.

Mein Vater sagte: »Gib Laurie eine Chance, ja? Erziehung bedeutet, Kinder zu unterstützen, nicht, sie zu entmutigen.«

Er sagte manchmal solche Sachen, die einen total in Erstaunen versetzen konnten. Ich warf ihm einen dankbaren Blick zu und Mutter erwiderte: »Ich versuche doch nur, sie auf den Boden der Tatsachen zurückzubringen, um ihr eine Bauchlandung zu ersparen.«

»Bauchlandungen gehören zu den Erfahrungen, die man im Leben machen muss. Die kann einem keiner ersparen.«

Ich war der Meinung, dass Bauchlandungen zu den Erfahrungen gehörten, die andere Leute machen mussten, aber ich nicht; doch das verschwieg ich.

»Ich schreibe noch heute an Onkel Scott«, sagte ich und der Name hatte plötzlich einen neuen, besonderen Klang.

»Und falls er einverstanden ist – wie willst du die Fahrt nach Schottland finanzieren?«, fragte Mutter. »Du weißt, dass wir das Haus abbezahlen. Seit vier Jahren verzichten wir auf unseren Urlaub. Wir können uns nicht noch mehr einschränken.«

Auch darüber hatte ich schon nachgedacht. »Es gibt billige Städtereisen mit dem Bus. Eine Schulfreundin ist zu Ostern für ungefähr hundertfünfzig Mark nach London gefahren. Ich jobbe einfach irgendwo ein paar Tage. Irgendwie kriege ich das Geld schon zusammen.«

»Irgendwo, irgendwie...« Ich sah den Zweifel im Gesicht meiner Mutter, doch für mich selbst war alles wunderbar klar und einfach. Ich wusste, ich konnte alles schaffen, jede Schwierigkeit überwinden, wenn Onkel Scott nur Ja sagte – und warum sollte er das nicht?

Ich hörte, wie meine Eltern sich noch über die Sache unterhielten, während ich mich mit Briefpapier und meinem Englischlexikon auf die Terrasse setzte. Es roch nach Abgasen und Erbsensuppe. Irgendwo sang ein Vogel, doch der ferne Verkehrslärm war stärker als seine Stimme; ein ständiges Brausen und Dröhnen und Tosen, in dem das Vogelgezwitscher gleichsam ertrank.

Ich versuchte mir die schottischen Highlands vorzustellen, die Stille, den Duft des Heidekrauts, die Schafe und Pferde auf den Hügeln; doch ich konnte es nicht. Ich war in der Großstadt aufgewachsen, und selbst im Urlaub, auf den Campingplätzen in Italien und Jugoslawien, war es immer laut und eng zugegangen. Doch im vergangenen Herbst hatte ich im Fernsehen einen Reisebericht über Schottland gesehen und wusste, dass es dort Landstriche gibt, die wild und einsam sind: Hügel und Täler von sattem Grün und dazwischen schimmernde Seen, die Ufer von Rhododendron, Stechpalmen und Kiefernwäldern gesäumt. Sicher gab es Leute, die diese Gegenden fern von Supermärkten, Diskos und Modeboutiquen gottverlassen genannt hätten, das einfache bäuerliche Leben primitiv und hinterwäldlerisch; doch mir war es wie der Rest eines verlorenen Paradieses vorgekommen.

Ich hatte nie selbst an Onkel Scott geschrieben; jedenfalls nicht mehr als meinen Namen auf Weihnachts- und Geburtstagskarten. Das machte die Sache nicht gerade leichter. Dazu kam, dass der Brief ja in Englisch abgefasst sein musste. Mr. Marks, unser Englischlehrer, hätte sich bestimmt die Hände gerieben, wenn er mich jetzt hätte sehen können, bleistiftkauend und im *Oxford Dictionary* blätternd.

Während ich noch über dem Entwurf brütete und schwitzte, kam meine Mutter auf die Terrasse und sagte: »Schreib ihm aber klar und deutlich, dass es nur für ein Jahr ist, damit er keinen allzu großen Schrecken bekommt.«

»Hab ich schon«, erwiderte ich. »Und dass ich noch nicht kochen kann, aber Ahnung von Pferden habe, geübt im Putzen und Geschirrspülen bin und verträglich und genügsam...«

»Verträglich und genügsam?«, wiederholte sie, konnte sich aber ein Lächeln nicht verbeißen.

Mein Bruder tauchte in der Tür auf und erklärte, es wäre »ätzend unfair«, dass ich nach Schottland dürfe und er nicht.

»Du kannst es ja auch versuchen, wenn du mit der Schule fertig bist«, sagte ich. »Daran hindert dich keiner.«

»Du glaubst doch nicht, dass Onkel Scott noch jemals mit einem Mitglied unserer Familie etwas zu tun haben will, nachdem du über ihn hereingebrochen bist?«, fragte Tim.

»Verschwinde!«, rief ich. »Ich will jetzt den Brief zu Ende schreiben. Du störst hier.«

Er kam näher und sah mir über die Schulter. »Dear Uncle Scott«, las er laut. »I'm sure you will be surprised by this letter, especially as I never wrote to you before...«

Ich versetzte ihm einen kräftigen Stoß mit dem Ellbogen.

»Deine englische Aussprache stinkt zum Himmel«, sagte ich. »Heb dich hinweg! Auf Wiedersehen!«

Er lachte. Da er gerade im Stimmbruch war, klang es nervtötend, ungefähr wie eine Blechschaufel, mit der man auf kiesbestreutem Pflaster herumscharrt. Wie immer bekam ich davon eine Gänsehaut. »Love and kisses from your lousy little Laurie!«, flötete er und lachte kreischend.

»Mann, bin ich froh, wenn ich dein Gesicht ein Jahr lang nicht mehr sehen muss!«, sagte ich aus tiefstem Herzen.

Ich brauchte mehr als zwei Stunden für den Brief. Trotzdem war er bei weitem nicht so, wie ich ihn haben wollte. Ich beschloss jedoch, dass es so gehen musste, und hoffte, dass Onkel Scott nicht einer war, der sich an grammatikalischen Fehlern festbiss.

Als ich den Umschlag auf der Schreibmaschine meines Vaters tippte, fiel mir zum ersten Mal auf, dass Onkel Scotts Anwesen *The Laurels* hieß; und der Gleichklang zwischen meinem Vornamen, Laura, und dem Gutshof im schottischen Hochland erschien mir wie ein gutes Omen.

3

In der folgenden Woche hatten wir Pfingstferien. Ich verbrachte sie hauptsächlich damit, auf den Briefträger zu warten, obwohl meine Mutter behauptete, die Post aus den Highlands sei manchmal sechs bis sieben Tage unterwegs. Außerdem, so erklärte sie, wäre ihr Schwager sowieso ein ziemlich lausiger Briefschreiber (das Wort »lausig« benutzte sie natürlich nicht), bei dem es Wochen, manchmal sogar Monate dauern könnte, bis er auf einen Brief Antwort gab.

Ich weigerte mich, zu glauben, dass Onkel Scott so grausam sein konnte, mich wochenlang schmoren zu lassen. Er musste doch begreifen, wie wichtig die Sache für mich war, falls er sich nicht inzwischen zu einem total verknöcherten Egoisten entwickelt hatte.

»Ruf ihn doch einfach an«, riet mir Tim. »Das hält man ja im Kopf nicht aus, wie du herumhängst und den Briefkasten anschmachtest.«

Doch irgendwie war mir unbehaglich zu Mute bei dem Gedanken, den Hörer abzunehmen und plötzlich Onkel Scotts Stimme zu hören. Englisch am Telefon, das war schlimmer als eine mündliche Prüfung! Und Mutter meinte, es wäre nicht gut, Onkel Scott »die Pistole auf die Brust zu setzen«.

»Du musst ihm Zeit lassen, sich alles zu überlegen«, sagte sie. »Er soll sich nicht überrumpelt fühlen.«

Ich ging in die Stadtbücherei und lieh Bücher über Schottland aus. Ein Bildband von den Highlands war dabei mit Aufnahmen von heidekrautbewachsenen Gebirgsketten unter Wolkenschwaden. Ich las von Bonny Prince Charlys Flucht, von der unglücklichen Mary Stuart und den Engländern, die zwischen 1750 und 1850 bei den sogenannten Highland Clearances unzählige Bauern von ihren Höfen in den fruchtbaren Tälern vertrieben hatten, weil das Land für die Schafzucht gebraucht wurde. Um zu verhindern, dass die Farmer zurückkehrten, brannte man ihre Häuser nieder und verwüstete ihre Felder. Wilde Gemetzel hatten in den malerischen Tälern stattgefunden, Clans waren verraten und ausgelöscht worden und mit ihnen ihre Gefolgsleute.

»Schottland hat eine wilde und blutige Geschichte«, sagte mein Vater, der mir abends manchmal über die Schulter sah, wenn ich im Sessel saß und las. »Ein kleines Land mit einem viel zu mächtigen und eroberungslustigen Nachbarn, das vergeblich um seine Freiheit gekämpft hat.«

»Laurie lacht sich bestimmt einen von diesen rothaarigen Dudelsackbläsern an«, witzelte mein Bruder. »So einen Typen mit Schottenröckchen und gestrickten Wadenwärmern. Wem darf ich denn da bei der Hochzeit die Schleppe tragen?« Und er lachte heiser und scheppernd.

»Wer sagt, dass du zur Hochzeit eingeladen wirst?«, fragte ich.

Das Warten wurde von Tag zu Tag nervenaufreibender. Zwei Wochen waren nun verstrichen, seit ich den Brief an Onkel Scott in den Postkasten geworfen hatte.

»Wahrscheinlich will er nicht, dass ich komme, und es ist ihm bloß peinlich, mir abzusagen«, vertraute ich meiner Freundin Annika düster an.

Sie schüttelte den Kopf. »Absagen kriegt man meistens postwendend«, behauptete sie lebensklug. »Wer weiß, vielleicht hat's in den Highlands einen wahnsinnigen Sturm gegeben, das Postauto ist umgekippt und der Postsack ist mitsamt deinem Brief in eine Schlucht gefallen oder von einem Wasserfall weggespült worden oder in einem von diesen Lochs versunken...« Annika hatte eine lebhafte Phantasie.

Ich musste lachen. »Ja und dann hat Nessie den Postsack verschluckt. Oder feindliche Hochlandindianer haben die Postkutsche überfallen, wie?«

Sie war schon bei einer anderen Möglichkeit. »Oder eine Schneelawine ist von den Bergen abgegangen und hat die Zufahrtsstraßen blockiert...«

»Schneelawinen? Im Juni?«, sagte ich.

»Also hör mal, in Schottland ist das doch jederzeit drin!«, erwiderte sie entrüstet, so, als wäre sie dort geboren und aufgewachsen. Sie war jetzt fest davon überzeugt, dass mein Brief auf irgendeine abenteuerliche Weise verschwunden oder einer Naturkatastrophe zum Opfer gefallen war und Onkel Scott nie erreicht hatte.

»Du musst noch mal schreiben!«, sagte sie.

Doch das wollte ich nicht. Ich vermutete, dass Onkel Scott ganz einfach Bedenkzeit brauchte; vielleicht war er auch irgendwo in Schottland unterwegs, um Pferde zu kaufen. Ich vertröstete mich von einem Tag auf den nächsten. Immer, wenn ich von der Schule nach Hause kam und wieder nichts als Reklame im Briefkasten vorfand, dachte ich: Morgen kommt der Brief. Morgen bestimmt.

Doch was schließlich kam, war kein Brief, sondern ein Anruf; und auch den verpasste ich, denn ich war an diesem Abend wie fast jeden Mittwoch mit Annika und ihrem Bruder im Hallenbad.

»Er hat angerufen!«, brüllte Tim aus dem Wohnzimmer, sobald ich die Haustür aufgeschlossen hatte.

»Wer?«, schrie ich.

»Mann, Onkel Scott natürlich!«

Ich ließ meine Umhängetasche fallen und stürmte ins Wohnzimmer. Da saßen sie seelenruhig vor dem Fernseher und mampften Erdnüsse wie die Streifenhörnchen.

»Was hat er gesagt?« Meine Stimme überschlug sich vor Aufregung.

»Er konnte vor Glück kaum sprechen«, sagte mein Bruder mit vollem Mund. »Er hat vor Rührung geweint...«

Ich schwor mir, dass ich mich an ihm rächen würde, aber jetzt nicht. Aus dem Fernseher klangen Schüsse. »Halt den Schnabel«, rief mein Vater. »Er hat gesagt, er kann im Augenblick nicht schreiben...«

»Ein Pferd hat ihn in die Hand gebissen«, warf meine Mutter ein.

»Aber dass er nichts dagegen hat, wenn du kommst«, vervollständigte mein Vater.

Nach übermäßiger Begeisterung klang das nicht gerade, aber das störte mich im Augenblick nicht weiter. Hauptsache, er hatte Ja gesagt! Ich fiel meinem Vater um den Hals und Mutter erklärte: »Er schreibt dir, sobald er kann.« Und ich stolperte über Tims ausgestreckte Beine, fiel fast in den Fernsehschirm und umarmte auch meine Mutter.

»Alles unter der Voraussetzung«, sagte mein Bruder kauend, »dass du vorher einen Kochkurs machst.«

Ich starrte ihn an. »Blödsinn! Das hat er nicht gesagt!«

Mutter schüttelte den Kopf. »Nein, hat er nicht. Obwohl die Idee gar nicht so übel ist.«

Ich hörte nicht mehr richtig hin, denn ich war schon auf dem Weg zum Telefon, um Annika anzurufen.

Es war wunderbar, mit jemandem zu reden, der sich so richtig mit mir freute. Wir telefonierten über eine Stunde miteinander. »Ich besuche dich«, versprach Annika. »Sobald ich meinen ersten Urlaub kriege. Im Frühling müsste es klappen.«

Annika wollte nach der mittleren Reife ein einjähriges Praktikum bei einem Fotografen machen und anschließend auf die Staatslehranstalt für Fotografie gehen. »Hast du dich schon erkundigt, was die Fahrt nach Schottland kostet?«, fragte sie.

»Hundertneununddreißig Mark mit dem Europabus nach London«, sagte ich. »Und dann noch ungefähr fünfzehn Pfund nach Edinburgh.«

Als ich den Hörer auflegte, war ich nicht mehr ganz so euphorisch, sondern ein bisschen nachdenklich. Annikas Ankündigung mich zu besuchen, war schuld daran. Plötzlich war mir der Gedanke gekommen, dass Onkel Scott womöglich keiner von denen war, die in Jubel ausbrechen, wenn plötzlich eine unternehmenslustige Siebzehnjährige wie Annika, mit Punkfrisur und einem Rucksack, vor seiner Tür steht.

Was für ein Mensch war er überhaupt? Eigentlich wusste ich verteufelt wenig von ihm, auch wenn er vor dreiundzwanzig Jahren meine Tante geheiratet hatte. Was sollte ich machen, wenn er sich als ekelhafter alter Knochen herausstellte? Wenn er schrecklich geizig war, zu denen gehörte, die versuchen einem den Po zu tätscheln, oder dreimal pro Woche betrunken nach Hause kam! Vielleicht war er auch in den

Jahren seiner Witwerschaft ein Eigenbrötler geworden, der sich hinter seiner Zeitung verschanzte und nur zu besonderen Festtagen das Wort an einen richtete? So wie die Sache aussah, würde ich wohl mit ihm allein in seinem Haus leben müssen und das konnte schwierig werden...«

Mein Vater, der gerade aus dem Wohnzimmer kam und die Küche ansteuerte, musste den Zweifel auf meinem Gesicht bemerkt haben, denn er legte den Arm um meine Schultern, lächelte mich an und sagte: »Was ist los? Hast du Angst vor deiner eigenen Courage bekommen?«

»Hm«, murmelte ich. »Weißt du, es ist vielleicht blödsinnig von mir, aber... eigentlich kenne ich Onkel Scott ja überhaupt nicht.«

Arm in Arm gingen wir in die Küche. Dort setzten wir uns auf die harten Stühle und Vater goss jedem von uns ein Glas Milch ein. Dann nickte er. »Ich hab mich schon gefragt, wann dir das in den Sinn kommen würde.«

Verdutzt sah ich ihn an. »Aber du kennst ihn doch besser als ich!«

»Ich hab ihn nicht viel öfter gesehen als du. Vielleicht ein oder zweimal, ehe du geboren wurdest.« Er überlegte. »Ja, einmal, als er und Anne geheiratet haben und dann, als dein Großvater starb. Da waren die beiden zur Beerdigung hier. Später sind sie dann ein paar Mal in Deutschland und Österreich im Urlaub gewesen.«

»Damals war ich ja noch ein halber Säugling«, sagte ich. »Das zählt nicht. Ich kann mich jedenfalls nur an einen Besuch erinnern. Was ich meine, ist, dass du schließlich erwachsen bist und deshalb – na ja, du weißt doch bestimmt, was Onkel Scott für ein Mensch ist!«

»Du meinst, ein Erwachsener muss Menschenkenntnis haben? Also, Menschenkenntnis ist nicht etwas, was man einfach so mitgeliefert kriegt, wenn man älter wird, das lass dir gesagt sein.« Er zwinkerte mir zu und lächelte. »Aber keine Angst, so weit reicht es bei mir doch, um zu wissen, dass Scott kein altes Ekel ist. In diesem Fall hätte ich von Anfang an Nein zu deinem Plan gesagt. Natürlich weiß ich nicht, wie er sich in den letzten Jahren verändert hat. Wenn Leute älter werden und allein leben, werden sie manchmal eigenartig.«

Wir hörten die Wohnzimmertür klappen. »Wo steckt ihr beiden?«, rief Mutter über den Flur.

Vater stand auf und sagte rasch: »Jedenfalls, wenn du merken solltest, dass du nicht mit ihm klarkommst, fährst du wieder nach Hause. Du musst nicht um jeden Preis durchhalten, ist das klar? Nur – schmeiß auch nicht gleich wegen jeder Kleinigkeit den Kram hin. Möglicherweise dauert es einige Zeit, bis ihr euch zusammengerauft habt, du und Onkel Scott. Wenn ich ehrlich sein soll, halte ich das sogar für ziemlich wahrscheinlich.«

Mutter tauchte in der Küchentür auf. Ihr Blick ging zwischen Vater und mir hin und her: »Was ist los?«, fragte sie. »Ich dachte, ihr feiert hier mit Sekt. Aber danach seht ihr nicht gerade aus.«

»Laurie hat ein bisschen Fracksausen«, erklärte mein Vater.

»Kein Grund, es gleich so herauszuposaunen«, sagte ich.

Was mich an den meisten Erwachsenen stört, ist, dass man ihnen nichts anvertrauen kann. Sie wissen nicht, wann es Zeit ist, etwas für sich zu behalten. Mein Vater war da keine Ausnahme.

Seine Stimme klang leicht beleidigt. »Ich wusste nicht, dass es ein Geheimnis ist.«

Mutter sagte: »Es ist keine Schande, dass du dir Gedanken machst, Kind. Im Gegenteil; ich finde, du bist endlich mal ein bisschen realistischer als sonst.«

»Ich hab ihr gesagt, dass sie jederzeit nach Haue fahren kann, wenn sie mit Scott nicht klarkommt«, erklärte mein Vater. »Aber dass sie auch nicht wegen jeder Kleinigkeit die Flinte ins Korn werfen soll.«

Mutter nickte. »Ihr werdet euch zusammenraufen müssen«, sagte auch sie. Doch das wunderte mich bei ihr nicht weiter; sie gehört zu den Menschen, die immer mit Schwierigkeiten rechnen. Umso mehr überraschte es mich, als sie hinzufügte: »Aber ich denke, Laurie wird bei Scott einen Stein im Brett haben, wenn er sie erst mal sieht. Er wird sie mögen, weil sie meiner Schwester so ähnlich ist. Sie hat Annes Gesichtszüge, ihre Figur, manchmal sogar die gleichen Bewegungen wie sie. Ich bin neugierig, was Scott sagen wird, wenn er dich wiedersieht, Laurie.«

4

Damals machte ich die seltsame Erfahrung, dass die Zeit zugleich sehr langsam verstreichen und einem dabei doch förmlich zwischen den Fingern zerrinnen kann. Zumindest erlebte ich es in diesem Frühsommer so. Einesteils konnte ich es kaum erwarten, bis ich die Schule endlich hinter mir hatte, um meine Sachen zu packen und loszufahren; und das machte wohl, dass mir die Tage endlos erschienen. Andererseits lebte ich aber auch unter ständigem Zeitdruck, denn ich hatte im letzten Jahr zu wenig für die Schule getan und musste nun jede freie Minute für die Abschlussprüfung büffeln.

»Wenn ich Pech habe, rassle ich wegen Mathe und Chemie durch«, vertraute ich Annika an, für die das allerdings keine erschütternde Neuigkeit war, denn sie saß im Unterricht neben mir und kannte meine Schwachpunkte nur zu gut. »Meine Mutter trifft garantiert der Schlag, wenn ich die mittlere Reife nicht schaffe. Sie jammert mir ja schon seit Jahren die Ohren voll, weil ich kein Abitur mache.«

»Du schaffst das schon«, versicherte Annika. Sie hatte vor einiger Zeit ein Buch über positives Denken gelesen und schwor seitdem darauf, dass man Ereignisse durch die bloße Kraft seiner Gedanken beeinflussen kann. »Also, Laurie, pass auf: Du sagst dir jeden Tag zwanzigmal vor: Ich schaffe die Prüfung. Und abends vor dem Einschlafen möglichst noch zehnmal. Dann schaffst du es auch. Wenn du dich aber nur hinstellst und kreischst: Ich hab Angst, dass ich durchrassle!, ist das total verkehrt. Dann trifft nämlich genau das ein, was du vorhersagst.«

»Wahrscheinlich ist's immer noch die beste Methode, ich setze mich auf den Hosenboden und lerne, bis mir der Kopf raucht.«

Ich war skeptisch, gewöhnte mir aber sicherheitshalber an, jeden Abend im Bett mein Ich-schaffe-die-Prüfung-Sprüchlein aufzusagen, um mein Unterbewusstsein damit zu füttern. Schaden konnte es jedenfalls nicht. Allerdings hätte ich mehr Vertrauen in die Sache gehabt, wenn auch meine Chemielehrerin und mein Mathematiklehrer täglich ein ähnliches Sprüchlein aufgesagt hätten, etwa so: »Die Schülerin Laura Wegmann schafft die Prüfungen...«

Anfang Juni kam ein Brief von Onkel Scott.

»Liebe Laurie«, schrieb er (natürlich in Englisch).

»Dein Brief war eine große Überraschung für mich, und es tut mir Leid, dass ich ihn erst jetzt beantworten kann. Ein Pferd, das ich erst im Mai bekommen habe, hat mich ausgerechnet in die rechte Hand gebissen – so was passiert schon mal, wenn man nicht aufpasst. Diese armen Kerle haben manchmal ein Leben voll böser Erfahrungen hinter sich und misstrauen anfangs jeder Bewegung, die man macht. Manche werden dieses Misstrauen auch nie mehr los. Ich hoffe also, du machst dir nicht zu romantische Vorstellungen von der Arbeit, die dich hier erwartet. Der Umgang mit Pferden, die meist schon einen großen Teil ihres Lebens hinter sich gebracht haben – und leider nicht immer ein gutes Leben –, ist sehr verschieden von dem mit normalen Reitpferden, wie du ihn offenbar gewöhnt bist. Die Pferde, die ich aufnehme, sind meist krank – nicht nur körperlich, sondern auch seelisch krank. Man braucht unendlich viel Liebe, Geduld und Verständnis und muss auch Rückschläge und Misserfolge verkraften können.

Ich möchte dir nicht von vornherein die Illusionen rauben, halte es aber doch für fair, dir ehrlich zu schreiben, was dich hier erwartet. Ich lebe recht einsam und abgeschieden. Wenn man jung ist, sehnt man sich meist nach Abwechslung und Geselligkeit. Es könnte sein, dass du dich auf Dauer bei mir langweilen wirst, denn du kommst ja aus einer Großstadt. Aber wir werden sehen, wie es dir auf *The Laurels* gefällt. Ein Jahr ist keine Ewigkeit, und wenn du vorzeitig den Entschluss fasst, nach Hause zurückzukehren, werde ich dir bestimmt nicht böse sein. —

Dann ist da noch das Haus. Ich möchte auch hier ganz ehrlich sein und sagen, dass es mit meinem Haushalt nicht gerade zum Besten steht, seit Anne nicht mehr lebt. Ich hoffe, du gehörst nicht zu den Menschen, die sich in einem Haus nur dann wohl fühlen, wenn man vom Boden essen kann; in diesem Fall wäre *The Laurels* der falsche Ort für dich. Hier herrscht eine richtige Junggesellenwirtschaft. Mrs. Tweedie kommt zwar jeden zweiten Tag, aber sie ist alt und wird langsam gebrechlich, hat die Gicht und sieht nicht mehr gut. Ich bin schon froh, wenn sie mir ab und zu eine Kleinigkeit kocht und sich darum kümmert, dass mir die Geschirrberge nicht über den Kopf wachsen. Ich habe mir schon lange vorgenommen, mich nach einer neuen Hilfe umzusehen, was jedoch nicht so einfach ist, da ich meine alte Tweedie nicht kränken möchte. Und Haushaltshilfen, die nicht neugierig sind, stillschweigend ihre Arbeit tun und sich nicht in alles einmischen, sind schwer zu finden. Ich fürchte, ich selbst habe mich immer viel zu wenig um häusliche Dinge gekümmert. Alles, was mit Kochen und Saubermachen zu tun hat, ist mir seit jeher zuwider, und deine Tante hat mich in dieser Beziehung auch sehr verwöhnt. Als sie noch lebte, war dieses Haus ein gemütlicher, gepflegter Ort, an dem man sich wohl fühlen konnte. Jetzt ist es leider auf dem besten Weg zu verlottern; und obwohl es mich krank macht, das mit anzusehen, habe ich doch nicht die Energie, etwas dagegen zu tun.

Du sollst jetzt nicht glauben, dass ich dich in diesem Jahr, das du hier verbringen wirst, als billige Haushaltshilfe ausnutzen will. Sicher wäre es schön, wenn du gelegentlich etwas für uns beide kochen würdest. Ansonsten gibt es mit den Pferden genug zu tun. Natürlich sollst du auch nicht umsonst arbeiten. Bist du mit einem monatlichen Gehalt von 225 Pfund einverstanden? Essen und Wohnen sind selbsverständlich frei.

Du hast geschrieben, dass du Ende Juli, nach deinem Schulabschluss, kommen könntest. Das passt mir gut. Schreibe mir noch den genauen Termin deiner Ankunft. Ich denke, du wirst in Edinburgh ankommen, wenn du mit der Bahn oder dem Bus fährst. Da ich nur schlecht von hier weg kann, wäre es gut, wenn du gleich von Edinburgh bis Inverness weiterfahren könntest; dort würde ich dich dann vom Bahnhof abholen. Ich lege dir einen Auszug aus dem Fahrplan mit den täglichen Zugverbindungen zwischen E. und I. bei.«

Am Ende des Briefes standen noch Grüße an meine Eltern und Tim. Ich richtete sie aus, zeigte den Brief aber weder meiner Mutter noch meinem Vater, obwohl ich wusste, dass sie das erwarteten. Ich fand, dass es nur mich etwas anging. Es war ein sehr persönlicher Brief und vielleicht wollte Onkel Scott nicht, dass ich das, was er über seinen Haushalt geschrieben hatte, weitergab.

Ich fand auch, dass es ein sympathischer Brief war. Ich mochte die Art, wie Onkel Scott schrieb; es gefiel mir, dass er nicht versuchte mir etwas vorzumachen. Natürlich freute ich mich über sein Angebot, mir 225 Pfund zu zahlen. Ich ging zur Bank und erfuhr, dass das englische Pfund bei ungefähr 3 Mark 40 stand. Also würde ich monatlich etwa 765 Mark verdienen, was eine Menge Geld für mich war; mehr, als ich mir je erträumt hatte.

»Du kriegst mehr als ich bei meinem Fotofritzen«, sagte Annika. »Also echt, du bist ein unverschämter Glückspilz, Laurie!«

»Das muss sich erst noch rausstellen«, erwiderte ich vorsichtig. »Falls ich durch die Prüfung falle, verlangt meine Mutter garantiert, dass ich hierbleibe, wie verrückt büffle und die Klasse wiederhole. Dann ist's Essig mit Schottland.«

Annika forderte mich streng auf, keinen Schwachsinn zu reden. »Du musst positiv denken!«, schärfte sie mir ein. »Du musst total überzeugt sein, dass du durch die Prüfung kommst und Ende Juli mit dem Realschulabschluss im Rucksack bei deinem Onkel auf der Matte stehst.«

Ich versuchte es, aber wenn ich meine Bücher aufschlug und sah, wie wenig ich vom Prüfungsstoff beherrschte, verließ mich jeder positive Gedanke. Ich verbrachte die schönsten Nachmittage und Abende am Schreibtisch, während andere Leute zum Baden, Eisessen oder in den Biergarten gingen.

Natürlich fiel mein ungewohnter Fleiß zu Hause auf. Meine Eltern waren hoch erfreut; sie dachten, es ginge mir in meinem plötzlichen Anfall von Ehrgeiz darum, besonders gute Zensuren zu erzielen und mir damit »bessere Chancen für die Zukunft zu sichern«, wie sie das ausdrückten. Tim war da schon hellsichtiger, obwohl ich mit ihm nie über meine Schulprobleme sprach.

»Was ist, wenn Laurie durch die Prüfung rasselt?«, fragte er eines Abends beim Essen. »Darf sie dann auch nach Schottland?«

Mir blieb der Bissen im Hals stecken. Ich versuchte ihn mit den Blicken zu erdolchen, aber es gelang mir nicht. Er hatte seine Unschuldsmiene aufgesetzt, doch in seinen Augen glitzerte es tückisch.

»Lass die dummen Witze!«, sagte meine Mutter. »Laurie fällt nicht durch.«

»Kümmere du dich lieber um deine eigenen Noten, junger Mann«, fügte mein Vater stirnrunzelnd hinzu.

Je näher die Prüfungstage rückten, umso schlechter schlief ich. Einmal träumte ich, ich wäre auf der Flucht. Zu Pferd floh ich über die Berge des schottischen Hochlands. Wenn ich mich umdrehte, sah ich meine Verfolger – es war ein ganzer Trupp und auch sie hatten Pferde, die schneller waren als das meine. An der Spitze ritt ein kleiner Mann mit grauem Spitzbart und krummen Beinen und erst, als sie mich fast eingeholt hatten und ich vor Schreck aufwachte, wurde mir klar, dass der Mann im Schottenrock mein Mathelehrer gewesen war.

Annika lachte so, dass sie einen Schluckauf bekam, als ich ihr von meinem Traum erzählte.

»Es war nicht komisch«, sagte ich. »Es war furchtbar. Ein richtiger Alptraum.«

Doch sie kicherte wie ein Schlumpf und drehte fast durch, als wir an diesem Vormittag Dr. Oberkoth den Flur entlangkommen sahen. Er hatte wirklich einen Spitzbart.

Abends kam Annika eigens noch vorbeigeradelt, um mir einen Schlaftee zu bringen, den sie einmal geschenkt bekommen hatte, aber selbst nicht brauchte. Das versöhnte mich mit ihrer Herzlosigkeit.

Leider nützte der Tee nichts. Ich schlief immer weniger, und wenn ich schlief, plagten mich scheußliche Träume. Meine Mutter begann Sachen für mich beiseite zu legen, die ich in Schottland brauchen würde; warme Pullis, Cordhosen, einen gefütterten Anorak, Socken und Schals und einen Regenumhang.

»Ich schicke dir den Rest per Post nach«, sagte sie. »Das kannst du unmöglich alles schleppen.«

Ich selbst packte fast gar nichts ein. Irgendwie war ich plötzlich von einem seltsamen Aberglauben beseelt und fürchtete, aus der Reise könnte nichts werden, wenn ich jetzt schon Vorbereitungen dafür traf. Ganz anders als Annika hatte ich das Gefühl, dass es besser war, mit dem Schlimmsten zu rechnen und zu hoffen, dass es dann doch nicht eintraf.

5

Die Katastrophe traf nicht ein, wenn ich auch haarscharf an ihr vorbeiging – oder sie an mir, wie man's nimmt. Mein Abschlusszeugnis war mit einer Fünf in Mathematik und einer Vier in Chemie nicht gerade glanzvoll.

Meine Eltern fielen aus allen Wolken. »Das darf doch nicht wahr sein!«, sagte mein Vater. »Du hast in letzter Zeit so viel gearbeitet. Wie konnte das nur passieren?«

»Ist dir klar, dass man sich mit so einem Zeugnis die ganze Zukunft verbauen kann?«, fragte meine Mutter und sah mich klagend an. »Eine Fünf in einem Hauptfach! Das bedeutet ja, dass du den Realschulabschluss um ein Haar nicht geschafft hättest!«

Doch ich hatte ihn geschafft und das war alles, was im

Augenblick für mich zählte. Endlich konnte ich der Schule den Rücken kehren, meine Schulbücher einmotten, brauchte Dr. Oberkoth nie wieder zu sehen – und vor allem: Ich durfte nach Schottland fahren!

Mein Herz war leicht wie eine Flaumfeder, als ich meinen Rucksack packte. Die Reitstiefel allein beanspruchten eine Riesenmenge Platz. Sweatshirts, Pullis, Jeans, Flanellblusen, der Regenumhang, warme Socken – schon war der Rucksack voll; dabei lag noch ein Berg Klamotten um mich herum auf dem Teppich, die ich ebenfalls mitnehmen wollte.

»Ich schicke dir alles nach; und im Oktober kriegst du ein Paket mit deinen Wintersachen«, versprach meine Mutter. Sie riet mir auch, nur wenige Sommersachen mitzunehmen. »T-Shirts und ein Rock, dazu eine von den indischen Baumwollhosen und ein Kleid, das reicht«, sagte sie. »Heiße Sommertage gibt's im Hochland zu selten, das weiß ich von Anne.«

Obwohl der Rucksack schon fast aus allen Nähten platzte, zwängte ich noch mein Tagebuch hinein. Ich war sicher, dass ich genug Stoff zum Schreiben haben würde, wenn ich erst einmal auf *The Laurels* war – falls ich dann überhaupt noch Zeit fand, Tagebuch zu führen.

Am Samstag um acht Uhr morgens sollte der Bus nach London starten. Denn es gab keinen Europabus, der von München direkt nach Edinburgh fuhr; ich musste am Londoner Busbahnhof Victoria Station in einen schottischen Bus umsteigen.

Meine Eltern brachten mich zum Starnberger Bahnhof, wo die Busse hielten, die ins Ausland fuhren. Als wir endlich einen Parkplatz gefunden hatten, war es zehn Minuten vor acht und Annika wartete schon vor dem Bus, um sich von mir zu verabschieden. Sie hatte mir einen Umweltschutz-Briefblock mitgebracht und fünfundzwanzig Umschläge dazu.

»Damit du mir schreibst«, sagte sie. »Auch wenn du dort ein ganzes Schock neuer Freunde findest.«

»Ich hab's dir doch versprochen«, erwiderte ich.

»Ich komme dich besuchen, sobald ich kann.«

Der Busfahrer bugsierte mein Gepäck in den seitlichen Stauraum. Meine Mutter stieß wilde Ermahnungen aus. Sie reichten von der Warnung, sich unterwegs vor fremden Leuten in Acht zu nehmen, über die Aufforderung zu höflichem Verhalten gegenüber Onkel Scott bis zum Befehl, im Umgang mit Pferden vorsichtig zu sein und kein Risiko einzugehen.

»Und ruf an, sobald du angekommen bist!«, sagte sie.

Mein Vater wischte sich verstohlen die Augen. »Pass gut auf dich auf, mein Mädchen«, sagte er. »Ich weiß, dass wir uns auf dich verlassen können. Es wird dir gut tun, mal auf eigenen Beinen zu stehen. Wahrscheinlich wirst du richtig erwachsen sein, wenn du wiederkommst.«

Für den, der zurückbleibt, ist es meist schwieriger, Abschied zu nehmen, als für einen, der ein neues und aufregendes Ziel ansteuert; das begriff ich in diesen Minuten. Ich umarmte erst meine Eltern, dann Annika. Alle Fahrgäste saßen schon im Bus. Der Fahrer ließ den Motor an. Ich kletterte hinein, gab meine Fahrkarte ab und setzte mich auf den einzigen freien Platz neben einen Punk mit Irokesenschnitt. Dann fuhr der Bus los und ich sah aus dem Fenster. Meine Eltern machten besorgte und ein bisschen verwunderte Gesichter, so, als könnten sie es nicht glauben, dass ich nun wirklich wegfuhr.

Das Letzte, was ich sah, war Annikas schmales, braun gebranntes Gesicht mit dem kleinen Vogel aus Emaille und der violetten Feder, die von ihrem linken Ohr baumelten. Sie hatte die Hand erhoben; ihre Lippen formten ein Wort, das ich nicht verstand. Und irgendwie wusste ich, dass ich dieses Bild von Annika und meinen Eltern vor Augen haben würde, wenn ich irgendwann einen Anfall von Heimweh bekommen sollte.

Wir fuhren den ganzen Tag und die ganze Nacht, und ich kann nicht behaupten, dass es die bequemste Art zu reisen war, vor allem nicht nachts. Kaum war ich eingeschlafen, wachte ich auch schon wieder auf, weil ich keinen passenden Platz für meinen Kopf und meine Beine fand, weil der Junge neben mir meine Schulter als Kopfkissen benutzte oder weil der Fahrer wieder eine Raststätte ansteuerte, um Kaffee zu trinken und den Fahrgästen Gelegenheit zu geben, zu pinkeln.

Ziemlich genau um halb acht Uhr waren wir in London, übernächtigt und grün im Gesicht. Ich hatte eineinhalb Stunden Zeit, bis der Bus nach Edinburgh abfuhr, und wankte mit meinem riesigen Rucksack und der unförmigen Reisetasche in die Toilette, um mir Gesicht und Hände zu waschen. Anschließend ging ich zum Fahrkartenschalter und versuchte ein One-way-Ticket nach Edinburgh zu kaufen, was nicht einfach war, weil die Frau am Schalter zuerst nicht verstand, wohin ich wollte. Dabei lernte ich meine erste Sprachlektion, nämlich dass Edinburgh im englischen Sprachraum »Ednbörra« ausgesprochen wird.

Dann landete ich in einem ungemütlichen Bahnhofsrestaurant, um zu frühstücken. Da Leute aus meiner Schule, die schon in London gewesen waren, mich eindringlich vor dem Londoner Kaffee gewarnt hatten, trank ich Tee mit Milch und aß ein paar Toastbrote mit Orangenmarmelade, die halb verbrannt und zäh wie alte Schuhsohlen waren. Auf das berühmte englische Frühstück mit Speck, Eiern und Würstchen verzichtete ich, da es mir zu teuer war; außerdem gefielen mir die Würstchen nicht. Matt lagen sie in einem Glasschaukasten und sahen aus wie eine besondere Züchtung zu kurz geratener, aber dafür umso dickerer Regenwürmer.

Weil ich auch das Geld für die Gepäckaufbewahrung sparen wollte, wanderte ich mit Rucksack und Reisetasche eine Straße entlang, von der ich nicht wusste, wie sie hieß, und sah mir Schaufenster an. Zu dieser frühen Morgenstunde lag noch alles in sonntäglichem Schlaf. Nur ein paar Busse und Taxis fuhren an mir vorbei, und ich kam mir irgendwie verlassen vor, allein in einer fremden Stadt, in der ich keine Menschenseele kannte.

Ich war froh, als ich auf meinem Platz im schottischen Bus saß und London verlassen konnte. Mein erster Eindruck von dieser riesigen Stadt war der eines endlosen Häusermeeres mit reichen Prachtbauten und grünen, gepflegten Plätzen; doch es gab auch Straßen, die düster und armselig wirkten und durch die einsame, zerlumpte Gestalten wanderten. Und eines meiner Lieblingslieder kam mir in den Sinn, Ralph McTells *Streets of London*, in dem es heißt: »How can you tell me you're lonely and say for you that the sun don't shine? Let me take you by the hand and lead you through the streets of London, show you something to make you change your mind...«

Die Fahrt nach Edinburgh dauerte fast acht Stunden und es gab nur einen kurzen Halt. Zum Glück wurde im Bus Tee ausgeschenkt und ich wickelte die belegten Brote aus, die Mutter mir mitgegeben hatte. Mittlerweile war ich total fertig und müde und nickte immer wieder ein, so sehr ich auch gegen den Schlaf ankämpfte. Da kam ich endlich einmal von zu Hause weg, sah etwas von der Welt und was tat ich? Ich döste vor mich hin wie ein Kind, das seinen Mittagsschlaf versäumt hat!

Neben mir saß eine alte Dame mit blau-lila Haaren, die mich mitleidig fragte, ob ich von weither käme. Von ihr erfuhr ich auch, dass ich einen Fehler gemacht hatte: Es wäre viel einfacher – und auch billiger – gewesen, von London aus gleich den Bus nach Inverness zu nehmen, der ebenfalls von Victoria Station abfuhr, wenn auch nicht so häufig wie die Busse nach »Ednbörra«.

»Du könntest auch von Ednbörra gleich mit dem Bus weiterfahren, dearie«, sagte sie.

Ich überlegte. Das wäre praktisch gewesen, denn dann ersparte ich mir den Weg vom Busbahnhof zur Bahnstation. Doch dann fiel mir ein, dass Onkel Scott mich ja in Inverness am Bahnhof erwartete.

»Ich werde in Inverness vom Zug abgeholt«, sagte ich in meinem besten Schulenglisch. »Von meinem Onkel.«

Sie lächelte wohlwollend und begann von ihrer eigenen Familie zu erzählen; von ihrer Tochter und ihrem Sohn, von Enkelkindern und Neffen und Nichten. Es war anstrengend, ihr zuzuhören. Ich musste höllisch aufpassen, um zu verstehen, was sie sagte, obwohl ich in Englisch immer unter den Klassenbesten gewesen war. Dann schlief ich wohl ein, denn als ich wieder aufsah, war der Platz neben mir leer.

Eine Stunde später ratterten wir durch Edinburghs Vororte mit blühenden Gärten und hügeligen Straßen. Ich wurde schlagartig wieder munter und sah mich gespannt um, als die Straßen breiter und die Häuser größer wurden; mit eleganten Läden, stuckverzierten Fassaden, Hauseingängen, die an griechische Tempel erinnerten, und Häuserzeilen, die sich kreisförmig um kleine Parkanlagen scharten; mit Doppeldeckerbussen und riesigen altmodischen Taxis.

Nur zu gern hätte ich eines von diesen Taxis genommen, um damit bequem zum Bahnhof zu fahren; doch das konnte ich mir nicht leisten. Mit Rucksack und Reisetasche beladen, fragte ich mich zur nächsten Bushaltestelle durch und fuhr ein paar Stationen die breite Princes Street entlang bis zum Bahnhof Waverley Station, wo man von der Waverleybrücke aus eine richtige Postkartenansicht von Edinburgh hat: die Burg mit den alten, rauchgeschwärzten Häusern auf dem Hügel, den Burggraben, der als Stadtpark genutzt wird, geteilt von Bahngleisen, auf denen die Züge aus- und einfahren; die Monumente und Geschäftshäuser der Princes Street. Von irgendwoher klangen die verwehten Klänge eines Dudelsacks herüber, und ein seltsam süßlicher Geruch hing in der Luft – der Malzgeruch der Whiskydestillerien, wie ich später erfuhr.

Meine Müdigkeit war verflogen. Eine Weile blieb ich wie verzaubert auf der Waverley Bridge stehen, sah mir die Leute an, die vorübergingen, und wünschte, ich hätte Zeit gehabt, mein Gepäck auf dem Bahnhof abzugeben und wenigstens einen kurzen Stadtbummel zu machen. Doch ich musste weiter, die Rampe zum Bahnhof hinunter, um eine Fahrkarte zu kaufen, denn in einer halben Stunde ging mein Zug nach Inverness, wo Onkel Scott mich erwartete.

6

Je näher ich dem Ziel meiner Reise kam, desto aufgeregter wurde ich; doch stärker als die Aufregung war mein Hunger. Längst bereute ich, dass ich mich zu Hause geweigert hatte, mehr Proviant mitzunehmen. Das Käsebrötchen vom Bahnhofskiosk, das sehr klein und sehr teuer gewesen war, fiel in meinen leeren Magen wie ein Kieselstein in einen Brunnenschacht.

Im Zug kam ein Mann mit einem Wägelchen durch, dem ich einen Becher Tee und eine Tüte Kartoffelchips abkaufte; doch das machte die Sache nicht viel besser. Ich rechnete mir aus, wie lange ich noch warten musste, bis ich eine richtige Mahlzeit bekam. Die Fahrt nach Inverness dauerte fast dreieinhalb Stunden und bis zu The Laurels würden wir sicher noch mindestens eine halbe Stunde unterwegs sein. Also musste sich mein armer Magen noch fast bis zehn Uhr abends gedulden.

Im Zug gab es keine Einzelabteile, doch Tische zwischen den Sitzen, die sehr praktisch waren, wenn man etwas Essbares hatte. Wir fuhren an grauen Vorstadthäusern und vereinzelten Hochhäusern vorbei, unterbrochen von hässlichen, tristen Lagerhallen. Dann hatten wir Edinburgh endgültig hinter uns gelassen. Vor der Kulisse ferner Berge tauchten graue, schiefergedeckte Bauernhäuser auf, Schafherden auf grünen Wiesen, dann auch Kühe und ein paar Pferde, ein Friedhof ohne Blumenschmuck und dazwischen immer wieder verschlafene kleine Bahnstationen, an denen der Zug nur kurz Halt machte.

Bei Stirling und einem hübschen Ort namens Dunblane wurde die Landschaft lieblicher. Flüsschen schlängelten sich durch Farnkraut und üppiges Grün. Schon sah man Hochlandberge, von Heidekraut überzogen, und die ersten Lochs in der Nähe von Ortschaften mit seltsamen Namen wie Dalwhinnie und Kingussie. Bäche mit schimmerndem grünbraunem Wasser sprudelten über bemooste Steine, Schafe weideten wie weiße Tupfen auf den sattgrünen Hängen. Die Häuser wurden seltener; manchmal wirkten sie trostlos und verlassen. Wenn der Zug in die kleinen Stationen einfuhr und die Türen geöffnet wurden, hörte ich die klagenden Schreie der Seemöwen – ein Geräusch, das mir bald so alltäglich werden sollte wie zu Hause am Stadtrand Münchens der Verkehrslärm von der Zubringerstraße.

Mehrere Rucksacktouristen saßen mit mir im Abteil: zwei junge Schweden, drei amerikanische Mädchen, die sich lautstark mit einem Schotten über den Mittelgang hinweg unterhielten, und ein Paar, das die Fahrt zusammengekauert auf den Sitzen verschlief.

In Perth stiegen zwei alte Damen ein und nahmen mir gegenüber Platz. Von ihrer Unterhaltung verstand ich kaum die Hälfte. Zum ersten Mal bekam ich eine Ahnung davon, wie weit der schottische Dialekt von meinem Schulenglisch entfernt war, und dass meine Ohren wohl einige Zeit brauchen würden, bis sie sich an die fremdartigen Laute gewöhnten.

Beim Redegeplätscher der schottischen Damen und dem Anblick der immer kahler werdenen Hügel mit den gemächlich dahinwandernden Schafen kehrte meine Müdigkeit zurück. Ich nickte ein, und als ich aufwachte, stellte ich fest, dass wir kurz vor Inverness sein mussten.

Hier waren die Hügel mit Kiefern und Birken aufgeforstet. Hässliche Industriegebiete und eine Bucht mit brackigem Wasser, getüpfelt mit Möwen, die im Schmutz und Schlick wateten, waren die Vorboten der Hauptstadt des Hochlands.

Ich war jetzt so aufgeregt, dass ich nicht einmal mehr Hunger verspürte. Meine Hände waren kalt und feucht und ich dachte: In zehn Minuten werde ich aussteigen und vor Onkel Scott stehen. Ob ich ihn überhaupt wiedererkenne? Ob er mich erkennt? Es sind immerhin acht Jahre her, seit wir uns zum letzten Mal gesehen haben. Damals war ich noch ein Kind... Doch er hatte sich wohl nicht sehr verändert; das taten Erwachsene selten. Und ich hatte mir die Fotos, die wir von ihm und Tante Anne besaßen, genau angesehen.

Einer der beiden Schweden half mir, meinen Rucksack auf den Rücken zu hieven. »Es ist wohl schon ein bisschen spät, um zur Zimmervermittlung zu gehen«, sagte er. Sein Englisch war besser als meines. »Aber man hat uns in Edinburgh geraten, in die Fairfield Road zu gehen. Das ist jenseits des Flusses. Dort soll es massenhaft Häuser mit Bed and Breakfast geben.«

Er errötete dabei, als hätte er mir einen unsittlichen Antrag gemacht. Ich fand es nett, dass er mir helfen wollte. »Danke«, sagte ich und lächelte ihn an, »aber ich werde abgeholt. Ich hab Verwandte in den Highlands.«

»Da hast du aber Glück«, sagte sein Freund, der etwas älter und fast zwei Meter lang war. »Es ist alles so verdammt teuer hier, ähnlich wie in Schweden. Unter acht Pfund pro Nacht und pro Person findet man kaum was. Wir sind schon beinahe pleite.«

Es war schrecklich voll auf dem Bahnhof. Menschenmassen quollen aus dem Zug wie Kartoffeln aus einem Sack. Ich stand in der Menge und bereute, dass ich mit Onkel Scott keinen festen Treffpunkt ausgemacht hatte – etwa die Bahnhofsuhr oder den Informationsstand. Am besten wartete ich wohl, bis sich die Menge zerstreut hatte. Wenn nur noch ich und ein paar Touristen übrig blieben, musste Onkel Scott mich finden – oder ich ihn.

Eine Stimme aus dem Lautsprecher kündigte die Ankunft des Zuges aus Aberdeen an. Langsam wurde es leerer um mich her. Mein Herz klopfte wild. Jetzt waren nur noch ich, ein junger Typ mit rotem Haar, ein dicker älterer Mann mit karierter Mütze und eine Frau mit ihrem Kind auf dem Bahnsteig. Die Hälfte des Zuges wurde abgekoppelt und aus dem Bahnhof gefahren. Zwei Gleise weiter fuhr der Zug aus Aberdeen ein. Onkel Scott war nicht gekommen.

7

Sekundenlang wurde ich von Panik erfasst. Hänsel und Gretel mussten sich ähnlich gefühlt haben, als sie im finsteren Wald ausgesetzt wurden. Allein auf einem fremden Bahnhof in einem fremden Land zu sein, noch dazu abends, machte plötzlich ein verlassenes Kind aus mir, das sich auf den Boden setzen und losheulen möchte.

Was konnte passiert sein? War Onkel Scott plötzlich krank geworden, hatte er einen Unfall gehabt? Hatte er vielleicht den Tag meiner Ankunft vergessen oder verwechselt?

Meine Knie zitterten, mein Magen knurrte. In meinem Kopf hämmerte es. Alles, was ich jetzt wollte, war etwas zu essen und ein Bett. Ich zwang mich zur Ruhe und versuchte, vernünftig zu überlegen, was ich als Nächstes tun sollte. Ich musste zur Information gehen und mich erkundigen, wie ich zu einem Ort namens Dingwall kam, in dessen Nähe Onkel Scotts Haus war.

Erst als ich nach meiner Reisetasche griff, fiel mir ein, dass ich auch telefonieren konnte. Meine Mutter, die an alles dachte, hatte mir Onkel Scotts Telefonnummer mitgegeben. Langsam und mit Füßen, die schwer wie Blei waren, begann ich den Bahnsteig entlangzuwandern. Ein junger Typ mit lockigem schwarzem Haar, schwarzer Hose und dunkelgrüner Kunstlederjacke kam mir entgegen. Unwillkürlich schnupperte ich in die Luft. Ein vertrauter Geruch umgab ihn wie eine Wolke: der Geruch nach Pferden.

Er blieb stehen, musterte mich streng und fragte: »Lorrie Uägmän?«

Ich starrte ihn an. »I beg your pardon?«, sagte ich in einem Englisch, das Mr. Marks in meiner alten Schule in Entzücken versetzt hätte. Dann wurde mir klar, dass er meinen Namen gesagt hatte.

»Oh yes, sure!«, fuhr ich eilig fort. »Laurie Wegmann. That's me. From Germany.«

Er nickte und sagte etwas, wovon ich nur Onkel Scotts Namen verstand. Ich setzte die Reisetasche wieder ab, weil mir plötzlich schwach wurde. Eine dicke Dame, die sich an uns vorbeidrängte, fiel fast darüber.

»Ist er krank?«, fragte ich auf Englisch. »Ist mein Onkel krank geworden? Hat er einen Unfall gehabt?«

Mein Begleiter schüttelte den Kopf. Er mochte etwa zwanzig sein und ich bemerkte, dass er Augen hatte, wie man sie bei Schwarzhaarigen nur selten findet. Sie waren blau wie Glasmurmeln und ebenso hart. Irgendwie gab mir sein Blick das Gefühl, dass er mich zum Teufel wünschte.

Er bückte sich, griff wortlos nach meiner Tasche, drehte sich um und marschierte davon. Mir blieb nichts anderes übrig, als ihm im Laufschritt zum Ausgang zu folgen, vorbei an dem Informationsstand, der bereits geschlossen war.

An der Glastür hatte ich ihn endlich eingeholt. Meine Absicht war, ihn zu fragen, wer er sei und warum Onkel Scott nicht gekommen wäre, doch er ließ mir keine Zeit dazu. Auf dem hufeisenförmigen Platz vor dem Bahnhofsgebäude standen eine Menge Autos, und er steuerte unverzüglich auf eines zu, einen alten dunkelblauen Rover mit schmutzverkrusteten Reifen und einer Windschutzscheibe, die aussah, als wäre der Wagen gerade durch einen Heuhaufen gefahren.

Er öffnete den Kofferraumdeckel, zwängte meine Tasche zwischen eine Kiste und ein Bündel schmutziger Kleidungsstücke und bedeutete mir mit einer Handbewegung, auch meinen Rucksack hineinzustellen. Offenbar gehörte er nicht zu der redseligen Sorte.

Das Innere des Rovers wäre geräumig gewesen, wenn es nicht als Abstellraum für Gummistiefel, Trensen, leere Säcke, Pferdedecken, Windjacken und halb zerlegte Radios gedient hätte. Es roch wie eine Mischung aus Pferdestall und Affenkäfig, vermischt mit kaltem Tabakrauch.

Ich schob einen Gummistiefel und einen halbvollen Sack Kartoffeln zu Boden und ließ mich auf dem Beifahrersitz nieder. Kaum hatte ich die Tür zugeschlagen, wurde schon der Motor angelassen; die Startgeräusche erinnerten mich an einen mittleren Düsenjäger. Der Rover schoss wie ein bockiger Mustang aus der Parklücke und streifte um ein Haar einen Mann, der gerade sein Gepäck in einen Wagen lud. Dann bogen wir unter großzügiger Missachtung der Verkehrsregeln nach links auf die Hauptstraße ab, wobei wir die Fahrer anderer Autos dazu zwangen, ruckartig auf die Bremse zu treten.

Solange wir durch Inverness düsten, wagte ich es nicht, das Wort an den schwarzhaarigen Typen zu richten – aus Angst, er könnte dann überhaupt nicht mehr auf die anderen Verkehrsteilnehmer achten. Erst als wir eine Brücke überquerten und auf eine weniger befahrene Landstraße kamen, sagte ich: »Kann ich jetzt bitte erfahren, warum mein Onkel nicht gekommen ist? Wer bist du überhaupt? Arbeitest du für ihn? Und wohin fahren wir?«

Er stieß ein Geräusch aus, das wie ein Schnauben klang,

während er einen höheren Gang einlegte und zu rasen begann, als wäre das Ungeheuer von Loch Ness hinter uns her.

»*The Laurels,* wohin sonst?«, sagte er, den Blick auf die Straße gerichtet. »Ich hab nicht vor, dich zu entführen. Mr. Montrose hatte keine Zeit, zum Bahnhof zu kommen.« Dann fügte er etwas von einem Pferd hinzu, das krank geworden war; jedenfalls reimte ich mir das aus den Worten, die ich verstand, so zusammen.

»Arbeitest du für ihn?«, fragte ich noch einmal.

»Aye«, sagte er und das waren für den Rest der Fahrt die letzten Worte, die wir wechselten.

Ich sah aus dem Fenster auf die finstere Schönheit der abendlichen Hügelketten, die Füße auf dem Kartoffelsack, und war so müde, dass mich nicht einmal die halsbrecherische Geschwindigkeit des Rover schrecken konnte; müde und froh, dass ich auf dem Weg zu Onkel Scott war, in dessen Haus ein Bett auf mich wartete und hoffentlich auch eine warme Mahlzeit.

Durch die sinkende Dämmerung fuhren wir an einem Ort names Dingwall vorbei und ich glaubte, wir wären am Ziel. Doch es ging weiter über schmale Straßen und kleine, gewölbte Steinbrücken, an Häusern vorbei, die wie Miniaturburgen mit Türmchen und Schießscharten aussahen, unter Bäumen dahin, deren Äste und Zweige sich von beiden Straßenrändern her hoch über uns ineinander verstrickten.

Später erkannte ich, dass *The Laurels* nur etwa zwanzig Autominuten von Dingwall entfernt lag; doch an diesem ersten Abend kam es mir vor, als wollte die holprige Fahrt in dem muffigen dunklen Gehäuse nie enden. Bei jeder Wegbiegung hoffte ich, Onkel Scotts Haus vor mir auftauchen zu sehen, mit einladend erhellten Fenstern, Pferdeköpfen, die uns über ein Koppelgatter entgegenblickten, und Onkel Scott selbst, der mich auf der Vortreppe erwartete.

Doch jede Kurve verbarg nur ein neues, dunkleres Stück Landstraße mit Bäumen, die die Hügelketten verhüllten wie schwere, dichte Vorhänge. Der Mond war aufgegangen, aber ich sah ihn nur selten zwischen dem Gewirr von Zweigen, Baumwipfeln und zerfransten Wolkenfetzen. Ein Teil der Kartoffeln war auf einer der Brücken, die sich wie Kamelhöcker wölbten, aus dem Sack gerollt und kollerte wie verrückt unter meinem Sitz herum.

Plötzlich war die Straße voller Schlaglöcher, und da der Schwarzhaarige keine Anstalten machte, langsamer zu fahren, wurde ich auf meinem Sitz hochgeschleudert und stieß mir den Kopf an der Wagentür.

Möglicherweise wartete er voller Schadenfreude darauf, dass ich mich beschwerte, doch ich sagte nichts; erstens, weil mir einfach die Energie fehlte, und zweitens, weil ich ahnte, dass es sowieso nichts bewirkt hätte. Also schwieg ich beharrlich und klammerte mich an dem Griff fest, der sich über dem Handschuhfach befand; und das war gut so, denn unversehens bogen wir so abrupt nach links auf eine Schotterstraße ab, dass meine Zähne aufeinander schlugen, die Kartoffeln polterten und die Steine nur so unter den Reifen hervorspritzten.

Mehr Bäume, noch dunkler als vorher; dann ein Zaun aus Holz und Draht; dahinter eine Wiese, auf die gelegentlich ein Streifen Mondlicht fiel, wenn die Wolkenfetzen sich teilten.

Ich kurbelte das Fenster herunter und weiche, duftende

Abendluft schlug mir entgegen, vermischt mit dem strengen Geruch nach Pferden und dem süßen nach Heu.

Dann sah ich sie – eine Gruppe von dunklen, geschmeidigen Gestalten unter Bäumen: Onkel Scotts Pferde. Endlich war ich am Ziel.

8

Noch herrschte Dämmerlicht, denn die Dunkelheit bricht an Hochlandsommertagen erst spät herein; und unter den blauvioletten Wolken tauchte das Haus auf, schlank, hoch und dunkelgrau, mit Giebeln und Kaminen und schmalen, eleganten Fenstern, die Mauern zur Hälfte von Efeu überzogen wie von einem dichten Fell. Doch nirgends brannte Licht, nur der Mond spiegelte sich in den Fensterscheiben. Die Vortreppe war leer.

Ruckartig hielten wir an. Ich öffnete den Wagenschlag und stieg aus, steifbeinig und mit schmerzendem Hinterteil. Der Schwarzhaarige, dessen Namen ich noch immer nicht kannte, war mit einem Satz draußen, murmelte etwas Undeutliches, schlug die Wagentür zu und verschwand in der beginnenden Dunkelheit, ehe ich richtig wusste, was geschah.

Mit einem Gefühl, dass dies der längste und anstrengendste Tag meines Lebens war, ging ich zum Haus, stieg die fünf Stufen hinauf und drückte die Klinke nieder. Die Tür war verschlossen. Es gab keine Klingel, aber einen Türklopfer aus Messing in der Form einer Frauenhand, die eine Kugel hielt.

Also schlug ich mit der Messinghand mehrmals gegen die Tür und hörte, wie die Schläge dumpf durchs Haus hallten; doch niemand kam.

Ich setzte mich auf die oberste Treppenstufe und legte den Kopf auf die Arme. Irgendwo wieherte ein Pferd und ein Hund bellte. Sonst war es sehr still, fast erschreckend still für einen Stadtmenschen wie mich.

Der Mond kam wieder zwischen den Wolken hervor und tauchte die kiesbestreute Auffahrt, die Steinplatten vor dem Haus, zwischen denen Unkraut wucherte, das Gebäude auf der gegenüberliegenden Seite mit den offenen Türflügeln, das eine Garage sein mochte, und zu meiner Rechten die Lorbeerbüsche und Bäume, die sich bis dicht ans Haus herandrängten, in sein weißes Licht.

Es war kühl und ich fröstelte. Grillen begannen zu zirpen. Ich war müde, schrecklich müde. Gerade als ich überlegte, ob ich zum Rover zurückgehen und mich auf den Vordersitzen ausstrecken sollte, um dort zu schlafen, hörte ich Stimmen hinter dem Haus. Dann erklangen feste Schritte, die sich über Steinplatten näherten, begleitet vom Tappen weicher Hundepfoten.

Ich beugte mich vor und spähte um die linke Säule herum. Ein großer Hund kam um die Hausecke gestürmt. Im Mondlicht sah ich, dass er eine helle und eine dunkle Gesichtshälfte hatte. Ihm folgte ein kleinerer, wuscheliger Hund, der bei meinem Anblick in schrilles Gebell ausbrach, während der größere mit geducktem Kopf stehen blieb und warnend knurrte.

Ich entschied, dass es am sichersten war, auf der Treppe sitzen zu bleiben und mich vorerst nicht von der Stelle zu bewegen. Eine Männerstimme rief: »Here, Dart! Rascal!« Eine große, hagere Gestalt tauchte zwischen der Hausmauer und den Lorbeerbüschen auf, während der kleinere der beiden Hunde kläffend die Stufen heraufrannte, ohne sich um den Befehl zu kümmern.

»Er ist völlig harmlos«, sagte die dunkle Stimme auf Englisch. »Und Dart ebenfalls, der alte Junge. Hallo, Laurie. Tut mir Leid, dass du warten musstest. Du hattest dir deinen Empfang sicher anders vorgestellt.«

Ich stand auf. Der Hund, der Rascal hieß, sprang an mir hoch und beschnupperte meine Jacke. Onkel Scott kam die Treppe herauf; dann standen wir etwas befangen voreinander und wussten nicht, ob wir uns umarmen oder uns nur die Hand schütteln sollten.

»Hallo, Onkel Scott«, sagte ich.

Gleichzeitig streckten wir die Hände aus und begrüßten uns, verlegen und ziemlich förmlich, und er erwiderte: »Du wirst müde sein. Warum bist du nicht ins Haus gegangen? Hat Allan dir nicht gesagt, dass der Schlüssel dort oben am Haken hängt?«

Der Wortkarge mit dem schwarzen Haar hieß also Allan. »Er hat etwas gesagt, aber ich hab ihn nicht verstanden«, sagte ich und folgte Onkel Scott, während Dart und Rascal mich umkreisten wie ein Schaf, das von seiner Herde abgekommen ist.

Onkel Scott hob die Hand, nahm etwas vom Türrahmen und schloss die Eingangstür auf. Mir fiel ein, dass mein Gepäck noch im Kofferraum des Rover lag.

»Ich hole nur noch rasch meine Sachen«, sagte ich. »Sie sind im Wagen.« Doch Onkel Scott, der das Licht angeknipst hatte, legte den Arm um meine Schulter und zog mich über die Schwelle.

»Lass mich das machen«, erwiderte er. »Geh du erst mal in die Küche und setz dich, Lass. Es muss noch etwas Gemüsebrühe im Haus sein; Tweedie hat sie heute Mittag gekocht. Auch Brot und Käse sind da. Mehr kann ich dir wohl nicht anbieten, fürchte ich.«

Im Licht der Flurlampe standen wir voreinander, Onkel Scott und ich. »Lass dich ansehen«, sagte er; und ich merkte an einem leichten Zusammenzucken, daran, wie sich seine Augen verengten, wie überrascht er war.

»Aus Kindern werden Leute«, sagte er nach einer kleinen Pause mit belegter Stimme. »Du siehst meiner Anne sehr ähnlich. Deine Mutter hat es mir schon geschrieben, aber ich hätte nicht geglaubt...« Er verstummte, ohne den Blick von mir abzuwenden.

Ich wusste nicht recht, was ich antworten sollte. Er wirkte seltsam betroffen, so, als hätte ich alte Erinnerungen in ihm aufgerührt. Vielleicht dachte er an die Zeit, als er und Tante Anne sich kennen gelernt hatten; damals war sie wohl nur ein paar Jahre älter gewesen als ich.

»Wenn wir eine Tochter gehabt hätten, hätte sie so aussehen können wie du«, sagte er.

Meine Mutter hatte einmal behauptet, wenn Leute älter würden, empfänden sie oft Bedauern, kinderlos geblieben zu sein – vielleicht aus Angst vor Einsamkeit, vielleicht aber auch wegen der Vorstellung, dass nach ihrem Tod nichts mehr von ihnen bleiben würde.

Hastig sagte ich: »Ich hätte dich jederzeit wiedererkannt.« Und das stimmte auch. In seine Haare und seinen Schnurrbart hatte sich Grau gemischt, doch sonst war er der Gleiche geblieben; das knochige Gesicht mit dem etwas zu lang geratenen Kinn unterschied sich kaum von dem des Mannes auf den Fotos zu Hause in unserem Album; die Augen waren noch immer von durchdringendem Grau. Doch der energische, lebenslustige Zug um seinen Mund, der humorvolle Glanz seiner Augen, die so besonders typisch gewesen waren und mich bei unserer kurzen Begegnung als Kind beeindruckt hatten, auch wenn ich es damals nicht in Worte hätte fassen können, waren verschwunden. Er wirkte müde und ein bisschen resigniert, so als hätte das Leben nicht gehalten, was er sich von ihm erhofft hatte.

Über den Flur, von dem eine Treppe mit Gittergeländer nach oben führte und der voll mit Mänteln, Zeitungsstapeln, Stiefeln, Regenumhängen, leeren Flaschen in Kisten, vertrockneten Pflanzen in Übertöpfen und verschlissenen, schmutzigen Teppichen war, gingen wir zu der Tür, durch die vor kurzem die Hunde verschwunden waren. Dahinter verbarg sich die Küche, ein Raum so groß wie unser Wohnzimmer zu Hause, in dem sich das Durcheinander der Eingangshalle fortsetzte.

»Es ist ein bisschen unordentlich hier«, sagte Onkel Scott und fuhr sich mit gespreizten Fingern durchs Haar.

Ich stellte mir das Gesicht meiner Mutter beim Anblick der Küche vor. Onkel Scott ging zum Herd, hob einen Topfdeckel, sah in den Topf, machte den Deckel wieder zu und schaltete die Elektroplatte ein. »Setz dich doch«, sagte er.

Die Hunde lagen auf dem Sofa zwischen Pullovern, alten Socken, Reitkappen und Kissen, deren ursprüngliche Farbe nicht mehr zu erkennen war. Ich ließ mich auf dem einzigen

Stuhl nieder, der nicht als Abstellfläche für irgendwelche Gegenstände diente, und Onkel Scott stellte ein Glas Milch, eine Tüte mit Toastbrot, Butter und eine große Ecke rötlichen Käse vor mich auf den Tisch. Dann begann er im Schrank zu rumoren, murmelte etwas, ging zum Spülbecken und wusch Besteck und einen Teller ab.

»Immer das Gleiche!«, sagte er. »Kein sauberer Teller zu finden in diesem Haus.«

Die Suppe begann zu brodeln. Die Hunde beobachteten mich, während ich eine Scheibe Toastbrot aus der Tüte nahm und Butter darauf strich. Rascal, der Kleinere von beiden, legte die Schnauze auf die Tischplatte und sah mich mit schmelzendem Blick an. Dart seufzte tief.

Obwohl ich am liebsten für immer und ewig sitzen geblieben wäre, hievte ich mein müdes, schmerzendes Hinterteil hoch, stellte die Herdplatte ab und trug den Topf mit Hilfe eines schwärzlichen Geschirrtuchs zum Tisch.

»Magst du nicht auch einen Teller Suppe?«, sagte ich zu Onkel Scott. »Es ist noch genug für uns beide da.«

Er nickte und hielt einen zweiten Teller unter das fließende Wasser. Ich goss die Suppe aus dem Topf in den Teller.

»Das ist Scotch Broth«, erklärte er. »Tut gut, etwas Heißes in den Magen zu kriegen. Eins von den Ponys hat eine Kolik bekommen – weiß der Teufel, wie es das geschafft hat. Deshalb konnte ich dich nicht vom Bahnhof abholen. Seit mittags bin ich kaum aus dem Stall herausgekommen.«

Ich kannte mich aus mit Koliken und wusste, wie gefährlich so etwas sein kann. »Und?«, fragte ich, nachdem ich mir fast den Mund an der Suppe verbrannt hatte. »Ist es über den Berg?«

»Ich hoffe es, aber ganz sicher kann man nicht sein. Ich warte noch auf Dr. Drury, unseren Viehdoktor. Wenn man ihn braucht, ist er meistens unterwegs. Jedenfalls werde ich diese Nacht wohl nicht viel von meinem Bett sehen.«

Ich fütterte die Hunde heimlich mit gebuttertem Toastbrot. Es war einfach unmöglich, diesen beiden Gesichtern zu widerstehen – dem grauen, wuscheligen des Terriers, der bestimmt schon seit Jahren nicht mehr getrimmt worden war, und dem zweifarbigen des Jagdhundes, der aussah, als trüge er eine braun-weiße Maske. Als Kind hatte ich mir lange und heftig einen Hund gewünscht, aber diese Sehnsucht war nie in Erfüllung gegangen.

Als Onkel Scott seine Suppe gelöffelt hatte, ging er zur Anrichte und goss Flüssigkeit aus einer Flasche in ein Glas. »Etwas Whisky kann nicht schaden«, sagte er, »wenn man eine Nachtwache vor sich hat. Das hast du zwar nicht, aber hinter dir liegt ein langer Tag. Magst du auch einen Schluck?«

Ich wusste, dass Schottland und Whisky gewissermaßen zusammengehören; also dachte ich, dass ich ihn vielleicht einmal probieren sollte, wenn auch nicht gerade heute Abend.

»Nein, danke«, sagte ich. »Es könnte sein, dass ich dann vom Stuhl kippe.«

Er lächelte und sein Gesicht wirkte plötzlich jünger und sorgloser. »Ich hole jetzt dein Gepäck ins Haus und zeige dir dann dein Zimmer. Du musst schlafen. Und pass auf, dass die beiden Ungeheuer dir nicht den Käse vom Brot fressen.«

Dann ging er hinaus. Ich hatte Mühe, der Versuchung zu widerstehen, den Kopf auf die Tischplatte zu legen. Die Augen fielen mir zu, doch gleich darauf spürte ich, wie etwas meine Hand streifte, und ich sah den letzten Rest Käse zwischen Rascals schwarzen Lippen verschwinden.

Der schuldbewusste Ausdruck in seinen Augen brachte mich zum Lachen. Glücklicherweise war ich nicht mehr hungrig; ein warmes, wohliges Gefühl der Sättigung breitete sich in meinem Magen aus und der Schwindel in meinem Kopf ließ nach.

»Du gieriges, kleines Krümelmonster!«, sagte ich. »Gehört sich so was für einen anständigen Hund?«

Ich redete deutsch mit den Hunden und später auch mit den Pferden; eine Angewohnheit, die ich lange nicht ablegen sollte. Es tat gut, wenigstens ab und zu in meiner Muttersprache reden zu können und der Anstrengung zu entgehen, jeden Gedanken in meinem Kopf übersetzen zu müssen, ehe ich ihn – verkürzt und vereinfacht – aussprach.

Onkel Scott führte mich die Treppe hinauf. Die Lampe im oberen Stockwerk spendete trübes Licht. Hinter dem Giebelfenster am Ende des Flurs war es jetzt dunkel.

Die Wände waren mit braunem Holz verkleidet und von einer Reihe von Türen unterbrochen, deren Rahmen verzierte Aufsätze trugen. Onkel Scott öffnete die letzte Tür rechts vom Giebelfenster, schaltete eine Lampe ein, ging mit meinem Gepäck voraus über die Schwelle und sagte: »Ich dachte, dieses Zimmer könnte für dich passen. Es war Annes Arbeitsraum, in dem sie genäht, Briefe geschrieben und den Bürokram erledigt hat. Bis auf das Bett, das vorher im Gästezimmer gestanden hat, habe ich alles so gelassen, wie es war.«

Es war ein hübsches Zimmer, etwa viermal so groß wie mein eigenes zu Hause, mit einer schrägen Wand, einem Erkerfenster und alten Mahagonimöbeln, auf denen dicke

Staubschichten lagen. Am schönsten aber war das Bett – riesig und dunkel, mit vier gedrechselten Pfosten und einer Patchworkdecke aus Stoffresten.

Mein Blick blieb an der Decke hängen, während ich hörte, wie Onkel Scotts Schritte sich über den Flur und die Treppe entfernten. Das Badezimmer sei am anderen Ende des Flurs, hatte er gesagt; doch ich konnte mich nicht dazu aufraffen, meinen Kosmetikbeutel auszupacken und noch einmal an den vielen Türen vorbeizuwandern, um mich zu waschen.

Ich lege mich nur kurz aufs Bett, dachte ich; ein paar Minuten nur... Und ich schlug die Patchworkdecke zurück, die leicht nach Lavendel duftete, streifte meine Schuhe ab, zog die Jacke aus und legte mich mit einem Seufzer auf das Bett, das weich war wie ein Mäusenest und unter meinem Gewicht leise knarzte.

Die Lampe warf helle Kringel und Spitzenmuster an die hohe Zimmerdecke. Sie kreisten im Luftzug, der die Lampe bewegte. Es war sehr still und ein unbeschreiblich süßer, von Düften erfüllter Hauch strich durch das hochgeschobene Fenster. Hochlandluft... Der Teppich schimmerte wie ein grüner Teich mit seinem Muster aus Lilien; die Vorhänge raschelten.

Eine wunderbare, schwere Müdigkeit floss durch meinen Körper in alle meine Glieder. Es war ein phantastisches Gefühl der Entspannung, des Loslassens, der Sorglosigkeit. Dann überkam mich der Schlaf wie eine gewaltige Woge, die mich erfasste, wiegte und mit sich forttrug.

9

Mitten in der Nacht wachte ich davon auf, dass ich im Traum nach einem Nachttopf suchte. Das Licht brannte und es dauerte eine Weile, bis ich begriff, wo ich war. Taumelnd und wie gelähmt von schwerer Müdigkeit, die mich noch immer in ihrem Griff hielt, tappte ich durchs Zimmer und öffnete die Tür.

Der Flur war stockfinster. Eine kleine Ewigkeit verstrich, ehe ich den Lichtschalter fand. Wie eine Nachtwandlerin ging ich an mindestens einem dutzend Türen vorbei – Türen zu Zimmern, die wohl durchwegs unbewohnt waren –, vorbei an einer Nische, von der eine steile Treppe nach oben führte. Dort raschelte und huschte es und ich sah etwas Winziges, Dunkles über den Boden flitzen und unter den Stufen verschwinden.

Das Bad war ein einziges Chaos aus schmutziger Wäsche, alten Zahnpastatuben, Rasierpinseln, Seifenresten und gebrauchten Handtüchern. Der Wasserhahn tropfte eintönig und unaufhaltsam, die Badewanne war voller Wäschestücke, der gläserne Lampenschirm über dem Waschbecken zerbrochen. Das alles nahm ich mit der Distanz eines Theaterbesuchers wahr, der sich eine Bühnenkulisse ansieht.

Draußen ging ein nächtlicher Regenguss nieder – einer von den jähen, zahllosen Schauern, die zum Leben im Hochland gehören wie die Schafe, der Wind und das Heidekraut; doch das wusste ich in dieser Nacht noch nicht.

Als ich wieder im Bett mit den gedrechselten Pfosten lag, warm in die Patchworkdecke eingewickelt, das Rauschen des

Regens in den Ohren, fiel mir plötzlich ein, dass ich vergessen hatte, zu Hause anzurufen. Meine Eltern mussten sich scheußliche Sorgen um mich machen.

Doch ich war zu müde, um länger darüber nachzugrübeln oder noch einmal aufzustehen, in die Halle hinunterzutappen, wo das Telefon stand, und sie mitten in der Nacht aus dem Bett zu klingeln.

Schon halb im Schlaf sah ich Onkel Scotts Gesicht mit dem grauen Schnurrbart vor mir. Dann verschwamm es, wurde zu einem wuscheligen Hundekopf mit unwiderstehlichen braunen Augen und schwarzen Lippen unter einer glänzenden Knopfnase. Die Art, wie die beiden Bilder ineinander übergingen, so, als wären sie die zwei Gesichter eines Fabelwesens, das zugleich Menschen- und Tiergestalt annehmen kann, war komisch. Ich hörte mich selbst leise glucksen; und das war das Letzte, was ich wahrnahm, ehe ich endgültig wegdriftete.

Jemand machte einen Höllenlärm; es war mein Bruder Tim. Ich versuchte den Kopf unter das Kissen zu stecken, doch es ging nicht. »Halt's Maul!«, sagte ich in dem liebenswürdigen Umgangston, der meist zwischen ihm und mir herrschte, und er nahm einen Kochlöffel und klopfte mir damit auf den Kopf, dass es nur so schallte: Donk – donk – donk... Dabei lachte er kreischend.

Ich fuhr im Bett hoch und fasste mir an die Stirn. Weder mein Bruder noch sonst irgendjemand war im Zimmer. Und das Zimmer, in dem ich lag, war nicht mein eigenes.

Endlich begriff ich, wo ich war. Doch den Lärm hatte ich mir nicht eingebildet, auch wenn er nicht von einem Kochlöffel stammte, den mir jemand auf den Kopf schlug. Er kam durchs Fenster.

Ich stieg aus dem Bett, merkte, dass ich bis auf Jacke und Schuhe noch immer voll bekleidet war, ging über den Lilienteppich zum Erker und steckte den Kopf durch die Fensteröffnung.

Die Luft war kühl und frisch vom nächtlichen Regen; die Koppeln, die sich bis zu den fernen Hügeln erstreckten, noch nass und wunderbar, fast unwirklich grün. Pferde grasten an einem Bachlauf unter grauem und rosafarbenem Gewölk und in der Nähe des Hauses stand Allan, der wortkarge Schwarzhaarige, und hämmerte auf einen Zaunpfahl ein. Möwen, so groß wie Suppenhühner, saßen auf dem Dach eines Nebengebäudes und kreischten misstönend. Ihr Geschrei war dem Gelächter meines Bruders wirklich zum Verwechseln ähnlich.

Als ich in die Küche kam, war sie leer – zumindest von Menschen und Hunden. Sonst erschien mir das Tohuwabohu bei Tageslicht womöglich noch größer als im milden Lampenschein, der Geschirrberg noch unüberwindlicher, die Staubschicht auf den Möbeln und die Schmutzkrusten auf Herd und Spülstein noch dicker. Fliegen surrten um den Tisch herum; es roch nach angebrannter Milch und sauer gewordenen Speisen.

Einst, zu Tante Annes Zeiten, mochte dies das Herz des Hauses gewesen sein – eine gemütliche, hübsche Küche, deren Fenster sich zur Auffahrt und dem alten Kräutergarten hin öffneten, ein Raum voller Wärme und Behagen, in den Onkel Scott nach der Arbeit gern gekommen war; doch das war lange her.

Auf dem Tisch lag ein Zettel, der von den Fliegen als Landeplatz benutzt wurde. »Liebe Laurie«, stand darauf, »musste nach Dingwall, um Kraftfutter zu holen. Bonnie ist zum Glück wieder auf dem Damm.« (Ich entschied, dass Bonnie das Pferd sein musste, das die Kolik gehabt hatte.) »Deine Eltern haben heute Morgen angerufen, doch ich wollte dich nicht wecken. Ich konnte sie beruhigen, dass du nicht entführt worden bist, sondern sicher hier im Bett liegst. Milch, Butter, Eier und Marmelade sind im Kühlschrank, Kaffeepulver und Tee im Regal. Sieh dich erst mal gründlich um. Bin gegen Mittag zurück. Scott.«

Der Pulverkaffee schmeckte wie Schnupftabak und das Glas mit der Orangenmarmelade sah aus, als hätte es jemand in Sirup getaucht und dann in einer staubigen Ecke gewälzt. Vom Toastbrot waren nur noch drei Scheiben übrig; also machte ich mir zwei weiche Eier, obwohl ich Eier nicht sehr mag, und aß ein Stück harten Käse, den ich noch im Kühlschrank fand.

Dann klingelte das Telefon. Ich ging in den Flur, weil ich dachte, es wären noch einmal meine Eltern. Es war jedoch ein Mann, der ohne lange Vorreden einen schottischen Wortschwall auf mich losließ. Ich verstand von allem kein Wort außer »Horrrss«, was vermutlich Pferd heißen sollte, und kam ins Schwitzen, als er endlich verstummte und offenkundig auf Antwort wartete. Schließlich zog ich mich aus der Affäre, indem ich langsam und deutlich sagte, Mr. Montrose sei leider nicht zu Hause und käme erst nachmittags zurück. Dann legte ich rasch den Hörer auf, ehe der Anrufer noch etwas fragen oder mich auffordern konnte, eine Botschaft auszurichten.

Erst jetzt, am hellen Tag, fiel mir auf, wie dunkel das Haus war. Ich merkte, dass bei einigen Fenstern die Vorhänge vorgezogen und bei anderen die Läden geschlossen waren. Offenbar machte sich keiner die Mühe, Licht, Luft und Sonne hereinzulassen.

Ich schob die Fenster in der Halle hoch. Staubkringel tanzten in den Lichtstrahlen. Zwischen den Schränken und Kommoden lagen Staubflocken – Wollmäuse, wie meine Mutter sie nannte; sicher nicht die einzigen Mäuse, die es hier im Haus gab. Der Kontrast zwischen den schönen alten Möbeln aus edlen Hölzern, dem eleganten Treppenhaus und dem Schmutz, der unglaublichen Unordnung, berührte mich seltsam. Das Haus wirkte wie eine einst schöne, jetzt aber total vernachlässigte und ungepflegte Frau.

Es reizte mich, jede Tür zu öffnen und nachzusehen, was sich dahinter verbarg; doch noch mehr reizten mich der Stall und die Pferde auf den Koppeln. Das Haus konnte warten.

10

Ein flüchtiger Regenschauer empfing mich, als ich ins Freie trat, doch ich machte mir nicht die Mühe, umzukehren und den Regenumhang aus meinem Gepäck zu holen. Über den Koppeln stand eine dunkle Wolke. Dahinter aber war ein Streifen blauer Himmel, dessen Licht den Regen wie Silberfäden aussehen ließ und das Gras zum Funkeln brachte.

Ich wusste, das war kein Landregen wie bei uns zu Hause,

sondern nur ein Schauer, der so rasch wieder aufhören würde, wie er gekommen war – wie das Lachen und Weinen auf dem Gesicht eines Kindes. Allan hämmerte unaufhörlich weiter, jetzt ein Stück vom Haus entfernt. Ich zog den Kopf zwischen die Schultern und lief um die Hausecke über das alte, bucklige Pflaster aus Natursteinen.

Ein schmaler Weg führte zwischen der Hausmauer und einem windschiefen Zaun entlang, über den Büsche und Sträucher nickten, Teil eines verwilderten Gartens, mit Pfaden, die von unbeschnittenem Buchsbaum gesäumt waren. Zwischen dem wuchernden Unkraut und den Geißblattranken hatten sich noch allerlei Gartenblumen behauptet und verzauberten die ungezähmte Wildnis mit ihren blauen, violetten und roten Blütenkelchen.

Seitlich an der Hausmauer befand sich ein seltsamer Anbau aus Glas und Eisen, der wie ein kleines Kirchenschiff wirkte und wohl einst ein Wintergarten gewesen sein musste. Er war leer bis auf ein paar Korbmöbel. Der Boden war mit dürren Blättern und einer dicken Staubschicht bedeckt, die spitzbogigen Glasscheiben fast blind vor Schmutz und Vogelkot.

Der Wintergarten verband das Haus und den verwilderten Garten miteinander und bildete ein Hindernis auf dem gepflasterten Weg, sodass ich, um weiterzukommen, auf einen Trampelpfad im Garten ausweichen musste, dessen Zaun ein kurzes Stück vor dem Anbau endete.

Hier duftete es nach Lavendelbüschen, deren tiefblaue Blütenspeere aus dem knöcheltiefen Gras ragten, nach Buchs und Rosenblättern und frischem, regennassem Grün. Ich hatte das Glashaus umrundet und kehrte auf den Weg zurück, vorbei an den knotigen Efeuranken, die sich am Mauerwerk des Wohnhauses festkrallten, einen Teil der Fenster überwuchert hatten und an einigen Stellen über die Erker bis zum Dach hinaufgeklettert waren. Vögel tschilpten und rumorten in den Blättern, die vor Nässe schwärzlich glänzten.

Hinter dem Haus befanden sich zwei weitere Gebäude, die in Winkelform angelegt waren. Eines davon war mit der Giebelwand verbunden, ein lang gestreckter Bau aus grauem Naturstein, niedriger als das Haus, mit Schiefer gedeckt, verhangen von Geißblattranken. Er hatte eine lange Reihe staubiger Rundbogenfenster und ein grün gestrichenes Tor, von dem die Farbe abblätterte.

Eine Kletterrose hatte es geschafft, sich in dem grünen Dschungel des Geißblatts zu behaupten, und streckte ihre dicht gefüllten rosafarbenen Blüten ans Licht, die einen kühlen Moschusduft verbreiteten und den alten Stall wie ein Dornröschenschloss aussehen ließen.

Ausgebleichte, nasse Blütenblätter lagen auf den Steinen des Stallhofes verstreut, in dessen Mitte ein Brunnen aus Sandstein stand. Er hatte einen altmodischen Pumpenschwengel und erinnerte mich an das Märchen von den sieben Geißlein. Der Wolf ist tot, der Wolf ist tot, summte es in meinem Kopf zum Rhythmus von Allans Hammerschlägen.

Ich blieb unter dem Weißdornstrauch stehen, der dicht an der Stallwand wuchs und mit seinen dürren, krummen Ästen und spitzengleichen Blättern eine Art natürlichen Schirm bildete, und sah mich um. Zu meiner Rechten war der Stallhof von einem zweiten Gebäude begrenzt, das kleiner war als der Stall selbst, auf dessen eingesunkenem Dach sich Moos und

Farnkraut angesiedelt hatten. Ein paar Fässer und Eimer standen davor; der alte Schuppen diente also vermutlich als Futterkammer.

Links war der verwilderte Garten durch eine Gitterpforte mit einem Mäuerchen aus aufgeschichteten Steinen verbunden, das mir etwa bis zu den Schultern reichte und einen Bogen nach innen beschrieb, sodass der Stallhof auf dieser Seite die Form eines Hufeisens hatte. Rechts schloss sich an den Schuppen ebenfalls ein Mäuerchen an. Die beiden Steinmauern strebten aufeinander zu, umschlossen den Stallhof und bildeten dann zugleich die Einfriedung zweier Koppeln und die Begrenzung eines Weges, der zwischen den Koppeln entlangführte; denn zu meiner Linken ging der verwilderte Garten in eine Koppel über, auf der drei Pferde grasten. Dahinter war eine zweite, die fast bis zur Landstraße reichen musste.

Rechts, hinter dem Schuppen und weiter nach Westen, war eine dritte Koppel, die größte von allen, die sich bis zum Fuß der Hügel erstreckte und dort von einem Zaun umfriedet war. Auf dieser Koppel sah ich eine größere Gruppe von Pferden und dort war auch Allen mit der Reparatur des Zaunes beschäftigt.

Das alles wirkte auf mich, einen Stadtmenschen, der an sorgsam aufgeteilte Streifen Land gewöhnt ist, wie der Inbegriff von Reichtum, ein kleiner Erdteil für sich – Landbesitz, so weit das Auge reichte. Hier hätten ganze Siedlungen Platz gehabt, ein kleiner Vorort von München; doch alles war noch frei und wild und weitgehend unberührt, bot viel unbegrenzten Raum für Menschen und Tiere. In diesem Augenblick kam es mir fast wie ein Wunder vor, dass es so etwas auf unserer Welt überhaupt noch gab.

Von den Hügeln her, über die Wiesen und Mäuerchen, drang Hundegebell zu mir herüber. Ich sah, wie Dart und Rascal, klein wie Spielzeughunde, in Allans Nähe durch die Büsche streiften. Offenbar jagten sie hinter etwas her, einem Kaninchen oder einem Moorhuhn. Ein scharfer Pfiff erklang. Während ich an der Stallmauer entlangging, beobachtete ich, wie die Hunde zu Allan zurückkehrten. Gleich darauf begann das Hämmern von neuem.

Ich öffnete das grüne Tor und jenes Glücksgefühl überkam mich, das sich stets aufs Neue bei mir einstellt, wenn ich über die Schwelle eines Stalles trete und den unvergleichlichen Geruch nach Pferdemist, Schweiß und Heu rieche.

Seltsamerweise machte der Stall einen gepflegteren Eindruck als das Haus. Die geräumigen Boxen mit den Zwischenwänden aus massivem Holz waren sauber mit Streu ausgelegt. Ich ging die Stallgasse entlang und sah mir die Tafeln an, auf denen Pferdenamen standen. An den Jahreszahlen und den verblichenen Goldlettern merkte ich, dass die Tafeln alt waren und die Namen Pferden gehörten, die vor langer Zeit einmal hier gestanden hatten: Little Lord, Pimpernel, Rosebud, Honeydew, Marygold...

Für mich hatten diese Namen aus längst vergangenen Tagen einen wehmütigen Zauber. Als diese Pferde im Stall von The Laurels standen, mochten Damen mit langen schwarzen Reitkleidern und hohen Hüten mit wehenden Bändern hier aus und ein gegangen sein, Stallburschen, die aus armseligen Hochlandhütten kamen, um die Pferde der Reichen zu versorgen, Männer mit militärischen Schnurrbärten und blank gewichsten Stiefeln.

Ein Schnauben riss mich aus meinen Gedanken. Im Lichtkegel, der durch eines der Fenster kam, sah ich zwei Pferdeköpfe über Boxtüren, wachsam und fluchtbereit, die Ohren zurückgelegt, die Augen weit aufgerissen.

Ihre ganze Haltung drückte äußerstes Misstrauen aus. Ich begriff, dass ich mich ihnen nur vorsichtig nähern durfte. Leise und beruhigend begann ich vor mich hin zu murmeln, achtete darauf, keine raschen oder ruckartigen Bewegungen zu machen, und blieb dann ein paar Schritte von den Boxen entfernt stehen. Meine Erfahrung mit scheuen und schwierigen Pferden sagte mir, dass es besser war, die beiden nicht anzufassen. So stand ich nur da, redete leise, sah sie an.

Die größere der beiden Stuten hatte zweifellos Araberblut. Ihr Kopf war zierlich, mit hervortretenden Sehnen und Muskeln und dem berühmten edlen Knick der Nase. Ich bemerkte alte, schlecht verheilte Satteldruckstellen und dachte, dass ihr Fell nicht den Glanz eines gepflegten, gesunden Tieres hatte.

Die Stute in der Nachbarbox war von weniger edler Rasse, doch ihr Fell hatte jenen wunderbaren gelblich-cremigen Ton aller isabellfarbenen Pferde, mit weißer Mähne und weißem Schweif. Sie hatte kahle, nässende Stellen an der Brust und einen Blick, der an ein verängstigtes Kind erinnerte.

Ich wusste, dass Onkel Scott Pferde aufkaufte, die aus Alters- oder Gesundheitsgründen nicht mehr als Reitpferde oder Arbeitspferde gehandelt werden konnten und dazu verdammt waren, beim Schlachter zu enden. Und das war meist nur der Schlussstrich unter einer langen Reihe von bitteren, schmerzlichen Erfahrungen; denn viele dieser Pferde waren ein Leben lang hart oder ohne Sachverstand behandelt, schlecht versorgt, überanstrengt worden, durch viele gleichgültige Hände gegangen, wieder und wieder, bis sie aufhörten, den Menschen zu vertrauen, und lernten, sie als ihre Feinde und Peiniger zu betrachten.

Vermutlich hatten diese beiden Pferde einen ähnlichen Leidensweg hinter sich. Sie sahen nicht aus, als hätten sie gute Erfahrungen mit Menschen gemacht. Onkel Scott hatte sie vor dem Schicksal bewahrt, tage- und nächtelang ohne Wasser und Futter, zusammengepfercht wie Sardinen in einer Dose, in Zügen, Lastwagen und auf Schiffen zu fernen Viehmärkten transportiert zu werden, wo sie als Frischfleisch an den Meistbietenden versteigert und schließlich von abgestumpften Schlächtern ohne jede Barmherzigkeit getötet wurden, um zu Pferdewurst und Hundefutter verarbeitet zu werden – edle, empfindsame Tiere, von der Natur zu einem freien, wilden Leben bestimmt, missbraucht von Menschen, die in ihnen keine Geschöpfe mit eigenen Rechten und Bedürfnissen sahen, sondern nur Mittel, um persönlichen Ehrgeiz, Geldgier oder die Sucht nach Abwechslung zu befriedigen.

»Manchen Leuten«, sagte ich voller Zorn zu dem dunklen und dem isabellfarbenen Pferd, »dürfte man nie erlauben, ein Tier zu besitzen oder es auch nur anzufassen. Aber nicht alle Menschen sind gleich. Ihr habt Glück. Hier werdet ihr es gut haben.«

Doch sie sahen mich an, als hätten sie den Glauben an Zweibeiner wie mich längst verloren; und so war es wohl auch. Ob sie je wieder lernen würden, uns Menschen zu vertrauen?

Ganz am Ende des Stalles, neben einer Tür, die vermutlich zur Sattelkammer führte, stand ein gedrungenes Pony in einer Box. Es hatte einen ziemlich plumpen Kopf und sein Fell war schwarz-weiß gefleckt wie das einer Kuh. Das mochte Bonnie sein, die Stute, die wegen der gerade erst überstandenen Kolik noch nicht auf die Weide durfte.

Bonnie war keine Schönheit, schien aber sehr gutmütig zu sein; ihre eingefallenen Augen verrieten, dass sie nicht mehr jung war. Ihre Hufe sahen aus, als wären sie nie richtig gepflegt worden, und ihre Beine waren mit Narben und Schrunden übersät, die darauf schließen ließen, dass sie viel in wildem Gelände geritten worden war.

Ich dachte, dass man die Stute früher vielleicht bei Ponytrecks eingesetzt hatte, wo ungeübte Reiter auf abgestumpften Tieren tagelang im Gänsemarsch durch die Gegend trotten und die Tiere oft ohne ordentliche Pflege und ausgewogenes Futter Jahr um Jahr wie Sklaven ausgebeutet werden, bis sie abgewirtschaftet sind und durch »frisches Material« ersetzt werden. Vielleicht war Bonnie aber auch eines jener bedauernswerten Vergnügungsponys gewesen, die auf Jahrmärkten dafür benutzt werden, viele Stunden täglich bei ohrenbetäubendem Lärm Kinder auf ihren Rücken im Kreis herumzutragen. Das war nur eine weitere Spielart der Ausbeutung von Tieren, die ich hasste. Auf Volksfesten machte ich immer einen großen Bogen um die Ponykarussells.

Bonnie ließ sich ausgiebig und genüsslich streicheln. Ihre alten Augen blickten freundlich unter den langen, fast weißen Wimpern hervor, und ich beschloss, ihr einen Leckerbissen zu bringen, sobald sie sich wieder ganz von der Kolik erholt hatte.

Bonnie wieherte mir sehnsüchtig nach, als ich zum Stalltor hinausging. Draußen hatte es aufgehört zu regnen. Zwischen Wolkengebirgen kam die Sonne hervor und lag warm auf dem Pflaster und den Kletterrosen, die ihre Zweige über die Steinmauer breiteten; doch der Wind blies mir kühl ins Gesicht.

Der Weg zu den Koppeln war aufgeweicht und schmutzig, gemustert von den Abdrücken vieler Pferdehufe. Miniaturfarnkraut und Glockenblumen wuchsen zwischen den Steinen des Mäuerchens, das den Weg begrenzte. Eidechsen flüchteten vor mir in ihre Verstecke, und über den Wiesen schwirrten Lerchen in singendem Flug, getragen vom Wind, der über die Berge kam.

Drüben, wo der Bach zwischen Heidekraut und Moospolstern floss, standen Onkel Scotts Pferde in einer Gruppe beisammen, die Köpfe witternd erhoben, ihre sahnefarbenen und dunklen Mähnen flatternd wie Schals aus Seide: Schimmel und Braune, Schecken, Graue, Füchse, Rappen und Falben.

Zögernd blieb ich an der Stelle stehen, wo die Mauer endete und ein grober Holzzaun begann. Zwischen den Pferden in Habermanns Reitstall war ich unbefangen herumgegangen, wenn auch unter Beachtung der üblichen Vorsichtsmaßnahmen; doch hier galten andere Regeln. Manche dieser Pferde mochten freundlich und liebenswürdig sein wie Bonnie, andere wieder voller Misstrauen und daher unberechenbar wie die beiden Stuten im Stall. Über den Zauntritt zu steigen und zu etwa zwei dutzend fremden Pferden auf die Koppel zu gehen, ohne Onkel Scott oder Allan in meiner Nähe, wäre leichtsinnig gewesen.

Eine Weile stand ich an den Zaun gelehnt. Sie sahen zu mir herüber und ich sah zu ihnen hinüber. Dann löste sich ein Pferd aus der Gruppe, ein grauer Wallach, und kam mit schwingendem Schritt über Gras, Heidekraut und Farn, anmutig trotz seiner Größe. Sein Fell hatte den sanften Farbton von Ringeltauben.

Ein prickelndes Gefühl der Freude durchströmte mich, als es sich näherte, um Bekanntschaft mit mir zu schließen. Es war ein vollkommenes Bild – das graue Pferd unter den dunklen und pastellfarbenen Wolkenschwaden, die kleine Herde vor dem Hintergrund der Hügel, schwermütig und zugleich voller Schönheit und Süße wie die klagenden, sehnsuchtsvollen Klänge des Dudelsacks.

Während ich dastand, ging mir die Melodie eines schottischen Liedes durch den Sinn, das *Amazing Grace* heißt. Ich hatte es zum ersten Mal im Fernsehen gehört, in einem schottischen Reisebericht. Irgendwann war es auch als Schlager mit dem nichtssagenden Text *Ein schöner Tag ist uns beschert* auf den deutschen Hitlisten gewesen; doch das war nur ein armseliger Abklatsch der ursprünglichen Melodie.

Noch Jahre später sollte sich *Amazing Grace* für mich mit meinem ersten Tag in den Highlands verbinden, mit dem Bild eines grauen Pferdes, das Dandy hieß und mit erwartungsvoll gespitzten Ohren auf mich zugetrabt kam, mit dem Licht auf den Hügeln, den Wasserfällen, die von den Berghängen stürzten, und dem Duft des wilden Thymians, der am Rand der Koppeln blühte.

11

Als ich ins Haus zurückkehrte, wild entschlossen, in der Küche Ordnung zu schaffen und etwas für Onkel Scott zu kochen, auch wenn es nur Spiegeleier waren, stand dort eine kleine alte Frau mit krummem Rücken wie in dem Kinderreim vom buckligen Männlein, die sich gerade eine viel zu große Schürze überstreifte.

Ich blieb im Türrahmen stehen, doch ihr verwittertes Gesicht zeigte bei meinem Anblick keine Überraschung.

»Na, da bist du also«, sagte sie ohne eine Spur von schottischem Akzent. »Du siehst Annie ähnlich. Ich bin Sarah Tweedie.«

Ich ging zu ihr und gab ihr die Hand. Sie fühlte sich kühl und trocken an wie altes Leder. »Mein Name ist Laurie«, sagte ich. »Laurie Wegmann. Kann ich Ihnen helfen?«

Sie nickte so heftig, dass sie eine Haarnadel verlor. Ich hob sie auf, und während sie die Nadel wieder in ihren spärlichen Haarknoten steckte, erwiderte sie: »Hilfe ist genau das, was ich hier schon seit Jahren dringend brauche. In diesem Haus fehlen kräftige Hände.«

Sie musterte mich prüfend, aber nicht unfreundlich. »Viel zu jung, um einen Haushalt zu führen«, murmelte sie dann. »Scott sollte wieder heiraten, eine anständige, fleißige Frau; das sage ich ständig, aber er will nicht auf mich hören. ›Lass mich damit bloß zufrieden, Tweedie!‹, sagte er zu mir. ›So eine wie meine Anne finde ich nicht mehr.‹«

Sie schien begeistert, in mir eine Zuhörerin gefunden zu haben. Während ich mich daran machte, das Geschirr zu spülen, huschte und rumorte sie in der Küche umher, unaufhörlich redend. Ich kannte nach zwanzig Minuten ihre Lebensgeschichte: dass sie Engländerin war, aus Northumberland stammte und vor fast fünfzig Jahren einen Schotten geheiratet hatte, der Schäfer war und sein Leben lang für einen Farmer gearbeitet hatte.

»Schufterei und geringer Lohn jahraus, jahrein!«, sagte sie. »Ich wusste oft nicht, wie ich unsere drei Kinder satt kriegen sollte. Im Winter musste Rob die Schafe oft buchstäblich aus dem Schnee buddeln.«

Ich erfuhr, dass ihr ältester Sohn nach Amerika ausgewandert und ihr Mann gestorben, ihre beiden Töchter aber in »Ednbörra« verheiratet waren, dass sie sechs Enkelkinder hatte und bald auch einen Urenkel bekommen würde. Sie erzählte, dass sie Onkel Scott schon als kleinen Jungen gekannt hatte – als »Laddie mit kurzen Hosen«, wie sie es ausdrückte; und dass sie bereits bei seiner Mutter, der alten Mrs. Montrose, in der Küche ausgeholfen hatte, wenn diese krank war oder wenn Gäste erwartet wurden.

»Ein feines, gepflegtes Haus war das damals«, sagte sie und schwenkte den Besen wie ein Racheengel. »Nicht so eine verlotterte Junggesellenburg wie heute! Wenn ich jünger wäre, hätte ich es nie so weit kommen lassen.«

Dann forderte sie mich auf, mir ihre Hände anzusehen. Die Fingerknöchel waren rot und geschwollen von Gicht. »Nachts liege ich oft wach vor Schmerzen«, sagte sie. »Ich schaffe das hier einfach nicht mehr. Im Winter, wenn's Schnee gibt, kann ich kaum noch die Finger bewegen. Aber ich kann den armen Jungen nicht im Stich lassen; das bringe ich nicht übers Herz. Er braucht mich.«

Das Spülbecken war unter einem der Fenster angebracht. Ich sah in den von Unkraut überwucherten Küchengarten hinaus und dachte daran, dass der »arme Junge« mir geschrieben hatte, er traue sich nicht, eine neue Haushaltshilfe einzustellen, um Mrs. Tweedie nicht zu kränken.

Zum dritten Mal ließ ich frisches Spülwasser ein. Es war die reinste Strafarbeit. In den Tellern, Schüsseln und Tassen klebte tagealter Schmutz, festgebacken wie Zement, und widerstand meinen Bemühungen und der betagten Spülbürste, die nur noch ungefähr fünfeinhalb Borsten besaß, hartnäckig. Ich ging dazu über, einen Teil des Geschirrs einzuweichen, suchte vergebens nach einem Scheuermittel und beschloss, eine Liste von den Dingen anzulegen, die in den nächsten Tagen gekauft werden mussten, beginnend mit Spülbürste und Scheuermittel.

Mrs. Tweedie hatte, unaufhörlich redend, eine Schüssel mit gekochten Kartoffeln aus dem Kühlschrank hervorgeholt, die alles andere als frisch aussahen. Sie begann Speck und Zwiebeln zu schneiden, während sie mir eine Geschichte von einem Streit anvertraute, den Onkel Scott mit seinen Nachbarn führte. Ich hörte kaum hin, denn es war anstrengend, das schmutzverkrustete Geschirr zu spülen und gleichzeitig einem fremdsprachlichen Wortschwall mein Ohr zu leihen.

Meine Hände waren total ausgelaugt, als ich endlich mit dem Spülen fertig war. Auf der Anrichte standen reihenweise eingeweichte Töpfe, Pfannen und Tassen. Ich sah mich nach einem Geschirrtuch um, fand aber nur einen schwärzlichen Fetzen.

Als ich den Mund öffnete, um Mrs. Tweedie zu fragen, wo

die Geschirrtücher aufbewahrt wurden, erklang vor dem Haus wildes Gebell. »Jetzt kommt er!«, sagte die alte Frau, ging zum Herd, schaltete eine Platte an und goss Öl in die Pfanne. »Deck den Tisch, Mädchen!«

Offenbar war ich für sie bereits ein Mitglied dieses Haushalts und damit jemand, den man ohne weiteres herumkommandieren konnte.

Dart und Rascal kamen als Onkel Scotts Vorhut in die Küche gestürmt, mit hängenden Zungen, die Pfoten voller Erde. »Ksch, ksch!«, machte Mrs. Tweedie und wedelte mit einem Putzlappen wie ein Torero beim Stierkampf. »Ihr bringt nur Schmutz in die Küche, ihr nichtsnutzigen Biester! Hunde gehören nicht ins Haus!«

Die beiden stellten sich taub. Onkel Scott, der einen Riesenkarton voller Lebensmittel über die Türschwelle schleppte, sagte: »Gib's auf, Tweedie. Wenn sie's bis heute nicht gelernt haben, lernen sie es auch nicht mehr.«

Er stellte den Karton neben dem Sofa ab. Mrs. Tweedie kippte Speck und Zwiebeln ins Öl, dass es brutzelte und zischte. »Allmächtiger!«, sagte er. »Da hat doch tatsächlich einer das Geschirr gespült.«

»Das war deine Nichte«, sagte Mrs. Tweedie, als wäre ich nicht vorhanden. »Scheint ein recht anstelliges Ding zu sein.«

»Ich denke, ich werde eine Geschirrspülmaschine kaufen«, erklärte Onkel Scott, zog eine Dose mit Hundefutter aus dem Karton hervor und holte den Dosenöffner aus einer Schublade. Dart und Rascal saßen erwartungsvoll da und ließen ihn nicht aus den Augen.

»Eine Geschirrspülmaschine?«, erwiderte Mrs. Tweedie in einem Ton, als hätte er eben verkündet, dass er einen Rolls

Royce erstehen wollte. »Du wirst doch dein schönes Geld nicht für so ein unnützes modernes Zeug hinauswerfen?«

»Doch«, sagte mein Onkel. »Ich hab's satt, vor lauter Geschirr die Küche nicht mehr zu sehen. Geschirrspülen ist Sklavenarbeit. Dazu ist Laurie nicht hergekommen.«

»Ein bisschen schmutziges Geschirr abzuwaschen hat noch keinem geschadet«, behauptete die alte Frau.

Onkel Scott klopfte ihr auf die Schulter, ehe er sich bückte, um die Hundeschüsseln unter dem Herd hervorzuholen. »Man kann seine Zeit aber mit angenehmeren und sinnvolleren Arbeiten verbringen. Was kochst du da Schönes?«

Ich deckte den Tisch. Die Hunde fraßen ihr Futter mit zufriedenem Schmatzen. »Hast du dir den Stall angesehen?«, fragte mich Onkel Scott und setzte sich aufs Sofa, wobei er den Berg von Kleidungsstücken einfach beseite schob.

»Ja«, sagte ich. »Erst den Stall und dann die Pferde auf der Koppel. Was ist mit den drei Pferden, die im Stall stehen? Hat das Pony die Kolik gehabt?«

Er nickte. »Bonnie, ja. Sie hasst es, im Stall zu sein, ist einfach nicht daran gewöhnt. Das alte Mädchen war fast immer im Freien, ist jahrelang bei Ponytrecks mitgegangen; nicht weit von hier, in Ullapool.«

Mrs. Tweedie holte Onkel Scotts Teller und brachte ihn randvoll beladen mit Kartoffeln, Speck und Zwiebeln zurück. Als er versuchte, ihn mir zuzuschieben, protestierte sie streng. Offenbar war sie der Meinung, dass ein Mann sein Essen immer als Erster zu bekommen hat.

»Die beiden anderen«, fuhr Onkel Scott fort, »habe ich

erst vor vierzehn Tagen auf einem Viehmarkt in Aberdeen gekauft. Woher sie kamen, weiß ich nicht, dafür aber, wohin sie gehen sollten. Sie wurden als Schlachtpferde verkauft.«

»Aber der eine ist ein Araber!«, sagte ich.

»Sicher. Nur ist die Stute nicht mehr jung und völlig verdorben. Irgendein brutaler Idiot muss sie falsch behandelt haben. Ich vermute auch, dass sie geschlagen wurde, weil sie total handscheu ist; oder sie wurde für Turniere eingesetzt und man hat beim Training irgendwelche üblen Methoden angewandt, um Höchstleistungen aus ihr herauszuholen. So was gibt es leider nur zu häufig. Jedenfalls sind beide Pferde völlig verstört und wir können sie vorerst nicht ins Freie lassen. Die Araberstute hat erst vor ein paar Tagen ausgeschlagen und Allan nur um Haaresbreite verfehlt. Ich frage mich, ob wir sie überhaupt wieder hinkriegen werden.«

»Du hast schon schwierigere Pferde gehabt«, sagte Mrs. Tweedie vom Herd her.

Ich hole Milch aus dem Kühlschrank und goss sie in zwei Gläser. Für Onkel Scott stellte ich eine Flasche dunkles Bier auf den Tisch. »Und der Graue?«, fragte ich. »Auf der Koppel ist ein grauer Wallach. Er kam zu mir, als ich am Zaun stand, und hat sich streicheln lassen.«

Mein Onkel, der ohne großen Appetit in seinen Kartoffeln herumstocherte, hob den Kopf. »Dandy?«, sagte er. »Ja, der ist ein freundlicher Bursche. Und neugierig wie Miss Myrtle, unsere Gemeindeschwester.«

»Er ist doch noch jung«, sagte ich. »Warum ist er verkauft worden? Oder hast du ihn selbst gezüchtet?«

»Ich züchte keine Pferde«, erwiderte er. »Was Dandy betrifft, er taugt als Reitpferd nicht mehr viel. Er hat eine Kehlkopflähmung, wohl auf Grund einer schlecht ausgeheilten Druse. Es gibt zu viele Leute, denen es nicht um ihr Pferd geht, sondern um seine ›Funktionstüchtigkeit‹ beim Reiten.« Onkel Scotts Stimme hatte einen harten Unterton. »Und wenn ein Pferd nicht mehr die geforderte Leistung bringt oder wenn es als Spielgefährte für die Kinder ausgedient hat, wird es eben weiterverkauft. Es zu behalten und schonend zu behandeln, auf den verdammten sportlichen Ehrgeiz zu verzichten kommt den wenigsten in den Sinn. Ein Pferd tut's nicht mehr, also weg damit und her mit dem nächsten!«

Mrs. Tweedie hatte meinen Teller gefüllt. Die Kartoffeln mussten mindestens fünf Tage lang im Kühlschrank gelegen haben, denn sie schmeckten wie gebratene alte Reitstiefel. Der Speck wiederum hatte einen fischigen Beigeschmack. Um nicht unhöflich zu sein, schluckte ich heldenhaft ein paar Bissen davon und spülte sie mit Milch hinunter.

»Wenn du möchtest«, sagte Onkel Scott, »kannst du aber ohne weiteres auf Dandy reiten. Es schadet ihm nicht, wenn er schonend geritten wird. Außerdem ist er im Augenblick eines unserer umgänglichsten Pferde. Die meisten anderen müssen mit Vorsicht behandelt werden. Allan kommt natürlich mit ihnen klar, aber er ist an schwierige Pferde gewöhnt und sie kennen ihn.«

Die Hunde saßen rechts und links von meinem Stuhl und sahen erwartungsvoll zu mir auf – ein braun-weißes Clowngesicht und ein verstruwweltes, das an einen Teddybären erinnerte. Heimlich fütterte ich sie mit Mrs. Tweedies Mittagessen. Onkel Scott, der es bemerkte, grinste verstohlen. Dann kam Mrs. Tweedie selbst mit ihrem Teller daher, ließ sich am Tisch nieder und scheuchte die Hunde weg.

»Sitten sind das in diesem Haus!«, brummelte sie. »Hunde am Tisch! Das hätte die alte Gnädige nie geduldet.«

»Nein«, sagte Onkel Scott mit ernster Miene. »Bei meiner Mutter saßen bloß die Katzen auf dem Tisch. Und sag nicht immer Gnädige, du weißt, dass ich das nicht mag. Wir sind hier keine hochherrschaftlichen Gutsbesitzer, sondern einfache Leute, nicht gnädiger als du oder irgendjemand sonst.«

»Wenn man fast fünfzig Jahre als Frau eines Schäfers gelebt hat, weiß man, dass es Unterschiede gibt«, sagte Mrs. Tweedie.

»Ja, was den Verdienst betrifft, und das ist schlimm genug. Aber es gibt keinen Menschen, der mehr wert ist als ein anderer, nur weil er mehr Geld hat oder blaublütig geboren ist, in einem großen Haus sitzt oder einen dicken Wagen fährt.«

Mrs. Tweedie legte ihre Gabel nieder. Ihre Nasenspitze zuckte. »Du willst doch nicht etwa behaupten«, sagte sie, »dass Ihre Majestät unsere Königin nicht mehr wert wäre als du oder ich?«

Onkel Scott schob seinen Teller beiseite. Er war noch halb voll. »Erstens«, erwiderte er, »ist sie nicht ›unsere‹ Königin. Schottland hatte ein anderes Königshaus, ehe die Briten uns überfielen und Mary Stuart umbringen ließen. Nicht, dass wir überhaupt Könige bräuchten – wir brauchen weder die einen noch die anderen. Alles so unnütz wie ein Blinddarm, aber leider viel teurer. Und zweitens finde ich nicht, dass ›Ihre Majestät‹ oder der Kaiser von China oder irgendjemand sonst mehr wert ist als wir beide. Wenn man schon Wertmaßstäbe anlegt, dann andere als Abstammung oder Geld oder gesellschaftliche Stellung.«

Mrs. Tweedie starrte ihn an, als hätte er eben eine ungeheure Gotteslästerung begangen. Es war nicht schwer zu erraten, dass sie eine leidenschaftliche Anhängerin des englischen Königshauses war, was man von meinem Onkel nicht behaupten konnte.

»Ich würde mich schämen, wenn ich solche Ansichten hätte!«, sagte sie entrüstet.

Ich sah, dass sich Onkel Scott das Lachen verbiss. Er stand auf. Sofort waren die Hunde neben ihm und wedelten freudig mit den Schwänzen.

»Was möchtest du heute Nachmittag tun, Lass?«, fragte er mich. »Dich hinlegen und ein bisschen Schlaf nachholen?«

Ich schüttelte heftig den Kopf. Alles hier war so neu und aufregend für mich, dass ich gar nicht auf die Idee kam, müde zu sein. Ich kam mir vor wie Alice im Wunderland und hatte das Gefühl, erst einen Bruchteil von dem getan und gesehen zu haben, was es in The Laurels zu sehen und zu tun gab.

»Reiten?«, fragte er.

»Nichts lieber als das«, sagte ich.

12

Onkel Scott wartete vor dem Haus, Dart und Rascal zu seinen Füßen. Ein großer schwarzer Kater saß auf einem Pfosten des Gartenzauns unter den glänzenden Blättern eines Lorbeerbuschs und beobachtete die Hunde, ohne sich darum zu kümmern, dass wieder einmal ein kurzer Regenschauer niederging. Die Tropfen fielen wie irisierende Glasperlen vom Himmel, angestrahlt vom Licht, das unter den Rändern der Wolkendecke hervordrang.

Ich trug Reithose und Reitstiefel; beides hatte ich gebraucht von einem Mädchen aus unserer Reitschule gekauft und benutzte die Sachen nun selbst schon mehr als ein Dreivierteljahr. Die Hose war mir zu weit und sah nicht gerade überwältigend elegant aus, die Reitstiefel waren fleckig und abgewetzt und hatten mir nie richtig gepasst. Zum Ausgleich trug ich meinen schönsten Pulli aus zimtfarbener Baumwolle, den ich selbst gestrickt hatte. Er passte gut zu meinen braunen Augen und den langen, goldbraunen Haaren.

Dart und Rascal liefen mir nicht entgegen, wedelten aber, als sie mich sahen, und Onkel Scott legte den Arm um meine Schulter und sagte: »Du siehst wie ein richtiges schottisches Landmädchen aus.«

Ich wusste nicht recht, ob das ein Kompliment war. »Ist Tante Anne eigentlich auch geritten?«, fragte ich, während wir den Weg zwischen dem Haus und dem verwilderten Garten entlanggingen.

Er schüttelte den Kopf. »Anne hatte Angst vor Pferden. Wir hatten früher für gewöhnlich nur zwei oder drei Pferde im Stall. Englische Vollblüter; nervöse Tiere, die für einen Anfänger nicht passten. Ich wollte ihr ein eigenes Pferd kaufen, ein gutmütiges Highlandpony vielleicht; aber sie hat kurz nach unserer Heirat einen schweren Reitunfall mitangesehen und wurde daraufhin ihre Angst vor Pferden nicht mehr los. Ich glaube, Anne hat sich immer Sorgen gemacht, wenn ich ausgeritten bin, auch wenn sie nie ein Wort sagte.«

Bonnie wieherte, als wir den Stall betraten. Wir ließen die

Hunde auf dem Stallhof zurück, um die beiden Stuten nicht zu beunruhigen. Eine Weile standen wir bei Bonnies Box, kraulten das Shetlandpony unter dem dichten, struppigen Mähnenhaar und unterhielten uns über den schlechten Zustand seiner Hufe.

»Es ist zu viel geritten worden – auch zu früh – und am Hufschmied hat man gespart«, meinte Onkel Scott.

Die Araberstute und das isabellfarbene Pferd beäugten uns, als wären wir ihre Todfeinde. Onkel Scott blieb in einiger Entfernung stehen, ohne den Versuch zu machen, sie zu berühren.

»Feine Mädchen«, sagte er nur ruhig und sanft. »Keine Angst, euch passiert hier nichts.«

»Ihr Fell sieht schlecht aus«, sagte ich.

»Mangelhafte Ernährung und ungenügende Pflege. Die Satteldruckstellen beim Araber deuten darauf hin, dass der Sattel immer wieder aufgelegt wurde, ohne die Wunden vorher auszuheilen.«

»Aber das ist Tierquälerei!«

Onkel Scott nickte. »Die Welt ist voll von Tierquälern, Laurie. Nicht nur von solchen, die Tiere schlagen, zu Versuchszwecken benutzen und unter schlimmsten Bedingungen ausbeuten. Es gibt auch die gedankenlosen Tierquäler, die Tiere falsch behandeln, ihre Bedürfnisse nicht kennen oder sich nicht darum kümmern, die sie als Zeitvertreib oder modisches Beiwerk missbrauchen... Und diese Liste von unbewusster oder bewusster Quälerei ließe sich lange fortsetzen. Menschen sind oft sehr dumm und sehr grausam; und was so gefährlich an ihnen ist, ist ihre Macht über alle anderen Geschöpfe, über unsere Natur.«

Sein Gesicht war ernst und ein wenig traurig, als er das sagte, und ich spürte eine Welle der Zuneigung für ihn. Meine Eltern hatten die Vermutung geäußert, dass wir uns erst zusammenraufen müssten, Onkel Scott und ich, doch jetzt war ich sicher, dass sie sich getäuscht hatten.

Einen Augenblick lang dachte ich, dass ich mich, wenn er in meinem Alter gewesen wäre, leicht in ihn hätte verlieben können; doch uns trennte eine Generation und vielleicht war er mit sechzehn oder siebzehn, unerfahren und unausgereift, lange nicht so anziehend gewesen wie heute.

»Die Araberstute«, sagte er, »heißt Myrddin, nach einem alten walisischen Sänger. Von der Isabellfarbenen wissen wir nicht einmal den Namen. Sie sollte als Schlachtpferd nach Frankreich verschifft werden und ihre Papiere sind verschwunden.«

»Dann hat sie also keinen Namen?«

»Nein, noch nicht. Vielleicht fällt dir einer ein. Wir wissen nichts über ihr Schicksal, außer, dass es nicht sehr erfreulich gewesen sein kann. Ungefähr die Hälfte unserer Pferde ist namenlos hier angekommen, weil keiner sich die Mühe gemacht hat, ihre Papiere aufzuheben – wozu auch? Für Pferdewurst braucht man keine Stammtafel; da endet die Schwärmerei vom edlen Reitpferd. Bei uns bekommen sie wieder einen Namen – einen, an den sie sich natürlich erst gewöhnen müssen.«

Es ist, dachte ich, als würden sie ein zweites Leben beginnen – hier, in den Highlands. Nur ein Tropfen in einem Meer von Härte und Ungerechtigkeit, aber immerhin...

»Siebenschön«, sagte ich. »Könnten wir sie nicht Siebenschön nennen?«

»Siebenschön?« Das Wort klang seltsam aus seinem Mund. »Ist das ein deutscher Mädchenname?«

»Es ist der Name einer Märchengestalt«, sagte ich. Und ich dachte an mein Märchenbuch mit dem Bild von Siebenschön, das ich mir als Kind oft angesehen hatte. Ihr Haar hatte die gleiche Farbe gehabt wie das Fell der Stute.

Plötzlich fiel mir auch der Vers wieder ein, der unter dem Bild stand: »Siebenschön bin ich genannt, Unglück ist mir wohl bekannt.«

Ich versuchte Onkel Scott das Märchen nachzuerzählen, so gut ich konnte – von dem schönen armen Mädchen, in das sich ein Königssohn verliebte und das dadurch ins Unglück geriet, weil das Liebespaar verraten wurde und der alte König seine Diener schickte, um Siebenschöns Elternhaus in Brand zu stecken. Siebenschön aber konnte sich aus dem brennenden Haus retten, verkleidete sich als Mann und nahm eine Stellung als Diener am Hof des alten Königs an, wo sie sich Unglück nannte.

Onkel Scott hörte aufmerksam zu und nickte. »Ja, Siebenschon und Unglück – das passt wohl auf unsr armes altes Mädchen hier. Früher war sie bestimmt eine Schönheit, ehe gefühllose Holzköpfe ein verängstigtes, schwielenbedecktes Wrack aus ihr gemacht haben. Die körperlichen Wunden werden mit der Zeit verschwinden – die seelischen heilen schwerer.«

Ich begriff plötzlich, dass mein Onkel einsam und enttäuscht war – nicht nur, weil er seit Tante Annes Tod allein leben musste. Das Wissen um das elende Schicksal vieler Pferde, vor dem er nicht die Augen verschließen konnte, lastete auf ihm und hatte ihn bitter gemacht.

Onkel Scott öffnete die Tür zur Sattelkammer. Sie war hell und geräumig und ordentlicher als das Innere des Wohnhauses. Es gab eingebaute Wandschränke aus Eiche, mit Messingtafeln versehen, auf denen stand, was in den einzelnen Regalen und Schubfächern war. In einer Nische befand sich ein praktisches Gestell aus gedrechseltem Holz, um Satteldecken auszulüften und zu trocknen. An der Trennwand zum Stall stand ein eiserner Ofen.

»Das ist Allans Reich«, sagte Onkel Scott und ich sah, dass auf dem Tisch zwischen den Fenstern eine Flasche, ein Glas und ein Teller standen. Daneben lagen ein aufgeschlagenes Buch und eine Zeitschrift, außerdem ein Klappmesser. Auf der Fensterbank lag die grüne Lederjacke.

Ich bekam einen Vielseitigkeitssattel, der nicht mehr neu, aber gut gepflegt war. Dann holte Onkel Scott seinen eigenen Sattel vom Haken. Beladen mit Zaumzeug und den Sätteln, verließen wir den Stall. Zur Abwechslung schien wieder die Sonne – für wie lange wohl? – und die Hunde lagen auf dem Pflaster und dösten. Sie mussten mit einem Ohr auf das Zuschlagen des Stalltors gehorcht haben, denn als wir ins Freie traten, sprangen sie auf und trotteten freudig mit uns über den Hof auf den Pfad zu, der zwischen den beiden Mäuerchen entlangführte.

»Dort«, sagte Onkel Scott und deutete nach links über seine Schulter, »zwischen dem Garten und der Landstraße, ist *Laurels Pasture*. Wir benutzen diese Koppel nur im Sommer, denn sie ist recht schattig. Auf der zweiten Koppel, gleich links neben der Mauer, gehen zur Zeit nur ein paar Pferde, die schwierig sind und sich mit dem Rest der Herde nicht gut vertragen. Das Gras ist da schon ziemlich abgeweidet. Diese

Koppel grenzt an das Grundstück meines Nachbarn. Vor etwa zwanzig Jahren war diese Wiese an einen Farmer verpachtet, der hier seine Stiere weiden ließ. Seitdem heißt die Koppel bei uns *Bulls Field*.«

Ich überlegte, dass ich dort am Vormittag keine Pferde gesehen hatte; doch jetzt sah ich sie – ein Grüppchen von vier Pferden, die an der Salzlecke standen.

»Rechts«, fuhr Onkel Scott fort, »ist *Brooks Pasture*. Die Koppel reicht teils bis zum Bach, teils bis zum Fuß der Hügel. Hier haben die Tiere genügend Auslauf. Viele Pferde, die heutzutage irgendwo in einer Box stehen müssen, sind arme Teufel. Im Grund ist es Tierquälerei, ein Pferd, das von der Natur mit einem unbändigen Bewegungsdrang ausgestattet ist, tage- und nächtelang in eine schmale, enge Box einzusperren, in der es sich kaum umdrehen kann. Für ein Arbeitspferd mag das in Ordnung sein – es braucht nach einem anstrengenden Tag einen ruhigen Platz. Aber für ein Reitpferd, das durchschnittlich nur einmal am Tag bewegt wird, ist das eine Qual. Eigentlich müsste es ein Gesetz geben, dass nur der ein Pferd halten darf, der auch eine ausreichend große Koppel mit Wasser und Unterstand hat.«

Ich dachte an die Pferde in Habermanns Stall. Sie waren auch meistens in ihren Boxen gestanden und selten hinausgekommen auf die kleine Weide am Rand einer stark befahrenen Straße; aber eigentlich konnte man sie in die Kategorie der Arbeitspferde einreihen, denn sie waren mehrere Stunden täglich beim Reitunterrricht eingesetzt worden und das war anstrengend. Das Beste waren für sie die Ausritte mit den Fortgeschrittenen gewesen; doch Anfängerreitstunden waren oft Knochenarbeit. Trotzdem hatten sie mir in dem engen, dunklen Stall oft Leid getan; ich hatte immer gespürt, dass dieses Leben ihrer Bestimmung und ihren Bedürfnissen zuwiderlief.

»Was machst du eigentlich im Winter, wenn es draußen vereist ist und die Koppeln voller Schnee sind?«, fragte ich.

»Die meisten unserer Pferde sind auch im Winter viel im Freien, wenn das Wetter nicht zu scheußlich ist – natürlich nur die, die abgehärtet sind«, erwiderte er. »Kranke Pferde und solche, die im Spätsommer und Herbst neu dazukommen, bleiben im Stall. Die anderen haben während des Jahres Gelegenheit, sich rechtzeitig abzuhärten, wenn sie ständig draußen sind im Offenstall. Sie kriegen ihr Winterfell und vertragen die Kälte gut. Nur wenn's schlimme Stürme gibt, holen wir sie herein in den Stall. Pferde, die im Freien leben dürfen, sind widerstandsfähiger, gesünder – und sicher auch glücklicher.«

Wo das Mäuerchen endete und der Zaun begann, befand sich ein Gatter, das Onkel Scott aufhakte und nach innen öffnete. Die Pferde waren inzwischen zum Hügel gezogen und standen mit gesenkten Köpfen zwischen Licht und Schatten.

Wir schlossen das Gatter. Rascal und Dart stürmten durch den Farn und das Heidekraut, sprangen über moosbewachsene Steine, steckten die Nasen schnaubend in Kaninchenlöcher und jagten ein Moorschneehuhn auf, das kreischend und schwerfällig davonflatterte.

Wieder stieg mir der reine Atem der Highlands in die Nase, klar und prickelnd; eine berauschend würzige Duftmischung von regenfeuchtem Wind, Bergkräutern, Kiefernnadeln und Moorwasser. Ich hatte nie geglaubt, dass etwas so Selbstverständliches wie Luft derart wunderbar sein kann, denn ich war an Großstadtluft gewöhnt, die ihre Reinheit verloren hat. Der Unterschied war ungefähr so überwältigend wie der zwischen einem schlechten Schlager und einem Violinkonzert von Vivaldi.

Eine Weile gingen wir schweigend nebeneinanderher über die Koppel; dann fragte ich: »Sind die Pferde an die Hunde gewöhnt?«

Onkel Scott nickte. »Eigentlich ist es eher umgekehrt«, sagte er. »Unsere Hunde sind an die Pferde gewöhnt. Sie verhalten sich richtig, versuchen nicht an ihnen hochzuspringen, kläffen nicht um sie herum oder schleichen sich nicht von hinten an sie heran. Dart hat als Welpe einen Tritt abbekommen, weil er sich falsch verhalten hat, und das hat er sich gemerkt. Für gewöhnlich kommen Hunde und Pferde gut miteinander aus – falls die Pferde keine schlechten Erfahrungen mit Hunden gemacht haben. Manchmal sind Hunde natürlich auch falsch erzogen und dadurch hinterhältig und angriffslustig. Hunde, die von ihren Besitzern falsch behandelt werden, können gefahrlich sein.«

»Wir hatten immer Katzen in Habermanns Stall, wo ich Reiten gelernt habe«, erzählte ich. »Eine hat sogar ihre Jungen dicht neben einer Stute in der Ecke der Box bekommen.«

Es dauerte mehr als zehn Minuten, bis wir den Bach erreichten. Eine provisorische Brücke, die aus ein paar dicken Brettern bestand, führte darüber. Bei starken Regenfällen oder im Frühling, wenn in den Bergen Schneeschmelze war, wurde sie regelmäßig weggespült, wie Onkel Scott mir erklärte.

»Wir wollen im Herbst eine feste Holzbrücke bauen, Allan

und ich«, sagte er. »Siehst du den Berg dort drüben? Das ist der Ben Wyvis. Und der höchste Gipfel ist der berühmte Ben Nevis. Die Kette der Cairngorms ist fast hinter Wolken versteckt.«

Drei Pferde hatten sich aus der Herde gelöst und kamen langsam den Bach entlang auf uns zu. Dandy, der graue Wallach, war dabei. Dicht neben ihm ging ein Brauner mit hellem Schweif und heller Mähne. Die Nachhut bildete ein Pony mit kurzen, stämmigen Beinen, kugelrundem Bauch und dichter, zottiger Mähne. Es sah aus wie ein zu groß geratenes Bergschaf.

»Dandy, Tullamore und Brownie«, stellte Onkel Scott vor. »Tullamore ist mein eigenes Pferd, ein englisches Halbblut. Ich habe ihn nun schon seit fünfzehn Jahren. Er ist nicht der Schnellste, aber zuverlässig und gutmütig.«

»Der Braune?«, fragte ich.

Er nickte. »Ich habe mir damals bewusst kein Vollblut gekauft. Sicher, Vollblüter sind elegant und sehen edel aus, aber oft sind sie nervös und empfindlich. Und da ich keinerlei Ehrgeiz habe, bei einem dieser blödsinnigen Jagdritte mitzumachen, irgendwelchen Leuten zu imponieren oder gar bei Turnieren anzutreten, tut's ein Halbblut für mich auch.«

Tullamore wirkte ein wenig schwer, aber durchaus nicht plump. »Es geht nichts über ein gutmütiges, zuverlässiges Pferd«, sagte Onkel Scott. »Eines, das man gewissermaßen auch im Schlaf reiten kann. Für mich ist das wichtiger als Schönheit und edle Rasse. Ich habe gelernt, dass es ein Fehler ist, dem äußeren Schein zu viel Wert beizumessen – sowohl bei Zweibeinern als auch bei Vierbeinern.«

Ich dachte an Puck in Habermanns Stall, eines der ältesten

und hässlichsten Pferde, das mein absoluter Liebling gewesen war. Puck hatte viel zu grobe Knochen und ein Hohlkreuz gehabt und alle hatten ihn einen alten Klepper genannt. Doch er war sanft wie ein Lamm und dankbar für jede Liebkosung, jeden Leckerbissen; und er hatte Augen gehabt, so freundlich und geduldig wie kein anderes Pferd.

Die Erinnerung an Puck tat weh, denn er hatte vor einem halben Jahr plötzlich nicht mehr in seiner Box gestanden. Herr Habermann hatte auf meine Frage unbestimmt geantwortet, er hätte ihn »abstoßen« müssen, was hieß, dass er verkauft worden war; und wer mochte ein altes, verbrauchtes und hässliches Pferd wie Puck noch haben? Die lange und schreckliche Reise nach Italien in die Hände eines Pferdemetzgers war ihm wohl nicht erspart geblieben; und der einzige Trost, den ich mir selbst geben konnte, war, dass er inzwischen alles längst überstanden hatte.

»Und das Pony?«, fragte ich, um auf andere Gedanken zu kommen. »Warum heißt es Brownie, wo es doch schwarz ist?«

Onkel Scott lächelte. Wir hatten die drei Pferde erreicht – oder sie uns – und legten Sättel und Zaumzeug auf einen Felsbrocken, was nicht einfach war, weil jedes der Tiere zuerst gestreichelt werden wollte.

»Der Name hat nichts mit seiner Fellfarbe zu tun. Ein Brownie ist ein schottischer Hausgeist...« Er überlegte. »Eine Art Kobold, verstehst du?«

Er sprach das deutsche Wort Kobold so komisch aus, dass ich mir das Lachen verbeißen musste.

»Hast du so einen Brownie im Haus?«, fragte ich.

Sein Gesicht blieb ernst, aber ich sah ein Zwinkern in

seinen grauen Augen. »Früher«, sagte er, »gab es fast in jedem Haus einen Brownie. Allerdings blieb er natürlich nur, wenn die Leute sich richtig verhielten. Die Brownies halfen vor allem beim Bierbrauen. Später, als man aufhörte, sein Bier selbst zu brauen, weil hohe Malzsteuern erhoben wurden, zogen sich die Brownies immer mehr zurück. Es heißt aber auch, dass sie Kühe melken, buttern und die Heuarbeit erledigen, wenn man sie gut behandelt und ihnen heimlich Bier und Schwarzbrot in einen Winkel stellt. Am liebsten ist ihnen eine Schale Milch und ein heißer Pfannkuchen mit Honig drauf.«

Dandy begann in meinen Jackentaschen nach Leckerbissen zu suchen. »Und wie sehen sie aus, diese Brownies?«

»Für gewöhnlich sind sie unsichtbar, aber manchmal kann man sie auch sehen und dann sind sie ungefähr zwanzig Zoll groß und über und über mit zottigen braunen Haaren bedeckt. Ihre Haut ist braun und ihre Gesichter sind verrunzelt. Oft tragen sie zerlumpte Kleidung aus brauner Wolle. Auffällig ist, dass sie weder Finger noch Zehen haben.«

»Herrje!«, sagte ich. »Die müssen aber komisch aussehen!«

Onkel Scott schmunzelte. »Als ich noch ein Kind war, hat meine Mutter mir erzählt, dass ein krummbeiniger alter Brownie mit langem Schwanz in unserem Kamin haust. Er hieß Wag at the Wa und hatte meistens furchtbare Zahnschmerzen.«

»Hast du Angst vor ihm gehabt?«

»Ein bisschen schon, obwohl Brownies gutmütig sind – das heißt, wenn man sie nicht beleidigt.«

»Und wo sind die Brownies hingekommen?«

»Angeblich leben sie in Höhlen und hohlen Bäumen. Jedenfalls, wenn du mal einen sehen solltest, mach bloß nicht den Fehler, ihm ein Kleidungsstück anzubieten. Dann verschwindet er nämlich auf Nimmerwiedersehen. Am besten fragst du Tweedie nach solchen Sachen. Die kennt sich aus mit Hobgoblins, Brownies und Sith wie kein anderer.«

Brownie, das Shetlandpony, sah unter seiner zottigen Stirnlocke hervor misstrauisch zu, wie wir Dandy und Tullamore sattelten und zäumten und uns dann auf ihre Rücken schwangen. Dandy war größer als Puck und die Stute, auf der ich während der letzten Monate in Habermanns Stall geritten war, doch zum Glück blamierte ich mich nicht vor Onkel Scott und kam sicher in den Sattel.

Eine Weile trabte das Shettie noch hinter uns her, während Dart und Rascal vorausliefen; dann blieb es zurück und begann zu grasen, zufrieden und selbstvergessen.

Wie immer auf einem unbekannten Pferd, fühlte ich mich anfangs unsicher. Dandy ging mit einer Vorsicht, die mit seiner Krankheit zu tun haben mochte, und ich beschloss, ihn selbst den Rhythmus und die Geschwindigkeit bestimmen zu lassen, um ihn nicht zu überfordern.

Onkel Scott ritt voraus auf die äußerste westliche Grenze der Koppel zu, wo zugleich auch die Grundstücksgrenze von *The Laurels* verlief, vorbei an einem Gehölz aus Kiefern und jungen Birken, unter denen eine offene Schutzhütte für die Pferde errichtet war.

Rascal stöberte ein grau-braunes Kaninchen auf, das wie der Blitz im Zickzack über die Koppel davonjagte. Eine Weile war der Terrier taub für Onkel Scotts durchdringende Pfiffe und stürmte mit fliegenden Ohren hinterdrein; dann aber blieb er plötzlich stehen, sah sich nach uns um und kam mit hängender Zunge und schuldbewusster Miene zurückgetrottet.

Eine schmale Pforte führte zu einem Pfad zwischen Schafweiden. Onkel Scott sprang vom Pferd, öffnete sie, ließ Dandy, mich und Tullamore passieren, schloss die Pforte sorgsam hinter sich und schwang sich wieder in den Sattel.

Wolken, so dick und weiß wie Schneehauben auf einem Winterwald, zogen über den Ben Wyvis. Schon verhüllten sie die Sonne. Berghänge, Schafweiden und der Weg vor uns versanken im Schatten. Der Wind, der die Wolken über die Berge jagte, trieb mir die Tränen in die Augen, zerzauste mein Haar und wirbelte Dandys Mähne wie eine Fahne vor mir her.

Ich dachte daran, dass ich vor einer Woche um diese Zeit noch auf dem Rücken eines anderen Pferdes gesessen hatte und mit einer Gruppe von acht Reitern am Rand eines Münchner Vororts ausgeritten war, in Reih und Glied, auf vorgeschriebenen Reitwegen durch ein Freizeitgelände, dem man ansah, dass es auf dem Reißbrett entstanden war. Und ich konnte kaum glauben, dass ich jetzt, nur acht Tage später, in einem anderen Land ritt, fern von jeder Großstadt; durch eine Gegend, die von Gebirgsketten beherrscht und nur spärlich von Farmern besiedelt war, wo Pferde, Rinder und Schafe ungebunden über Wiesen streifen durften, so weit das Auge reichte, und Wildkaninchen den Boden mit ihren Gängen unterhöhlten.

»Schau«, sagte Onkel Scott und deutete nach rechts. »Dort über den Cairngorms fliegt ein Adler!«

Ein Vogel kreiste über einem der Berghänge, in stillem,

unbeschreiblich elegantem Flug, den Körper in Schräglage, die Flügelenden wie Spitzen gegen das Weiß der Wolken. Ich hatte in meinem ganzen Leben noch nie einen Adler in Freiheit gesehen und starrte fasziniert nach oben, während Onkel Scott hinzufügte: »Die Farmer mögen sie nicht, weil es ab und zu vorkommt, dass ein Adler ein Lamm reißt. Aber sie stehen unter Naturschutz und dürfen nicht abgeschossen werden. Zum Glück, sonst wären sie längst ausgerottet wie so viele andere Tiere.«

Der schmale, unbefestigte Weg, auf dem wir ritten, beschrieb einen Bogen nach links, und während der Adler in einer Schlucht verschwand, tiefer und immer tiefer kreisend, erreichten wir ein Waldstück, das von einem Bach geteilt wurde – dem gleichen Bach, der durch Brooks Pasture floss. Moosbewachsene Steine, Farnkraut, wilde Fingerhüte, Glockenblumen und Bäume mit Flechtenbärten säumten das Bachufer. Es war ein Wald wie im Märchen von Schneewittchen und den sieben Zwergen, in dem eine Stille herrschte, die nur vom Glucksen des Wassers, dem Raunen des Windes in den Bäumen, dem Rascheln der Hundepfoten im Laub und dem gelegentlichen Klappern der Pferdehufe auf einem Stein unterbrochen wurde.

Waldreben und Geißblattranken bildeten dichte Lauben, spannten sich von Baum zu Baum. Die stachligen Blätter der Ilexbüsche glänzten wächsern. Manchmal sang ein Vogel – ein paar Triller nur, die ich nie zuvor gehört hatte; und all diese Geräusche vereinten sich in der Stille zu einer seltsamen Art von Musik.

Unter mir nickte Dandys dunkle Stirnlocke. Jetzt konnte ich auch sein Atemgeräusch hören; leise pfeifende Laute, die mir vielleicht gar nicht aufgefallen wären, hätte ich nicht von seiner Krankheit gewusst.

Eine Weile lauschte ich besorgt. »Dandy atmet so seltsam«, sagte ich dann zu Onkel Scott. »Meinst du, dass es zu anstrengend für ihn wird?«

Er zügelte Tullamore und wartete, bis wir ihn eingeholt hatten. Der Pfad war nun gerade breit genug, um nebeneinander zu reiten. Die Hunde wateten im Bach und tranken von dem braunen Moorwasser, das wie Bernstein aufblitzte, wenn ein Sonnenstrahl durch die Bäume drang.

»Nein«, sagte er. »Bei Pferden, die unter Kehlkopfpfeifen leiden, entsteht dieses Geräusch immer, wenn sie geritten werden, und zwar beim Einatmen. Je mehr sie sich anstrengen, umso stärker wird das Geräusch. Was du jetzt hörst, ist ziemlich harmlos. Es fällt dir nur auf, weil es hier still ist. Im Augenblick ist der Laddie noch recht munter!« Er klopfte Dandy liebevoll den Hals.

Der Märchenwald war in Wirklichkeit nur ein kleines Waldstück, das sich wie ein natürlicher Grenzwall zwischen Bulls Field und der benachbarten Farm erstreckte; denn als wir den Waldrand erreichten, sah ich ein Haus, lang gestreckt und grau, mit spitzgiebeligem Dach, am Fuß eines kleinen Abhangs zwischen Bäumen auftauchen. Es hatte mehrere Kamine, die von blumentopfähnlichen Hauben gekrönt waren. Windzerzauste Apfelbäume umstanden es, zwischen denen eine Wäscheleine voll mit Hemden und blauen Arbeitshosen gespannt war, die wie verrückt im Wind flatterten.

Haus und Obstgarten waren durch einen Zaun vom Weg getrennt, und das war gut so, denn als wir näher ritten, kam ein großer schwarzer Hund hinter einem Schuppen hervorgestürzt und raste mit wildem Gebell quer über die Wiese. Dart und Rascal, immer bereit, eine Herausforderung anzunehmen, stürmten ihrerseits kläffend und mit gefletschten Zähnen gegen den Zaun an, und es hätte eine mörderische Rauferei gegeben, wenn sie zueinander gekonnt hätten.

Die Pferde verhielten sich ruhig, als wären sie an dieses Schauspiel gewöhnt. Onkel Scott rief die Hunde scharf zu sich.

»Bei Fuß, Dart! Hierher, Rascal! Hab ich nicht hundertmal gesagt, ihr sollt dieses Theater lassen?!«

Widerwillig kamen sie zurück, während der schwarze Hund noch immer grollte und knurrte. Onkel Scott murmelte etwas, das wie »mob« klang – ein Wort, das so viel wie Pack oder Gesindel bedeutet; doch irgendwie hatte ich das Gefühl, dass damit nicht die Hunde gemeint waren.

Flüchtig sah ich, wie eine Frauengestalt an einem der geöffneten Fenster auftauchte und dann wieder verschwand. Onkel Scotts Gesicht hatte sich verfinstert. Er drückte die Schenkel an, sodass Tullamore in Trab fiel, und Dandy trabte unverzüglich hinterher, ohne ein Zeichen von mir abzuwarten. Offenbar war er der Meinung, dass ich zwar auf seinem Rücken saß, Onkel Scott jedoch das Tempo angab, und dass ich mich danach zu richten hatte.

Erst als wir nach rechts auf einen Seitenweg abbogen und das Farmhaus hinter uns ließen, zügelte mein Onkel sein Pferd, und Tullamore und Dandy gingen wieder im Schritt. Die Hunde wandten immer wieder die Köpfe, als erwarteten sie, dass der schwarze Hund ihnen folgte, doch er tauchte nicht auf. Auch mein Onkel sah sich um und warf mir dabei einen prüfenden Blick zu, sagte jedoch kein Wort.

Ich fragte mich, was der Grund für seinen plötzlichen Stimmungsumschwung sein mochte, denn irgendetwas hatte ihn zweifellos verärgert. Jetzt hörte ich das Pfeifgeräusch deutlicher, das Dandy beim Einatmen machte, und dann das ferne Brummen eines Motors. Das Geräusch kam von links, wo sich ein Kartoffelacker erstreckte, der von dichtem Buschwerk gesäumt war. Dahinter musste die Landstraße verlaufen, auf der ich gestern Abend von Inverness und Dingwall nach *The Laurels* gekommen war.

Ich konnte es plötzlich kaum glauben, dass keine vierundzwanzig Stunden vergangen waren, seit ich hier war. Der Nachmittag war noch nicht vorüber und doch hatte ich das Gefühl, seit meiner Ankunft mehr erlebt und gesehen zu haben als zu Hause in Wochen. Und doch war es wohl nur ein kleiner Teil all dessen, was es in *The Laurels* zu sehen und zu erleben gab.

13

Ich half bei der Abendfütterung, obwohl Onkel Scott meinte, ich hätte ein bisschen Ruhe nötig. Doch zu meiner eigenen Verwunderung war ich noch immer nicht müde. Ich brannte darauf, mich nützlich zu machen und zu sehen, wie hier alles seinen gewohnten Gang ging.

Allan, der Wortkarge, verrichtete seine Arbeit mit raschen, gezielten Bewegungen, die mir widerstrebende Bewunderung abnötigten und mir zugleich das Gefühl gaben, selbst unerfahren und ungeschickt zu sein. So unfreundlich und abweisend er zu mir gewesen war, so sanft ging er mit den Pferden um; er behandelte sie mit liebevoller Bestimmtheit und ruhiger Sachkenntnis, die ich ihm nicht zugetraut hätte. Sein Gesicht, das düster und verschlossen war wie die Wehrmauern einer Burg, verwandelte sich auf überraschende Weise, wenn er ein Pferd ansah oder mit ihm sprach; und ich dachte, dass »zwei Seelen in seiner Brust wohnen« mussten, wie ein Dichter einmal so schön gesagt hat.

Onkel Scott kümmerte sich selbst um Bonnie und die beiden Stuten im Stall. Allan und ich schleppten mehrere Eimer voller Hafer erst zu *Brooks Pasture* und dann noch einige nach *Bulls Field;* denn solange das Gras fett war, durchwachsen von nahrhaften Kräutern, bekamen die Pferde Hafer nur als Zufutter, wie Onkel Scott mir erklärte, und einmal wöchentlich Melasse; dazu etwas Salz, gelegentlich geschnittene Rüben, Apfelstücke und wilde Wegwarte.

»Ginger, Dwarf, Cassie und Primrose brauchen auch regelmäßig Mash«, sagte er. »Sie waren in üblem Zustand, als ich sie gekauft habe, und das Kraftfutter hilft ihnen, ihre Abwehrkräfte zu stärken und wieder Speck auf die Rippen zu kriegen, damit sie besser mit Krankheiten fertig werden. Außerdem tun die Höhenluft, das Moorwasser und die Kräuter ein Übriges, um sie wieder auf die Beine zu bringen. Wir haben hier schon die jämmerlichsten Tiere gehabt, für die ein Abdecker kaum noch ein paar Pfund bezahlt hätte, und wieder schöne, kräftige Pferde aus ihnen gemacht. Rose of Tralee zum Beispiel, der Apfelschimmel hier, sah zum Steinerweichen aus, als wir sie bekamen.« Und er klopfte einer Stute zärtlich auf das dunkel gefleckte Hinterteil.

Mit Messbechern wurden die Haferrationen abgemessen; je nach Größe und Bedarf der einzelnen Pferde mehr oder weniger. Onkel Scott und Allan hatten den Futterplan genau im Kopf. Während ich meinem Onkel zur Hand ging, kratzte Allan den Pferden, die schon gefressen hatten, die Hufe aus. Goblin, ein Englisches Halbblut und dunkelbraun wie eine Kaffeebohne, hatte Steingallen gehabt, als Onkel Scott ihn kaufte; seine Hufe mussten besonders sorgfältig überwacht werden. Ich nahm mir vor, mir den Futterplan genau zu merken, nur heute noch nicht, und ich konzentrierte mich dafür auf die Namen der Pferde: Primrose war der Schimmel, ein Anglo-Araber mit »run-down legs«, wie Onkel Scott sagte, also mit verbrauchten Beinen; Cassie eine nervöse braune Stute mit einem Flämmchen auf der Stirn; Jessie ein Shetlandpony mit hochweißen Vorderfüßen. Eine graue Stute hieß Bell und eine schwarze Fairy Queen. Sie war trächtig, wie Onkel Scott mir erzählte.

»Sie sollte zum Abdecker – keiner schien etwas davon zu wissen, dass sie mit einem Fohlen geht; dabei hab ich es gleich auf dem Pferdemarkt bemerkt«, sagte er. »Ich fürchte allerdings, es wird kein kräftiges Fohlen werden, falls sie es überhaupt austragen kann. Sie ist offenbar zu scharf geritten worden – siehst du die Sporennarben an ihren Flanken? – und man hat sie schlecht gefüttert. Auch eine alte Sehnenscheidenentzündung ist nie richtig ausgeheilt. Man hat sie für lächerliche sechzig Pfund angeboten, aber keiner wollte sie haben.«

Vor den Wallachen Rae und Owlie warnte mich mein Onkel. Sie waren als Beißer bekannt und mussten mit großer Vorsicht behandelt werden. »Überlass die beiden vorerst

Allan und mir«, sagte er. »Owlie hat mich im Frühling in die Hand gebissen. Es ist besser, du gehst ihnen aus dem Weg.«

Müdigkeit überfiel mich, als wir die leeren Eimer zum Schuppen zurückbrachten. Es war fast acht Uhr abends, doch der Himmel war noch immer taghell, ohne eine Spur heraufziehender Dämmerung. Allan holte ein verbeultes Moped aus der Garage und fuhr nach einem kurzen Gruß zu Onkel Scott hin – mich übersah er – mit knatterndem Auspuff davon.

Die Hunde saßen auf der Vortreppe und warteten darauf, dass mein Onkel den Schlüssel vom Haken nahm und die Tür aufschloss. Auch der schwarze Kater, der MacDuff hieß, kam von irgendwoher angeflitzt und folgte uns mit lautem Miauen in die Küche.

Mrs. Tweedie hatte die Überreste des Mittagessens mitten auf den Tisch gestellt, wohl um uns daran zu erinnern, dass sie noch gegessen werden mussten; doch Onkel Scott füllte einen Teil davon in MacDuffs Schale und verteilte den Rest in die Hundeschüsseln. Die drei fraßen friedlich nebeneinander, während mein Onkel eine Dose Würstchen öffnete.

»Die machen wir uns heiß«, sagte er. »Übermäßig schmackhaft sind sie nicht, aber zumindest kriegt man etwas Warmes in den Magen. Ich esse das Zeug schon seit Jahren.« Er begann im Küchenschrank zu wühlen. »Irgendwo müsste auch noch eine Dose mit Suppe sein...«

Ich ließ mich aufs Sofa fallen und war vollauf damit beschäftigt, meine Augen offen zu halten. Meine Arme schmerzten. Vor den Küchenfenstern sang ein Vogel. Onkel Scotts Stimme klang ferner und ferner. Ich hörte, wie die Sprungfedern des Sofas quietschten, wurde leicht emporgehoben und sank wieder zurück, während sich eine Gestalt neben mir niederließ und sich wie eine Pelzkugel an mich drückte. Ich legte den Arm um die Gestalt – war es Dart oder Rascal oder MacDuff? – und hörte einen tiefen Seufzer, den ich selbst ausgestoßen haben konnte, vielleicht aber auch einer der Hunde. Dann nahm ich eine Zeit lang gar nichts mehr wahr, bis mich jemand an der Schulter fasste, schüttelte und sagte: »Aufwachen, Laurie!«

Einen verrückten Augenblick lang dachte ich, ich wäre in der Schule eingeschlafen. Ich riss die Augen auf und machte mich auf eine Moralpredigt gefasst, doch da stand Onkel Scott beim Tisch und stellte einen dampfenden Teller Suppe vor mich hin.

»Das Essen ist fertig«, sagte er.

»Ich bin eingeschlafen«, murmelte ich verwirrt und merkte, dass Rascal seinen Kopf auf meinen Schoß gelegt hatte und leise schnarchte.

»Kein Wunder«, sagte Onkel Scott. »Du solltest dich nach dem Essen gleich schlafen legen.« Er lächelte, als ich heftig den Kopf schüttelte. »Na gut, dann machen wir uns noch einen starken Kaffee. Wir Schotten sind zwar keine richtigen Kaffeetrinker, aber Anne hat immer lieber Kaffee als Tee gemocht; und so hab ich es mir angewöhnt, abends gelegentlich noch eine Tasse Kaffee zu trinken, wenn ich müde bin.«

Nach der heißen Suppe fühlte ich mich wieder munterer. Der Geschmack der Dosenwürstchen bestärkte mich in meiner Erkenntnis, die mir schon bei Mrs. Tweedies Mittagessen gedämmert war – nämlich, dass meine Mutter Recht hatte und ich so schnell wie möglich kochen lernen musste.

Rascal wachte auf und seufzte tief, als ich vorsichtig seinen Kopf von meinem Schoß hob und ihn auf ein Sofakissen bettete. Während ich den Kaffee kochte, blätterte Onkel Scott in der Zeitung *The Scotsman*.

Es gab einen mehrfach geklebten deutschen Kaffeefilter aus Porzellan, der einst weiß gewesen sein musste, jetzt aber schwärzlich-braun war, und Filterpapier, das vermutlich meine Mutter geschickt hatte. Dart sah mich an und brummte leise, als ich Wasser in den Kessel füllte, und ich merkte nach einem Blick auf die Emailleschüssel am Boden, dass die Hunde kein Wasser mehr hatten.

Während ich die Schüssel unter den Hahn hielt, stand Dart schwanzwedelnd neben mir und sah mit sprechenden Augen zu mir auf. Er schlappte das Wasser in sich hinein; die Schüssel knirschte auf dem schmutzigen Küchenboden. Hinter den Fenstern war es noch immer hell. Dann summte der Kessel und ich goss den Kaffee auf, dessen Duft die unordentliche, kalte Küche plötzlich in einen heimeligen Ort verwandelte.

»Nehmen wir den Kaffee mit ins Wohnzimmer hinüber«, sagte Onkel Scott und faltete seine Zeitung zusammen. »Irgendwo auf dem Schrank müsste ein Tablett für das Geschirr sein.«

Wir suchten das Tablett und fanden es schließlich zwischen Herd und Kühlschrank. Als seltsame kleine Prozession wanderten wir dann aus der Küche hinaus und über den Flur: Onkel Scott mit der Kaffeekanne, der Zeitung und seiner Pfeife, ich mit dem Tablett voller Geschirr, gefolgt von Dart, MacDuff und Rascal.

Das Wohnzimmer von *The Laurels* war fast doppelt so groß wie der Garten unseres Münchner Reihenhauses. Es war ein Wohnraum im englischen Landhausstil, vernachlässigt zwar, aber man sah ihm noch immer an, dass er einst einladend, sogar ausgesprochen elegant gewesen sein musste. Es roch nach Holzkohle, Hunden, Pfeifenasche und Staub; und auch – wie überall im Haus – nach Pferden.

Die Einrichtung bestand aus Mahagonimöbeln und einer chintzbezogenen Polstergarnitur; ein bisschen überladen, aber behaglich. Mein Onkel ließ sich in einem abgewetzten Ledersessel vor dem offenen Kamin nieder. Auf dem Rost lag ein Berg von angekohltem Zeitungspapier, kleinen und größeren Schachteln, Pfeifenasche und sonstigem Abfall. Auch der Kaminsims war mit Zeitungen und Zeitschriften bedeckt, unter denen ein Foto von Tante Anne im Silberrahmen, eine schöne Uhr mit Alabastersäulen und ein sechsarmiger Leuchter fast verschwanden. All das wurde verschwommen von einem fleckigen Spiegel im Goldrahmen reflektiert, der zwischen den Porträts einer spitznasigen Dame und eines rotgesichtigen Herrn in altmodischer Kleidung über dem Marmorsims hing. Die Dame hatte ein Hündchen mit hervorquellenden Augen auf dem Schoß. Über ihrem Porträt hing ein weiteres Bild, das einen jungen Mann zu Pferd zeigte.

»Mein Großvater als junger Mann«, sagte Onkel Scott, der meinem Blick gefolgt war. »Die Frau mit dem Hund war seine Mutter.«

Ich stellte das Tablett auf einem zierlichen Klapptisch ab, dessen Mahagoniplatte mit Wasserflecken und Kratzern übersät war, und setzte mich in einen der chintzbezogenen Sessel. Das Stoffmuster des Sessels – üppige Rosenbuketts auf lavendelblauem Grund – wiederholte sich im Sofa und den beiden Sesseln, die unter den Ostfenstern standen; doch der Stoff war verblichen und voller Schmutzflecke, die hauptsächlich von Hundepfoten stammten. Runde und ovale Kissen, bestickt mit Blumen, lagen achtlos darauf verstreut, zerdrückt, abgeschabt und löchrig. Auf dem größten hatte sich der Kater breit gemacht wie die Königin von Saba auf ihrem Thron.

Von besonderem Reiz waren die hohen Fenster mit dem welligen, noch mundgeblasenen Glas, die mit dem Hintergrund der dunklen Büsche und Bäume wie alte Gemälde wirkten; daran änderten auch der Staub auf den Scheiben und die mit Gläsern, Flaschen, Zeitungsstapeln und ungespültem Geschirr überladenen Fensterbänke nichts.

Auf dem honigfarbenen Dielenboden lag ein Teppich in verblichenen Farben, dessen Muster unter einer Schicht von Schmutz und Hundehaaren verborgen war. Der Esstisch aus Mahagoni, groß und oval, war zur Sammelstelle für Kleidungsstücke, Aktenordner und Papierkram geworden.

In einer Ecke stand ein plumper Fernseher auf einer Kommode; daneben ein wunderschöner Eichenschrank, der halb Sekretär, halb Bücherschrank war. Zwischen den Fenstern tickte eine mächtige Standuhr mit Segelschiffen auf dem Zifferblatt leise und ächzend vor sich hin. Die Hunde hatten sich auf den Polstersesseln niedergelassen und schielten zum Sofa hinüber, wo MacDuff thronte.

»Dieses Zimmer ist eine einzige Rumpelkammer«, sagte Onkel Scott und seufzte. »Wenn Anne das sehen würde... Du kannst es dir vielleicht nicht vorstellen, aber dieser Raum war einmal ein richtiges Schmuckstück.«

»Doch«, sagte ich, »das kann ich.«

Ich trank einen Schluck von dem Kaffee, der so stark geraten war, dass man Herzflattern davon bekommen konnte. Während Onkel Scott umständlich seine Pfeife anzündete, stand ich auf, um mir die Bilder anzusehen, die die Wände bedeckten. Es waren fast ausschließlich Pferdebilder: Ölgemälde in schweren Rahmen, dunkel, glatt und glänzend; darunter auch kleine und größere Skizzen, wie von Kinderhand gezeichnet.

Zwischen den Fenstern, die den Blick auf die Lorbeerbüsche der Auffahrt freigaben, hing das Gemälde eines weißen Araberhengstes, umrahmt von Samtvorhängen, in die Motten zahllose kleine Löcher gefressen hatten. Ich sah mir das Messingschild auf dem Rahmen genauer an. Der Name Rosebud stand darauf und die Jahreszahl 1901; und ich erinnerte mich an die alten Pferdenamen im Stall, die ich vormittags über den Boxen gesehen hatte.

»Waren das alles eure Pferde?«, fragte ich. »Die Pferde deiner Familie?«

Onkel Scott schüttelte den Kopf. »Mein Großvater hat *The Laurels* vor siebzig Jahren gekauft«, sagte er, die Pfeife zwischen den Zähnen. »Er stammte aus Aberdeen. Das Bild über dem Kamin, das ihn als jungen Mann zu Pferd zeigt, ist gemalt worden, als er auf dem Landgut eines Freundes zu Besuch war. Mein Großvater war Geschäftsmann, hat sich aber sein Leben lang nach dem Land gesehnt; und als er alt wurde, hat er sich seinen Traum erfüllt und dieses Haus gekauft. Ursprünglich war *The Laurels* ein viktorianisches Jagdhaus. Es gehörte einem reichen Engländer, der im Sommer und Herbst mit seiner Familie und seinen Freunden hierher zur Jagd kam und den Stall voller Pferde hatte. Die Familie verarmte dann aber und musste ihre Besitzungen verkaufen. Einen Teil der Einrichtung hat Großvater mit dem Haus erworben, unter anderem die Pferdebilder. Sie hingen ursprünglich in der Halle. Die Skizzen habe ich auf dem Dachboden gefunden. Ein Kind muss sie gezeichnet haben. Sie haben etwas Rührendes, nicht?«

»Es muss ein Kind gewesen sein, das Pferde sehr geliebt hat«, sagte ich und ging weiter, von einem Bild zum anderen. Hier fand ich die Namen wieder, die ich schon aus dem Stall kannte: Honeydew und Little Lord, Pimpernel, Marygold...

Auf der Südseite des Wohnzimmers befand sich eine große Glastür, die in den Wintergarten führte; jenen Anbau, den man auf dem Weg zum Stall umgehen musste. Der rechteckige Raum aus Glas und filigraner Eisenkonstruktion, dessen Dach von Vogelkot überzogen war, mit Korbmöbeln, deren Farbe abblätterte, wirkte trostlos wie der Anblick eines Zimmers in einem längst verlassenen Haus. Durch die Tür sah ich, dass ein Teil der Scheiben Sprünge hatte oder zerbrochen war; Spinnen hatten ihre Netze über die Löcher gewoben, als wollten sie den Schaden ausbessern.

Onkel Scott war mir langsam durchs Zimmer gefolgt, die Hände in den Hosentaschen vergraben. »Das war unser Conservatory«, sagte er. »Ich weiß nicht, wie so etwas auf deutsch heißt. Diese Glasanbauten kommen jetzt wieder sehr in Mode. Anne hat hier ihre Pflanzen gezogen. Sie war eine große Blumenliebhaberin und brachte sogar Kamelien und Orchideen zum Blühen. In unserem Klima ist so ein Conservatory eine wunderbare Sache. Man kann sich oft schon im zeitigen Frühjahr und auch noch im späten Herbst darin aufhalten, wenn es draußen kalt und windig ist. Anne hat gern zwischen all dem Grünzeug gesessen und gelesen, gestrickt oder meine Socken gestopft.«

Er wandte den Blick ab. »Es sieht trostlos aus. Ich ziehe

abends meistens die Vorhänge zu, um es nicht sehen zu müssen. Manchmal denke ich, ich sollte es abreißen lassen. Es ist zu nichts mehr nütze und weckt nur traurige Erinnerungen.«

»Nein, tu das nicht!«, sagte ich unwillkürlich. »Das wäre schade! Man könnte die Scheiben reparieren... Ich könnte das Glas putzen, die Korbmöbel streichen und Pflanzen hineinstellen; dann wäre es wieder wie früher.«

Noch während ich das sagte, begriff ich, dass es nie mehr so sein konnte wie früher. Meine Tante war gestorben; Onkel Scott hatte einen wichtigen Teil seines Lebens unwiederbringlich verloren. Doch er wies mich nicht zurecht, sondern sagte nur: »Warum nicht, wenn du das möchtest? Wir könnten den Glaser aus Dingwall kommen lassen. Aber überleg es dir gut. Es gibt hier Arbeit im Überfluss. So ein Haus ist wie ein Moloch, von dem man aufgefressen werden kann – besonders, wenn man auch noch anderes zu tun hat, als es zu pflegen. Die Pferde allein sind eine Aufgabe für sich; sie lassen einem kaum Zeit und Kraft für etwas anderes.«

Ich verstand, was er meinte. Hier gab es Arbeit, wohin man blickte – zu viel für drei Leute wie Onkel Scott, Allan und mich; denn Mrs. Tweedie zählte kaum. Das Haus war zu lange vernachlässigt worden. Schon jetzt hatte ich das Gefühl, dass ich zehn Hände gebraucht hätte, um alles zu bewältigen – die Pferde, den Haushalt, das Kochen; das Haus selbst, das so dringend Pflege brauchte, um wieder zu einem schönen, behaglichen Ort zu werden.

Trotzdem erschreckte mich die Vorstellung nicht, vor einem Riesenberg Arbeit zu stehen, auch wenn ich zu Hause schon vor einem Spülbecken voll mit schmutzigem Geschirr kapituliert hätte. Im Gegenteil. Mir war zu Mute wie dem Helden im Märchen, der auszieht, um fast unüberwindliche Aufgaben zu bewältigen, und am Ende sein Glück macht.

14

Die Fenster klapperten und etwas pochte und kratzte an den Scheiben wie eine Geisterhand, die Einlass fordert. Doch es war nur der Wind, der an den Rahmen rüttelte und Efeuranken vom Mauerwerk gelöst hatte, sodass sie im Rhythmus der Windstöße über das Glas scharrten.

Ich lag im Bett, die Decke aus Samt- und Baumwollpatchwork weich an meiner Wange. Vögel tschilpten und rumorten im Efeu; ein Geräusch, das mir bald so vertraut werden sollte wie das Ächzen der alten Bäume im Hochlandwind, der sich kaum jemals völlig legte, das verlorene Kreischen der Möwen und die klagenden Schreie der Raubvögel von den Bergen.

Als ich ans Fenster trat, lag *Brooks Pasture* im Morgenlicht. Noch schwebten Fetzen von Dunst über den Wiesen und Hochmooren und hüllten die Berggipfel in ihre Schleier. Am Bachlauf standen die Pferde in Grüppchen zusammen; nur ein Schimmel galoppierte über die Koppel, Mähne und Schweif wie Schaumkämme gegen den braun-grünen Hintergrund der Bergketten, die in der Ferne blau und violett wurden und mit dem Himmel verschmolzen.

Vor dem Schuppen standen Onkel Scott und Allan – war es

schon so spät? – und unterhielten sich. Rechts, unter dem Küchenfenster, strich Kater MacDuff durch den Kräutergarten, in dem Liebstöckel, Meerrettich und Rhabarberblätter, sich selbst überlassen, fast einen halben Meter hoch wucherten.

Meine Arme schmerzten vom ungewohnten Gewicht der vielen Eimer, die ich am Vorabend zur Koppel geschleppt hatte. Ich duschte und wusch mir die Haare, so schnell es ging. Dabei fiel mir ein, dass ich mein Versprechen nicht eingehalten hatte, gleich am ersten Tag nach meiner Ankunft an Annika zu schreiben.

Inzwischen war es neun Uhr. Ich beschloss, das Frühstück auf später zu verschieben, und raste in den Stallhof, wo die Hunde mich freudig begrüßten. Der Wind zerrte an meinen Haaren und blies mir die nassen Strähnen ins Gesicht.

Onkel Scott lachte, als er meine schuldbewusste Miene sah.

»Die Pferde sind schon versorgt«, sagte er. »Ich wollte dich ausschlafen lassen. Du findest sicher irgendeine andere Arbeit – daran fehlt es hier ja nicht. Übrigens, der ›Postie‹ war da und hat etwas für dich mitgebracht. Es liegt in der Küche auf dem Tisch.«

Allan, der in der Schuppentür stand und faule Runkelrüben aussortierte, musterte mich finster wie der Rächer von Loch Ness. Der Blick, den er mir zuwarf, sagte deutlicher als Worte, dass er von vornherein gewusst hatte, was Onkel Scott sich da mit mir aufhalsen würde: eine »Lass«, die morgens nicht aus dem Bett kam, sich vor der Arbeit drückte und auch sonst zu nichts zu gebrauchen war.

Ich nahm mir vor, ihm zu beweisen, dass er sich gründlich getäuscht hatte, und wenn ich mir die Finger wund arbeiten musste. Auf dem Weg zurück zum Haus wurde mir klar, dass Allan wahrscheinlich ganz einfach nur eifersüchtig auf mich war. Er war Onkel Scotts rechte Hand; mein Onkel behandelte ihn wie einen Vertrauten, ein Familienmitglied. Und plötzlich, aus heiterem Himmel, kam ein Mädchen aus Deutschland angereist, spielte sich als Nichte auf und nistete sich im Haus ein... So musste die Sache für ihn aussehen. Und er machte kein Hehl aus seiner Abneigung, seinem Vorurteil gegen mich.

MacDuff tauchte aus dem Kräutergarten auf, in eine Wolke von Baldriangeruch gehüllt, und marschierte hinter mir her in die Küche, wo er sich vor seine Schale setzte und so lange maunzte, bis ich ihm Milch und ein paar Kringel von den »Hunde-Leckerbissen« gab. Zwischen schmutzigem Geschirr, Brotkrümeln und Bacon-and-Egg-Überresten lag ein gefüttertes braunes Kuvert, das von meiner Mutter kam. Ein Kochbuch war darin, aber kein Brief. Sie musste es schon Tage vor meiner Abreise stillschweigend losgeschickt haben.

Ich setzte Kaffeewasser auf und blätterte in dem bayerischen Kochbuch. Grießnockerlsuppe, Apfelküchle, Apfelstrudel, Schweinebraten... Herrje, war das alles kompliziert! Doch ich war entschlossen, heute etwas Ordentliches auf den Tisch zu bringen; etwas, das Onkel Scott total in Erstaunen versetzen sollte.

Während des Frühstücks überflog ich ein Rezept nach dem anderen auf der Suche nach einem Gericht, das schnell zuzubereiten und nicht schwierig war und aus Zutaten bestand, die in Onkel Scotts Küche vorrätig waren.

Schließlich entschied ich mich für Reisauflauf mit Äpfeln,

weil meine Mutter immer behauptet hatte, so etwas wäre kinderleicht zu kochen. Sie hatte den Reis stets vorher mit Wasser aufgesetzt – zwei Tassen Wasser auf eine Tasse Reis – und später, wenn er noch körnig war, mit Milch, geschnittenen Äpfeln, Zimt, Zucker und Eigelb vermengt.

Ich setzte den Reis auf, begann den Boden zu kehren und merkte zu spät, dass der Reis zu rasch weich geworden war und sich in Brei zu verwandeln begann. Also setzte ich noch einmal frischen Reis auf, stellte den Brei für die Hunde beiseite und beschloss, diesmal höllisch aufzupassen. Es gelang mir auch wirklich, die zweite Portion Reis noch körnig zu erwischen; ich nahm den Topf von der Herdplatte und putzte dann den Boden, wobei ich das Wasser viermal wechselte, und anschließend noch den Herd und den Kühlschrank, bis mir der Schweiß über die Stirn lief.

Mrs. Tweedie tauchte an diesem Tag nicht auf. Ich war dankbar dafür, weil ich es nicht leiden kann, wenn mir jemand bei der Arbeit dazwischenredet. Die alte Frau schien genau der Typ zu sein, der in solchen Fällen das Kommando übernimmt und Befehle erteilt, etwa: »Links oben ist noch ein Fleck, Mädchen!« Oder: »Unter dem Schrank muss ordentlicher aufgewischt werden...«

Zum Glück störte mich keiner in meiner Putzwut. Nach zwei Stunden sah die Küche besser aus, obwohl auf dem Sofa, den Fensterbänken und Regalen nach wie vor unbeschreibliche Unordnung herrschte.

Der Wind hatte Regen mitgebracht, der in Böen gegen die Scheiben prasselte, während es draußen dunkel und düster wurde. Ich schälte und schnitzelte Äpfel bei Lampenlicht, suchte nach einer feuerfesten Form und kroch bis zu den

Schultern in den Küchenschrank, ehe ich endlich fand, was ich brauchte.

Noch gründlicher versteckt war das Rührgerät, mit dem ich den Eischnee schlagen wollte, doch schließlich stöberte ich auch das auf, vermischte Milch, Eigelb, Zucker und die Apfelschnitze mit dem Reis, füllte alles in die gefettete Form – Zimt war natürlich nirgends zu finden –, schlug den Eischnee, »mengte ihn vorsichtig unter die Masse«, wie es im Kochbuch stand und streute ein paar gehackte Nüsse darüber, die in einer Obstschale auf der Fensterbank lagen. Dann schob ich alles in den Ofen und deckte hoffnungsfroh den Tisch.

Um halb eins öffnete sich die Küchentür und Onkel Scott kam mit den Hunden herein. Sie trieften vor Nässe wie Seeungeheuer.

»Heiliger Himmel, du hast geputzt!«, sagte er mit einem komischen Ausdruck von Bestürzung im Gesicht und trat ein paar Schritte zurück. »Dart, Rascal, hierher! Ich werde euch erst mal in der Halle trocken reiben und mich umziehen.« Schuldbewusst sah er auf die Abdrücke der Hundepfoten und die Pfützen nieder, die sich auf dem Küchenboden gebildet hatten.

»Ist nicht so schlimm«, sagte ich großzügig. »Ich wische das schon wieder weg.«

Er schloss die Küchentür, öffnete sie dann jedoch wieder einen Spalt, streckte den Kopf herein und fragte: »Was riecht denn da so gut?«

Ich hatte keine Ahnung, was Reisauflauf auf Englisch heißt. Ricecrowd wohl kaum. Also erwiderte ich nur geheimnisvoll: »Abwarten!«

Mein erster Kochversuch wurde ein voller Erfolg. Onkel Scott konnte den Auflauf nicht genug loben, und sicher wäre Mrs. Tweedie vor Staunen das Kinn heruntergefallen, wenn sie gesehen hätte, welche Riesenportion ihr »Junge« vertilgte. Die Hunde und MacDuff bekamen den missglückten Reisbrei, gemischt mit Hundefutter, und rundum waren alle zufrieden.

»Du bist eine großartige Köchin!«, sagte mein Onkel halb verdutzt, halb ehrfürchtig.

Ich musste lachen. »Bin ich nicht«, sagte ich. »Ehrlich, ich kann überhaupt nicht kochen. Mutter hat sich deswegen schon Sorgen gemacht. Das, was heute mit der Post gekommen ist, war ein Kochbuch.«

Ein Schmunzeln breitete sich auf seinem knochigen Gesicht aus. »Wenn das so ist, muss ich sagen, dass du eine Lass bist, die verdammt schnell lernt – oder einfach ein Kochtalent.« Er griff nach dem Kochbuch, das zwischen Socken, Arbeitshosen und nassen Hunden auf dem Sofa lag und blätterte darin.

»Mmmm... Apfelstrudel!«, sagte er mit komischer Betonung. »Den hat Anne manchmal gemacht. Meine absolute Lieblingsspeise!« Er rieb sich den Magen und sah mit seinen nassen Haaren aus wie ein kleiner Junge, der von Weihnachten träumt.

Ich nahm mir vor, einen Apfelstrudel zu backen, sobald es ging, auch wenn ich dabei Blut und Wasser schwitzte. Denn: »Strudelteig ist eine heikle Sache«, hatte Oma Nanni, die Mutter meines Vaters, immer gesagt. »Der Teig muss so dünn sein, dass man durchsehen kann. Einen Anfänger kann das zum Wahnsinn treiben.«

Doch der Erfolg mit dem Reisauflauf hatte mir Mut gemacht. »Was gibt's heute Nachmittag zu tun?«, fragte ich, während Onkel Scott sich im Stuhl zurücklehnte und seine Pfeife anzündete. »Ich könnte natürlich im Haus arbeiten...«

Er unterbrach mich. »Nein, du sollst nicht den ganzen Tag die Putzfrau spielen müssen! Reite wieder aus, wenn du magst – die Pferde können Bewegung vertragen und der Regen wird sicher bald nachlassen. Nimm Dandy oder eins von den Ponys, die sind zuverlässig. Ich kann leider nicht mitkommen, weil ich eine Menge Bürokram zu erledigen habe, den ich schon seit Wochen vor mir herschiebe.«

Er strich sich eine nasse Haarsträhne aus der Stirn und seufzte. »Aber es muss ja auch mal wieder Geld hereinkommen. Ich bekomme Zuschüsse von Tierschutzvereinen, einigen britischen und einem schottischen, weißt du. Dafür muss ich natürlich Rechnungen für neu angekaufte Pferde, Futter, Hufschmied und Tierarzt einreichen und Berichte über den Zustand der Pferde schreiben. Ich hasse diese Schreibtischarbeit, aber ohne das geht's nun mal nicht; und ich muss froh sein, dass ich die Geldmittel überhaupt bekomme. Steuern brauche ich zum Glück nicht zu zahlen.«

»Wie ist das eigentlich?«, fragte ich, Kater MacDuff auf meinem Schoß. »Behältst du die Pferde für immer hier – bis sie sterben, meine ich?«

Onkel Scott schüttelte den Kopf. »Ein paar schon, aber nicht alle. Das kommt ganz auf ihren Zustand an. Pferde wie Brownie, Nutmeg oder Fairy Queen werde ich wohl behalten, auch die ganz alten Tiere. Andere, die wir wieder hochpäppeln können, werden eines Tages verkauft, falls wir einen neuen Besitzer für sie finden, der wirklich vertrauenswürdig ist und Rücksicht auf ihre Behinderungen und Eigenarten nimmt. Leute, die bei mir ein Pferd kaufen, müssen sich schriftlich verpflichten, es schonend zu behandeln und nicht weiterzuverkaufen. Sie müssen auch damit einverstanden sein, dass sie kontrolliert werden – dass ich oder der Beauftragte eines Tierschutzbundes unerwartet bei ihnen auftauchen, um nach dem Pferd zu sehen. Schließlich versuchen wir die Pferde ja vor dem Abdecker und dem Transport ins Ausland zu bewahren – da wäre es absurd, wenn wir sie wieder hergeben würden, nur damit sie ein paar Jahre später doch dieses Schicksal erleiden.«

»Und Dandy?«, fragte ich. »Darf er hier bleiben?«

Onkel Scott lächelte. »Du hast wohl schon dein Herz an ihn verloren? Mit Dandy ist das eine schwierige Sache. Er hätte längst wieder verkauft werden können, aber ich möchte ihn nur an absolut einfühlsame, zuverlässige Leute weitergeben, die ihn wirklich liebevoll und vorsichtig behandeln. Alles andere wäre Tierquälerei.«

Ich nickte und nahm mir vor, vernünftig zu sein. Dandy durfte nicht wichtiger für mich werden als die anderen Pferde auch. Doch ich wusste schon jetzt, dass mir das nicht leicht fallen würde. Onkel Scott hatte Recht; es war bei Pferden ähnlich wie bei Menschen, dass man sich manchmal in einen von ihnen auf den ersten Blick verliebt, während man anderen gegenüber immer mehr oder minder gleichgültig bleibt. Und wie man bei manchen Menschen weiß, dass es gefährlich ist, sich in sie zu verlieben – weil sie unerreichbar sind, die Liebe niemals erwidern würden oder sich schon für einen anderen entschieden haben –, dachte ich auch bei Dandy, dass es nicht gut für mich wäre, mein Herz an ihn zu hängen.

Denn wer weiß, eines Tages tauchte jemand auf, der Onkel Scotts Vorstellungen entsprach, und holte Dandy fort von hier.

»Ich dachte«, sagte ich nach einer Weile, »The Laurels ist das, was wir in Deutschland einen Gnadenhof nennen – das englische Wort dafür kenne ich nicht. Und auf deutschen Gnadenhöfen dürfen die Pferde bleiben, so lange sie leben, glaube ich.«

Er nickte. »Ja, das gibt es bei uns auch. Übrigens ist das hier ganz einfach ein Home for Horses. Das Wort Gnade gefällt mir in diesem Zusammenhang nicht. Es ist ja eigentlich keine Gnade, wenn Tiere ein Heim bekommen, die ihr Leben lang den Menschen gedient haben. Was deine Frage betrifft, so habe ich mich für ein anderes Modell entschieden; ganz einfach deshalb, weil es so erschreckend viele Pferde gibt, die unsere Hilfe brauchen. Und wenn ich gelegentlich ein gutes Heim für eines unserer Pferde finde, wird dadurch wieder Platz für ein anderes Tier, das sonst sterben müsste. Man muss diese Elendsgestalten auf den Märkten oder den Sammeltransporten von den Shetland-Inseln gesehen haben, um zu wissen, worum es geht. Nur wenige ahnen, welchen Leidensweg die Tiere vor sich haben – einen langen Weg nach Frankreich oder Italien, zusammengepfercht, ohne Wasser und Futter. Für Pferde, die Bewegung und Platz brauchen, ist das eine wahre Folter. Was wir hier tun, ist ja nur ein Tropfen auf dem heißen Stein. Von hunderten von Pferden können nur ein paar gerettet werden. Es ist schwierig genug, eine Auswahl unter all den armen Tieren zu treffen, das kannst du mir glauben.«

Zu entscheiden, wen man dem Schlachthof überlässt und

wer leben darf, ging es mir durch den Sinn. Das musste schrecklich sein. Ich nickte.

»Wenn du möchtest, nehme ich dich einmal mit auf einen der Pferdemärkte«, sagte Onkel Scott. »Aber man braucht starke Nerven dazu.«

Ich erwiderte: »Ich weiß nicht, ob ich das will.«

»Ja«, sagte er. »Es ist ein Unterschied, vom Elend nur zu wissen und es mit eigenen Augen zu sehen, ohne etwas ändern zu können. So etwas kann Alpträume verursachen. Man darf die Augen nicht davor verschließen, aber ... Vielleicht bist du noch zu jung dazu. Junge Menschen sollten unbeschwert leben dürfen.«

»Wie kann man das heutzutage noch?«, fragte ich ihn. Es fiel mir schwer, die richtigen Worte in einer Sprache zu finden, die nicht meine eigene war, aber ich versuchte es. »In einer Welt, die von allen Seiten bedroht ist, wo die Erde vergiftet und das Wasser verseucht ist. Mit all den Nuklearwaffen und Atomkraftwerken ist es doch, als würden wir auf einem Vulkan sitzen, der jede Minute ausbrechen kann.«

Onkel Scott musterte mich aufmerksam, als hätte er etwas Neues an mir entdeckt und nickte. »Ja, zuerst sterben die Bäume in den Wäldern und die Fische in den Gewässern und eines Tages sind wir an der Reihe. Wir können die Natur nicht ungestraft vernichten, ohne uns am Ende selbst umzubringen, denn wir sind von ihr abhängig. Seltsam, dass so viele Menschen das nicht begreifen können oder wollen. Wir schaufeln uns mit viel technischer Perfektion unser eigenes Grab – das heißt, nicht wir tun es, sondern die Mächtigen in Politik und Industrie. Meine Generation wird es vielleicht nicht mehr treffen, falls nicht weitere, noch schlimmere Unfälle wie in Tschernobyl passieren oder einige der Kernwaffen eingesetzt werden, die man überall so fleißig und skrupellos produziert. Aber deine Generation und die nachfolgenden werden es büßen müssen, wenn die Wälder vernichtet, das Trinkwasser verseucht und die Schutzhülle unserer Erde zerstört sind.«

Zorn überkam mich, wie immer, wenn ich daran dachte, dass eine Gruppe von Selbstsüchtigen und Machtgierigen um des Profits willen zu Grunde richtete, was uns allen gehörte; was sie der Natur, den Tieren und der Menschheit antaten.

»Wir müssen uns wehren!«, sagte ich. »Wir müssen immer wieder protestieren und ihnen zeigen, dass sie nicht einfach über unsere Köpfe hinweg Atomkraftwerke errichten, Giftmüll ins Meer kippen und Atomwaffen stationieren können.«

Onkel Scott seufzte. »Was nützt es zu protestieren? Sie tun ja doch, was sie wollen.«

Es war genau die Antwort, die ich oft schon von Erwachsenen gehört hatte. Sie schimpften und klagten, waren aber nicht bereit zu kämpfen. Sie ließen zu, dass Macht- und Geldgier uns regierten und unsere Lebensgrundlagen vernichteten. Und vielen schien nur ihr eigenes Auskommen, ihre Bequemlichkeit wichtig zu sein.

»Du bist jung«, sagte er. »Du hast noch Hoffnung, etwas ändern zu können, und die Kraft, dich zur Wehr zu setzen. Mit der Zeit resigniert man.«

»Du redest, als wärst du hundert Jahre alt!«, hielt ich ihm vor.

Er lächelte. »Manchmal fühle ich mich auch so, Laurie.«

»Blödsinn!«, sagte ich auf Deutsch, weil mir das englische

Wort dafür so schnell nicht einfallen wollte, und sein Lächeln vertiefte sich. »Gerade Leute wie du könnten am meisten bewirken, wenn sie Widerstand leisten und bei Demonstrationen mitgehen. Wir Jungen werden doch meistens als Spinner abgetan. Aber wenn Erwachsene für Tierschutz, Umweltschutz und Frieden auf die Straße gehen, würden die Zuschauer an den Fenstern und vor den Fernsehern alles viel ernster nehmen, da bin ich sicher! Man tut doch überall viel zu wenig für den Umweltschutz. Die Wiederaufbereitungsanlage in Sellafield ist auf der ganzen Welt berüchtigt, und in Schottland, in Dounreay haben die Engländer einfach das Schnellbrüterkernkraftwerk hingestellt, obwohl so viele Schotten dagegen waren.«

»Die Bevölkerung wird doch in solchen Fällen nie gefragt«, erwiderte Onkel Scott. »Man setzt ihnen die ärgsten Höllenmaschinen einfach vor die Nase und sie müssen sehen, wie sie damit zurechtkommen. Wenn ihre Kinder Blutkrebs von der ständigen Strahlung kriegen, wen kümmert das schon? Aber das ist doch überall gleich; es lässt sich nicht ändern.«

Ich schüttelte den Kopf. »In Österreich haben es die Bürger durch ihre Proteste geschafft, dass das Atomkraftwerk Zwentendorf nicht in Betrieb genommen wurde. Ich meine, den meisten Menschen muss erst bewusst gemacht werden, was um sie herum alles faul ist und warum. Sonst wählen sie immer weiter bullshit.« (Ich sagte »bullshit«, weil das das einzige Wort war, das mir in der Geschwindigkeit einfiel.) »Und damit ihnen das bewusst wird, dafür fahren die Greenpeacer ja aufs Meer hinaus, dafür geht die Friedensbewegung auf die Straße. Anders wird sich kaum etwas ändern.«

Während ich redete, wurde mir immer wieder bewusst,

wie viele Worte mir fehlten, wie schwer es war, mich auszudrücken. Ich war sicher, dass ich jede Menge grammatikalische Fehler machte und falsche Ausdrücke benutzte. Wenn ich ein englisches Wort nicht wusste, benutzte ich einfach das deutsche und hoffte, dass Onkel Scott mich trotzdem verstand.

»Du hast ja Recht«, sagte er. »Ich denke, in dieser Beziehung können wir älteren Leute eine Menge von euch Jungen lernen.« Er stand auf und legte den Arm um meine Schulter. »Und ich bin froh, dass du zu denen gehörst, die sich für das verantwortlich fühlen, was in unserer Welt passiert. Ich habe großen Respekt vor dieser Jugend – auch wenn sie gelegentlich Radikale und Chaoten genannt werden und in ihrer Hilflosigkeit und Wut manchmal mit Steinen werfen.«

»Die Polizei setzt Wasserwerfer, Schlagstöcke und Tränengas ein«, sagte ich. »Ich weiß nicht, was da besser ist. Manchmal denke ich, man bringt die Leute auf Demonstrationen dazu, gewalttätig zu werden, damit man sie als Kriminelle hinstellen und ihre Ziele unglaubwürdig machen kann. Ich hab selbst schon erlebt, dass ich plötzlich aggressiv geworden bin, als bei einer Friedensdemo hunderte von Polizisten mit Helmen, Schilden und Schlagstöcken auftauchten und sich vor uns aufbauten wie bei einer Schlacht.«

Ein neuer Regenschauer prasselte gegen die Küchenfenster. »Wie stehen deine Eltern eigentlich zu deinen politischen Ansichten?«, fragte Onkel Scott.

»Vater wählt eine Partei, die sich vor allem für Frieden und Umweltschutz einsetzt. Mutter will von Politik nichts wissen. Sie hat immer gesagt, ich soll mich lieber auf die Schule konzentrieren. Aber was nützt mir ein glänzender

Schulabschluss, wenn die Machthaber unsere Zukunft zerstören!«

Er lächelte. »Dann warst du wohl nicht gerade eine Musterschülerin?«

»Nein«, sagte ich freimütig. »Ich bin froh, dass ich meinen Abschluss geschafft habe.«

»Schulbildung und gute Zensuren sind bestimmt nicht alles«, äußerte Onkel Scott zu meiner Überraschung. »Was im Leben zählt, sind auch noch andere Dinge. Menschlichkeit, Phantasie, Liebe zu Menschen, zu den Tieren, zur Natur... Bloße Gelehrsamkeit und Bildung sind eine kalte Sache, wenn das Herz ungebildet bleibt.«

Mir fiel ein, dass mein Onkel früher als Lehrer an einer Schule in Aberdeen gearbeitet hatte, ehe er vor etwa sieben Jahren vorzeitig in Pension gegangen war und sich auf Pferdehaltung verlegt hatte.

»Das sagst ausgerechnet du?«, fragte ich. »Ich dachte, du warst Lehrer?«

»Auch Lehrer sind Menschen und nicht jeder ist davon überzeugt, dass es die wichtigste und edelste Aufgabe der Welt ist, jungen Leuten nur Wissen einzutrichtern. Ich war durch meinen Beruf im Grunde überfordert. Man unterrichtet zu viel überflüssiges Zeug, und die Erziehung der Jugend zu mündigen, verantwortungsbewussten Menschen bleibt oft auf der Strecke. Außerdem habe ich das Notensystem immer gehasst. Man sollte als Lehrer keine Zensuren verteilen müssen. Gerade die intelligentesten und empfindsamsten Kinder haben oft schlechte Zensuren; und so manchem verbaut man die Zukunft mit dieser Einstufung in Intelligente und Unintelligente. Es ist anmaßend, eine heranwachsende Persönlichkeit nur nach ihren schulischen Leistungen einzustufen oder abzuurteilen. Nein, ich habe mich immer dagegen gewehrt, mich in dieses Bildungssystem zwängen zu lassen.«

»Das wusste ich nicht«, sagte ich. »Meine Mutter hat gemeint, du wärst damals krank gewesen.«

»Das war ich auch – aber nur deswegen, weil mich die Arbeit krank gemacht hat. Ich hatte Probleme mit dem Herzen.« Onkel Scott lächelte und fügte hinzu: »Aber das ist vorbei. Die Arbeit mit den Pferden hat mich wieder gesund gemacht.«

15

Die Regenwolken waren fortgezogen, doch die Luft war noch feucht, und Dunstschwaden verhüllten die Berggipfel. Mit Sattel und Zaumzeug beladen, ging ich zur Koppel. Rascal war mir gefolgt; er kehrte unterwegs aber plötzlich wieder um und rannte zum Haus zurück, als wäre ihm etwas Wichtiges eingefallen, was unbedingt erledigt werden musste. Vielleicht hatte er sich aber auch einfach daran erinnert, dass er mich noch keine zwei Tage kannte und dass man deshalb nicht wissen konnte, welche üblen Tricks ich auf Lager hatte.

Allan war bei den Pferden. Ich sah ihn erst im Näherkommen, denn er war halb von einem struppigen Braunen verdeckt, der hölzern und knochig wie ein ausgedientes Droschkenpferd wirkte. Der Wallach war mir schon gestern Abend aufgefallen, weil er so seltsam ziellose Bewegungen machte. Allan untersuchte gerade einen Vorderhuf des Braunen.

»Hallo«, sagte ich; und Allan murmelte etwas, das mehr nach einer Verwünschung klang als nach einem Gruß.

Das schwarze Haar fiel ihm in die Stirn; er schüttelte es mit einer ungeduldigen Kopfbewegung zurück. Einen Augenblick überlegte ich, ob ich ihn fragen sollte, was er eigentlich gegen mich hatte. Doch ich wusste, er würde es mir wohl kaum sagen – vor allem nicht, wenn es Eifersucht war, wie ich vermutete.

Ich beschloss, ihn und sein unfreundliches Benehmen einfach zu übersehen, aber Dandy vereitelte meinen Vorsatz. Er erkannte mich sofort wieder und schien unseren ersten Ausritt in guter Erinnerung zu haben, denn noch während ich mich nach ihm umsah, näherte er sich plötzlich von hinten, stieß seine Nase zwischen meine Schulterblätter und schob mich dabei ein Stück vorwärts, so dass ich gegen den Braunen gedrängt wurde und beinahe den Halt verlor.

»Kannst du nicht aufpassen?«, zischte Allan, während der Braune zusammenzuckte und schnaubend zurückwich. »Kapierst du denn nicht, dass er blind ist, zum Teufel?«

Blind? Ich schluckte und fühlte mich wie der letzte Tölpel, weil ich gegen ein blindes Pferd gerannt war. Ich musste den armen Braunen furchtbar erschreckt haben.

»Tut... tut mir Leid«, stotterte ich. »Dandy hat mir einen Stoß versetzt.«

Allan hatte sich erhoben. Er griff in die Mähne des Braunen und streichelte ihn, wobei er beruhigende Worte flüsterte. Seine Stimme war zärtlicher, als ich es bei ihm je für möglich gehalten hätte.

Dandy war offenbar nicht bewusst, was er angerichtet hatte. Er knabberte spielerisch an meinem Pulloverärmel und drängte sich immer dichter an mich heran, so dass ich die Absätze in die Erde bohren und mich mit dem Rücken gegen ihn stemmen musste, um nicht wieder irgendwo zu landen, wo ich nicht hinwollte.

»Lass das!«, sagte ich streng auf Deutsch. »Siehst du nicht, dass wir in Ungnade gefallen sind?«

Allan warf mir unter seiner Stirnlocke hervor einen misstrauischen Blick zu. Der Braune hatte sich wieder beruhigt. Er stand da, die Ohren lauschend gespitzt, und scharrte leicht mit einem Vorderhuf; eine Haltung, die ich später noch oft an ihm bemerken sollte und die etwas Rührendes an sich hatte.

»Tut mir Leid«, sagte ich noch einmal. »Ich werde in Zukunft besser aufpassen. Wie heißt er?«

Sekundenlang schwieg Allan, als wäre er nicht sicher, ob er mir überhaupt antworten sollte. Dann murmelte er: »Nutmeg.«

Während ich Dandy den Sattel auflegte und den Gurt festzog, dachte ich daran, dass Onkel Scott Nutmeg als eines der Pferde erwähnt hatte, die bis zu ihrem Ende in The Laurels bleiben durften. Er sah so rührend geduldig aus, so sanft, und erinnerte mich irgendwie an Puck. Ich wäre gern hingegangen, um ihn zu streicheln und mich bei ihm zu entschuldigen. Doch solange Allan hier war, wollte ich das nicht tun. Also zäumte ich Dandy auf, schwang mich in den Sattel und ritt über die Koppel zum Gatter, ohne ein weiteres Wort mit Allan, dem Zombie, zu wechseln.

Als wir an *Bulls Field* vorüberritten, kamen zwei von den vier Pferden an den Zaun, schnaubten und wieherten. Eines der beiden, ein Fuchs, streckte den Kopf weit vor, riss die Augen auf und legte die Ohren an. Es sah aus, als wollte es nach Dandy schnappen, doch Dandy wich geschickt zum gegenüberliegenden Koppelzaun aus, schüttelte den Kopf und prustete. Das sollte wohl heißen, dass er keine Lust hatte, sich anmachen zu lassen.

Ich beschloss, den gleichen Weg zu nehmen wie gestern mit Onkel Scott, da ich nicht wusste, ob ich quer über die Schafweide des Nachbarn reiten durfte. Nachdem wir die Pforte passiert hatten, ließ ich Dandy wieder das Tempo bestimmen. Ein grau-braunes Kaninchen hoppelte plötzlich über unseren Weg und verschwand im Laub der Hecke, doch der Wallach erschrak nicht. Er war die kleinen Kerle wohl längst von der Koppel her gewöhnt, wo sie höchstwahrscheinlich ungeniert zwischen den Pferden herumsprangen.

Das Wäldchen war still und von Dunstschwaden verhangen wie ein verwunschener Ort. Vielleicht, so dachte ich, hatten sich die Brownies, von den Menschen enttäuscht, die auf ihren Höfen kein Bier mehr brauten, hierher zurückgezogen in dunkle Baumhöhlen und Erdspalten. Womöglich marschierten sie auf den Baumwurzeln, die natürliche Brücken bildeten, über den Bach und lebten von wilden Beeren und Nüssen, obwohl sie doch eigentlich am liebsten heiße Pfannkuchen mit Honig aßen.

Erst als das Nachbarhaus in Sicht kam und wir den abschüssigen Weg hinunterritten, fiel mir der bissige schwarze Hund ein. Der Gedanke, er könnte frei herumlaufen und plötzlich auf uns zugestürzt kommen, sodass Dandy in Panik geriet und durchging, machte mich nervös. Der Hund tauchte jedoch nicht auf, er erschien nicht einmal am Zaun, um uns anzubellen.

Ich sah zum Haus hinüber. Die Wäsche hing noch an der Leine, schlaff vor Nässe; Rauch stieg aus einem der Kamine und kroch wie ein Flaschengeist über das Dach. Ein paar tropfnasse Schafe mit roten Markierungen auf dem Fell standen vor dem Anbau und blökten klagend. Von irgendwoher hörte ich die Stimme einer Frau, die nach jemandem rief; es klang wie »Sheeba« oder »Sheila«.

Dandy blieb stehen und zupfte an den Blättern eines Busches, der seine Zweige über den Zaun streckte. Ich dachte an Onkel Scotts seltsames Benehmen vom Vortag, drückte die Schenkel an und sagte: »Lass das, komm weiter!« Dandy schüttelte leicht den Kopf, als wäre er verwundert oder missmutig, setzte sich aber gehorsam wieder in Bewegung und schlug ganz von selbst den Pfad nach rechts ein, der vom Haus wegführte.

Als wir den Kartoffelacker erreichten, der von einem Mäuerchen begrenzt war, sah ich in der Ferne zwei Gestalten auftauchen, begleitet von einem schwarzen Hund. Rasch überlegte ich, ob ich umkehren sollte, doch es hätte zu albern ausgesehen, so plötzlich zu verschwinden. Überdies war der Pfad sehr schmal, sodass Dandy gezwungen gewesen wäre, ein regelrechtes Dressurkunststück zu vollführen. Ich ritt also weiter und hoffte, dass die beiden Typen Verstand genug hatten, ihren Hund festzuhalten, falls er Anstalten machte, sich auf uns zu stürzen.

Wider Erwarten blieb der Hund ruhig. Ich hörte ihn weder bellen noch knurren; vielleicht hatten ihn gestern nur Dart und Rascal so in Wut versetzt. Ganz gesittet ging er zwischen den beiden jungen Männern her. Sie hatten rotblonde Haare, die ihre Köpfe wie Heiligenscheine umrahmten.

Erst als sie nur noch etwa zwanzig Schritte von Dandy und mir entfernt waren, erkannte ich, dass es ein Junge und ein Mädchen war. Beide mochten etwas älter sein als ich und sie sahen sich so verblüffend ähnlich wie Brüderchen und Schwesterchen in meinem alten Märchenbuch.

Ich ließ Dandy zur Seite gehen, so dicht an das Mäuerchen heran, wie es möglich war, um sie vorbeizulassen. Sie sahen mir entgegen, einen abwartenden Ausdruck auf den schmalen Gesichtern, die hellhäutig waren wie so oft bei rotblonden Menschen; ihre Augen aber waren dunkelbraun. Sie hatten hohe, vorstehende Backenknochen, trugen Gummistiefel und die gleichen Pullis aus brauner Schafwolle über verwaschenen Jeans.

Das Mädchen blieb zurück und ließ den Jungen vorausgehen. Er streckte die Hand nach dem Hund aus und ich dachte, er wollte ihn festhalten, doch er streichelte ihn nur.

Ich sagte: »Hallo!«, und sie starrten mich an, als hätte ich etwas höchst Merkwürdiges geäußert. Dann nickten sie gleichzeitig, was komisch wirkte, weil sie sich so ähnelten.

»Hallo«, erwiderte der Junge; und dabei wäre es wohl geblieben, wenn Dandy nicht so ein kontaktfreudiges, geselliges Pferd gewesen wäre. Er senkte den Kopf und prustete freundlich. Ehe ich begriff, was er vorhatte, begann er die Schulter des Jungen zu beknabbern, als wäre er einer seiner vierbeinigen Gefährten auf der Koppel.

Ich zügelte Dandy, während der Hund leise zu knurren begann, doch der Junge erschrak nicht. Ruhig hob er die Hand und strich Dandy über den Nasenrücken bis hinauf zur

Stirnlocke. Das Mädchen lächelte über mein erschrockenes Gesicht.

»Er tut nichts«, versicherte ich. »Er ist ein liebes Pferd.«

Der Junge sah zu mir auf; wenn ich neben ihm gestanden hätte, wäre es umgekehrt gewesen, denn ich war ein gutes Stück kleiner als er. »Ich weiß«, sagte er. »Ich kenne mich aus mit Tieren. Man merkt an ihrem Benehmen, ob sie freundlich oder angriffslustig sind. Sie verstellen sich nicht.«

Wir lächelten uns an. Er hatte ein Grübchen im linken Mundwinkel und ich stellte fest, dass auch seine Augen lächeln konnten.

»Woher kommst du?«, fragte seine Schwester.

»Aus Deutschland«, sagte ich.

»Bist du in Ferien hier?« Diese Frage kam von ihm.

»Nein, für länger. Ich werde ein Jahr hier bleiben.«

Seltsamerweise fragten sie mich nicht, wo ich wohnte; doch das wurde mir erst später klar. Sie wollten wissen, wie lange ich schon hier war und aus welchem Teil Deutschlands ich kam.

»Du sprichst gut Englisch«, meinte das Mädchen und ich freute mich, obwohl sie es vielleicht nur aus Höflichkeit sagte.

Während sie sich mit mir unterhielten, entdeckte ich zum ersten Mal meine Vorliebe für den schottischen Dialekt – das rollende »r«, die lustige, eigenständige Art, Englisch zu sprechen; eine Mundart, bei der noch das alte Gälisch durchklingt und die Worte aus einer Zeit enthält, als die Dänen auf ihren Schiffen übers Meer kamen und sich mit der Bevölkerung mischten.

Sie sagten, sie wohnten in *Braeside,* dem grauen Haus, und

dass sie Sheila und Danny hießen. Dandy wurde ausgiebig gestreichelt und bewundert. Man merkt förmlich, wie er sich vor Stolz und Behagen unter mir aufplusterte, während der schwarze Hund auf dem Weg lag, die Schnauze zwischen den Pfoten, und gelegentlich einen tiefen Seufzer ausstieß.

Es ist schon seltsam auf der Welt: Manchmal begegnen sich Menschen, die in verschiedenen Ländern geboren und aufgewachsen sind, durch eine Verkettung glücklicher – oder auch unglücklicher – Umstände, mögen sich ohne viele Worte und spüren sofort, dass sie die gleiche Wellenlänge haben. So ging es mir mit Danny und Sheila. Wir verabredeten kein Wiedersehen, als wir uns trennten; doch ich wusste, dass wir uns wieder treffen würden, denn sie waren Onkel Scotts Nachbarn.

Zum ersten Mal an diesem Tag kam die Sonne hervor, als ich weiterritt. Ich ließ Dandy auf einen linken Seitenweg abbiegen. Ein Stück weiter überquerten wir die Landstraße, die zum Glück nur wenig befahren war.

Ich war froh und beschwingt, weil ich wusste, dass Leute in meiner Nähe wohnten, die ungefähr im gleichen Alter waren wie ich. Auf *The Laurels* hatte ich nur Allan, und mit dem war nichts anzufangen. Natürlich, Onkel Scott war für einen Erwachsenen astrein; aber uns trennten sechsunddreißig Jahre. Ich würde mit ihm nie so reden können wie mit Annika oder Danny oder Sheila.

Ich beschloss, abends noch an Annika zu schreiben, auch wenn ich darüber einschlafen sollte. Sie musste wissen, was für ein Glückspilz ich war.

16

Onkel Scott hatte Myrddin und Siebenschön auf *Laurels Pasture* gebracht und fütterte sie mit Mash, als ich Dandy in den Stall zurückführte. Wir waren beide nass, denn auf dem letzten Wegstück von der Landstraße zum Haus hatte es wieder geregnet. Langsam gewöhnte ich mich daran, die Hälfte der Zeit mit nassen Kleidern und Haaren herumzulaufen. Es wäre zu mühsam gewesen, jedes Mal ins Haus zu laufen und sich umzuziehen oder ständig einen Regenumhang mit herumzutragen.

»Hat dir der Ausritt Spaß gemacht?«, fragte Onkel Scott nach einem flüchtigen Blick auf mein Gesicht. »Du strahlst wie ein Brownie mit einem Honigtopf unter dem Arm.«

Ich sagte: »Ja, es war wunderschön.« Doch ich erzählte ihm nichts von Danny und Sheila; das wollte ich später tun, wenn wir in Ruhe beim Abendessen saßen.

Ich brachte Dandy in eine der Boxen und rieb ihn trocken, denn er hatte geschwitzt, und in Verbindung mit dem Regen war das gerade bei ihm eine gefährliche Sache. Bonnie streckte den Kopf über die Zwischenwand; sie beobachtete uns mit ihren dunklen, schimmernden Augen, schnaubte und stupste mich in den Rücken wie ein Kind, das Aufmerksamkeit fordert.

»Morgen darf sie wieder zu den anderen auf die Koppel«, sagte Onkel Scott, der mir gefolgt war. »Noch ein paar Tage länger im Stall und sie würde durchs Fenster schießen wie eine Kanonenkugel.«

Zur Abendfütterung waren Allan und ich allein, da mein

Onkel wieder über seinen Berichten und Abrechnungen saß. Allan kümmerte sich nicht weiter um mich. Er erteilte keine Anweisungen und tat einfach, als wäre ich Luft. Also versuchte ich mich irgendwie nützlich zu machen, schleppte Eimer mit Hafer und Mash erst nach *Bulls Field,* dann auf *Brooks Pasture,* schnitzelte Rüben und steckte Nutmeg verstohlen ein leicht vergammeltes Plätzchen zu, das ich zwischen Suppennudeln und Tomatenketchup im Küchenschrank gefunden hatte. Wenn der Wallach auch nicht sehen konnte, so funktionierte sein Geruchssinn doch tadellos. Er schnupperte nur kurz, als ich ihm das Plätzchen unter die Nase hielt, und hatte es in Sekundenschnelle verdrückt.

Insgeheim hoffte ich, Allan würde fair genug sein, sich einzugestehen, dass ich ihm einige Arbeit ersparte, denn ich beförderte die Eimer im Laufschritt vom Futterschuppen zu den Koppeln, und er konnte sich darauf beschränken, die Portionen abzumessen und an die Pferde zu verfüttern. Doch ich hätte ebenso gut ein unsichtbarer Brownie sein können, der sich wie ein Heinzelmännchen abrackert und dessen Schufterei man selbstverständlich und ohne ein Wort der Anerkennung oder auch nur einen dankbaren Blick hinnimmt.

Während der Fütterung regnete es nicht, aber ich war nass vor Schweiß, als ich endlich zum Haus zurückkehrte, begleitet von Dart und Rascal. Während ich die Stufen der Vortreppe hinaufstieg, müde und zerschlagen wie nach meinem ersten Ritt, holte Allan sein Leichtmotorrad aus der Garage. Wütend, wie ich auf ihn war, hätte ich ihm am liebsten nachgerufen, er solle sich ein für alle Mal zum Teufel scheren.

Onkel Scott hatte das Abendbrot vorbereitet. Es gab braunes Roggenbrot und rötlichen Cheddarkäse, dunkles Bier für ihn und Milch für mich. Auch MacDuff und die Hunde bekamen ihren Anteil an der Milch. Dart und Rascal schlappten eifrig und geräuschvoll, während der Kater gesittet dasaß, den Schwanz um die Pfoten gelegt, und langsam und würdevoll seine Schale ausleckte.

Obwohl wir Anfang August hatten, zu Hause die heißeste Zeit im Jahr, herrschte herbstliche Kühle im Haus. Vor einer halben Stunde hatte ich noch geschwitzt; jetzt aber fror ich plötzlich, wickelte mich in eine Strickjacke und zog warme Socken an.

»Ist dir kalt?« Onkel Scott sah von seiner Zeitung auf. »Ich mache dann Feuer im Wohnzimmer. Der Wind war heute recht kühl.«

»Habt ihr keine heißen Sommertage?«, fragte ich.

Er lächelte. »Heiße Tage sind im Hochland selten. Die Berge ziehen Wolken an und wir haben viel Wind vom Meer her. Aber man gewöhnt sich daran.«

Er wandte sich wieder dem *Scotsman* zu. Da ich ihn nicht stören wollte, schwieg ich, obwohl ich gern von meiner Begegnung mit Sheila und Danny erzählt hätte. Sicher war er daran gewöhnt, abends nach der Arbeit noch allein am Tisch zu sitzen und ungestört seine Zeitung zu lesen; und ich wollte nicht, dass er meine Gegenwart als lästig empfand.

Kurz vor neun rief meine Mutter an. Sie fragte, wie ich zurechtkäme und ob ich mich wohl fühlte. »Hast du schon etwas gekocht?«, war ihre zweite Frage.

»Einen Reisauflauf«, sagte ich stolz. »Er hat Onkel Scott prima geschmeckt.«

»Tatsächlich?« Die Stimme meiner Mutter klang nicht sehr überzeugt.

»Ja«, sagte ich. »Phantastisch. Er hat eine Riesenportion gegessen. Aber schick mir bitte trotzdem ein einfacheres Kochbuch. Das bayerische ist für Fortgeschrittene. Außerdem kann ich Schweinebraten nicht ausstehen.«

Sie versprach, gleich morgen ein weiteres Kochbuch zu kaufen und zur Post zu bringen. Dazu wollte sie mir auch Großmutters Rezept für Apfelstrudel schicken, obwohl sie behauptete, der Teig wäre viel zu schwierig für mich. Dann nahm ihr mein Vater den Hörer aus der Hand, um zu fragen, wie es mir ging und ob alles in Ordnung sei.

»Ich fühle mich sauwohl hier«, sagte ich. »Onkel Scott ist astrein. Alles paletti.«

Sogar mein Bruder Tim wollte mich sprechen. Er tat hörbar enttäuscht, als er merkte, dass ich es so gut getroffen hatte. »Die dümmsten Bauern haben immer die größten Kartoffeln«, sagte er mit brüderlichem Charme.

»Neidhammel!«, sagte ich. Es tat gut, heimatliche Laute zu hören und wieder einmal in meiner Muttersprache drauflos reden zu können, ohne vorher lange überlegen zu müssen.

Beladen mit einem Tablett voller Kaffeegeschirr und Grüßen an Onkel Scott, ging ich ins Wohnzimmer. Diesmal saßen die Hunde auf dem Sofa, während MacDuff sich auf einem Sessel breit gemacht hatte. Im offenen Kamin knisterten trockene Kiefernzweige. Ein Pappkarton krümmte sich im Feuer, glühte auf, schrumpfte und fiel in sich zusammen.

»Setz dich ans Feuer«, sagte mein Onkel und schob mir einen Sessel zurecht. »Deine Haare sind noch feucht. Du musst aufpassen, dass du dich nicht erkältest. Zwanzig Prozent aller Schottlandurlauber kriegen erst mal eine Grippe oder Erkältung, wenn sie herkommen. Jedenfalls hat das vor kurzem im *Scotsman* gestanden.«

»So empfindlich bin ich nicht«, versicherte ich. Doch während er ein paar Holzscheite aufs Feuer legte, merkte ich, wie angenehm die Wärme war, die von den Flammen ausging, und wie gemütlich ein offenes Feuer sein kann, wenn das Haus kalt ist und hinter den Fenstern langsam die Dunkelheit hereinbricht.

»So ein Kaffee am Abend ist eine feine Sache«, sagte Onkel Scott, während er in seiner Tasse rührte. »Anne hat immer Shortbread Fingers dazu gebacken.«

»Was für Finger?«, fragte ich verdutzt.

»Shortbread Fingers. Das ist eine schottische Spezialität, ein Buttergebäck. Es schmeckt herrlich.«

Ich beschloss, Mrs. Tweedie nach dem Rezept zu fragen. Im Moment war ich so euphorisch, dass ich alles getan hätte, um meinem Onkel eine Freude zu machen.

Eine Windbö rüttelte an den Fenstern und trieb eine kleine Wolke von Funken, Rauch und Asche aus dem Kamin. Ich hustete und Onkel Scott schob den eisernen Ofenschirm vor die Feuerstelle. Ehe er seine Zeitung wieder aufnehmen konnte, sagte ich voller Eifer: »Weißt du, wen ich heute kennen gelernt habe? Sheila und Danny!«

Überrascht sah er mich an. »Sheila und Danny? Ich kenne niemanden, der so heißt.«

»Aber sie sind deine Nachbarn!«, sagte ich. »Oder vielmehr wohl Kinder deiner Nachbarn. Sie sind in meinem Alter und leben in *Braeside*.«

Seine Miene verwandelte sich im Bruchteil von Sekunden wie der Gipfel des Ben Nevis, wenn Gewitterwolken über ihn hinwegziehen. Plötzlich wirkte sein Gesicht verschlossen und finster. Ich hatte ihn nie so gesehen, hätte nie vermutet, dass er so böse wirken könnte.

»Ich kenne die beiden nicht«, sagte er kalt. »Ich habe keinen Kontakt zu diesen Leuten. Und ich will auch nicht, dass du Kontakt zu ihnen hast.«

Als Kind waren mir Erwachsene in ihren Verhaltensweisen und Reaktionen oft so fremdartig gewesen wie Mondkälber – so, als trennten mich Welten und nicht nur ein paar Jahrzehnte von ihnen. Auch jetzt wurde ich wieder von diesem alten Gefühl absoluter Verständnislosigkeit erfasst.

Ich musste ihn angestarrt haben wie eine Geistererscheinung, denn seine Miene wurde etwas freundlicher und er fügte beherrschter hinzu: »Eines Tages werde ich dir erklären, weshalb es so ist. Zwischen den Leuten von *Braeside* und meiner Familie hat nie ein gutes Einvernehmen geherrscht. Sie sind... man kann ihnen nicht trauen. Ich glaube nicht, dass sie der richtige Umgang für dich wären. Versprich mir bitte, dass du ihnen künftig aus dem Weg gehen wirst.«

Vor Verblüffung wusste ich minutenlang nicht, was ich sagen sollte. Das klang ganz nach einer komischen alten Clanfehde; doch ich hatte immer geglaubt, so etwas gäbe es nur in Filmen und Romanen, nicht aber in Wirklichkeit.

»Aber...«, sagte ich. »Aber du kennst Sheila und Danny offenbar nicht einmal! Wie kannst du dann wissen, dass man ihnen nicht trauen darf? Sie sind in Ordnung, glaub mir! Ich mochte sie auf den ersten Blick!«

»Wer jung ist, hat wenig Menschenkenntnis«, erwiderte Onkel Scott verkniffen.

Ich traute meinen Augen und Ohren kaum. Hatte ich mich

wirklich so ihn ihm getäuscht? Nie hätte ich geglaubt, dass er so verbohrt sein könnte, eine ganze Familie abzulehnen – nur weil sein Vater oder Großvater vor ewigen Zeiten Streit mit irgendeinem alten, längst vermoderten Nachbarn gehabt hatte!

Ich merkte selbst, wie trotzig meine Stimme klang, als ich sagte: »Ich weiß, dass Sheila und Danny nett sind; das genügt mir. Und ich mag sie.«

»Wie lange hast du mit ihnen gesprochen?«, fragte er.

Ich gab keine Antwort. Meine Hochstimmung war verflogen, als hätte jemand die Luft aus mir herausgelassen. Doch eines wusste ich: Ich würde mich nicht an Onkel Scotts alberne Anweisung halten, jeden Kontakt mit den Leuten von *Braeside* zu vermeiden. Ich wollte nichts mit dieser alten Feindschaft zu tun haben; ich hatte das Recht, mir meine Freunde selbst auszusuchen. Er war mein Onkel und zur Zeit auch mein Arbeitgeber, aber nicht mein Vormund.

Ich stand auf und sagte, ich wolle nach oben gehen, um einen Brief zu schreiben. Natürlich spürte auch er die Missstimmung, die zwischen uns aufgekommen war, doch er tat nichts, um sie aus der Welt zu schaffen. Er nickte nur kurz, nahm seine Zeitung vom Boden auf und wünschte mir eine gute Nacht.

17

Am nächsten Morgen taten wir beide, als wäre nichts vorgefallen. Trotzdem herrschte eine seltsame Befangenheit zwischen uns, die es uns schwer machte, ungezwungen miteinander umzugehen, und die das Gefühl von Vertrauen erschütterte, das sich so unerwartet rasch zwischen ihm und mir eingestellt hatte.

Wir versorgten die Pferde noch vor dem Frühstück. Eine kleine Gruppe stand schon ungeduldig am Mäuerchen und wartete, unter ihnen Dandy und der blinde Nutmeg. Gierig stürzten sie sich auf ihre Futterrationen. Myrddin und Siebenschön, die ihre erste Nacht draußen auf *Laurels Pasture* verbracht hatten, standen in der Ferne unter einem Baum und beobachteten, wie wir das Gatter öffneten.

»Sollen wir zu ihnen gehen?«, fragte ich zweifelnd. Der Gedanke, den beiden misstrauischen Pferden außerhalb des Stalles nahe zu kommen, reizte mich nicht besonders.

»Ich denke, es ist am besten, wir lassen die Eimer hier beim Gatter stehen«, meinte Onkel Scott. »Im Augenblick sind sie noch unberechenbar. Wenn sie sich in Ruhe gelassen fühlen, kommen sie schon von selbst, um zu fressen. Die Eimer kennen sie ja.«

Vom Stallhof aus beobachteten wir die beiden Stuten, doch sie machten keine Anstalten, näher zu kommen. Später jedoch, als wir von *Bulls Field* zurückkamen, sahen wir sie beim Gatter stehen, die Nasen tief in die Eimer gesenkt.

»Man braucht sehr viel Geduld«, sagte Onkel Scott und seufzte.

Allan war an diesem Morgen nicht gekommen. Ich erfuhr, dass er seinen freien Vormittag hatte.

»Dafür arbeitet er jeden Samstag bis mittags«, erklärte mein Onkel. »Am Sonntag hat er natürlich frei, da kümmere ich mich allein um die Pferde. Ein freier Vormittag – oder Nachmittag – pro Woche steht übrigens auch dir zu. Ich wollte dich fragen, ob du damit einverstanden bist, mir an den Sonntagen morgens und abends bei der Fütterung zu helfen. Dafür hättest du dann die Samstage frei und zusätzlich noch einen halben Tag wöchentlich. Ist das ein faires Angebot?«

»Ja, klar«, sagte ich. »Sicher. Samstags kann ich mich dann ein bisschen um den Haushalt kümmern.«

»Nur, wenn du möchtest«, erwiderte er. »Du sollst auch genug freie Zeit haben, um dir das Hochland anzusehen. Man kann von Dingwall und Inverness aus mit dem Bus und der Bahn sehr schöne Ausflüge durchs Hochland und zu den Lochs machen.«

Wir vereinbarten, dass ich gleich morgen meinen freien Nachmittag nehmen sollte. Ich beschloss, nach Dingwall zu fahren; es gab offenbar eine recht gute Busverbindung über die Landstraße. Die Bushaltestelle war etwa eine Meile von *The Laurels* entfernt.

»Du kannst Annes altes Fahrrad nehmen«, sagte Onkel Scott. »Damit bist du im Handumdrehen an der Haltestelle. Wenn's nicht gerade stürmt oder wie aus Kübeln gießt, ist das recht praktisch.«

Gegen neun Uhr kam der »Postie« mit dem Auto und ich gab ihm den Brief an Annika mit, dazu Geld für das Porto, denn ich hatte noch keine Briefmarken. Er war ein rundlicher, kahlköpfiger Mann mit so breitem schottischen Dialekt, dass ich nur Bruchstücke von dem verstand, was er sagte. Leider war er ebenso redselig wie neugierig und stellte mir durch das geöffnete Wagenfenster eine Menge Fragen, die ich nur unvollständig und mit wiederholtem »I beg your pardon?« und »What, please?« beantworten konnte.

Eine Stunde später, als ich gerade die ersten Überlegungen anstellte, was ich kochen sollte, tauchte Mrs. Tweedie auf. Sie hatte eine große Handtasche mitgebracht und verkündete ihren Entschluss, Finnan Haddock zum Mittagessen zu machen. Auf meine Frage, was das sei, erklärte sie, es wäre geräucherter Schellfisch, der in Milch erwärmt wurde.

Mich schüttelte es bei dem Gedanken, Fisch in warmer Milch zu essen, doch Mrs. Tweedie behauptete, Finnan Haddock sei eine schottische Spezialität und zudem eine Leibspeise des »Jungen«, womit sie Onkel Scott meinte. Um ihren Kommandos zu entgehen, verzog ich mich aus der Küche ins Wohnzimmer, mit der Absicht, Ordnung zu machen.

Ungefähr so wie mir mochte es jenem griechischen Helden zu Mute gewesen sein, der den Augiasstall ausräumen musste – seinen Namen hatte ich vergessen. Ich stand mitten im Raum und merkte, wie sich meine Arbeitswut in rasendem Tempo verflüchtigte, während ich mich umsah.

Bei Tageslicht wirkte das Wohnzimmer noch unaufgeräumter und vernachlässigter als im gnädigen Licht der Wandlampen: Überall lagen dicke Staubschichten, die Fenster waren fast blind vor Schmutz, der Teppich sah aus wie der Abstreifer eines zehnstöckigen Mietshauses; und ehe ich überhaupt irgendwo anfangen konnte, sauber zu machen, mussten Stöße von Altpapier und Abfall entfernt werden.

Als Mrs. Tweedie zum Mittagessen rief, stand ich auf einer wackeligen Trittleiter und hatte gerade ein Fenster geputzt, was bewirkte, dass das Sonnenlicht den Schmutz und die Unordnung im Raum nur noch gnadenloser enthüllte.

In der Küche saßen Onkel Scott, Mrs. Tweedie, MacDuff, Rascal und Dart und ließen es sich schmecken. Mrs. Tweedie beobachtete mit strengen Blicken, wie ich auf meinem Teller herumstocherte.

»Geräucherter Fisch in warmer Milch ist etwas ungewöhnlich für einen Ausländer«, räumte Onkel Scott nachsichtig ein.

»Ich hab mich auch daran gewöhnt, als ich hierher kam«, verkündete Mrs. Tweedie entschieden. »Jedes Land hat seine Spezialitäten, nicht? Wie ich gehört habe, essen sie in Schweden verrotteten Fisch aus Dosen.«

»Das glaube ich nicht«, sagte Onkel Scott. »Verrotteter Fisch ist noch keinem menschlichen Magen bekommen.«

Während die beiden sich noch über weitere internationale Spezialitäten wie gebratene Ameisen und faule Eier unterhielten, fütterte ich Rascal und Dart, die sich unter dem Tisch postiert hatten, heimlich mit Finnan Haddock. Sie schmatzten und ich rückte mit meinem Stuhl, um die Geräusche zu übertönen. Der Fisch selbst schmeckte nicht schlecht, wenn ich ihn auch zu salzig fand; doch auf die Milch hätte ich nur zu gern verzichtet.

Nach dem Essen ging ich ins Wohnzimmer zurück und putzte zwei weitere Fenster. In Abständen kam Mrs. Tweedie herein, sah mir zu, sammelte ein paar alte Zeitungen auf und brummelte etwas vor sich hin, das wie »pigsty« klang.

»Du plagst dich umsonst, Mädchen«, sagte sie. »In diesem

Haus kommt man niemals durch. Hat man hinten aufgehört, kann man vorn wieder anfangen.« Doch trotz dieser wenig ermutigenden Rede wirkte ihr hutzliges Gesicht wohlwollend, während sie da am Fuß der Leiter stand und zu mir aufsah.

Als ich endlich mit den Fenstern der Vorderfront fertig war, erschien Onkel Scott vor dem Haus und fragte, ob ich mit ihm ausreiten wolle; er müsse zu einem Farmer »hinter den Hügeln«, um mit ihm wegen einer größeren Lieferung Hafer und Rüben zu verhandeln. Ich ließ Eimer, Leiter und Schwamm liegen und stehen und rannte nach oben in mein Zimmer, um mich umzuziehen. Kaum kam ich wieder in die Halle, tauchte Sarah Tweedie wie ein Racheengel in der Küchentür auf.

»So ist die Jugend!«, sagte sie. »Keine Ausdauer bei der Arbeit.«

»Onkel Scott möchte, dass ich mitkomme«, erwiderte ich und ärgerte mich zugleich, weil ich mich vor ihr verteidigte. »Ich mache später weiter.«

Sie murmelte etwas und schloss die Küchentür geräuschvoll hinter sich. Dabei quetschte sie beinahe den Kater ein, der herauskam und sich nur mit einem kühnen Satz über die Schwelle retten konnte.

18

An diesem Tag kam ich nicht mehr dazu, meine Säuberungsaktion fortzusetzen. Wir kehrten spät von *Mill Farm* zurück, gerade noch rechtzeitig, um Allan bei der Abendfütterung zu helfen. Als das geschafft war, konnte ich beim Abendessen kaum noch die Augen offen halten. Auch die Hunde, die uns auf dem Ausritt begleitet hatten, lagen ausgestreckt auf dem Küchenboden und schliefen.

Onkel Scott riet mir, früh zu Bett zu gehen. »Die Hochlandluft macht müde, wenn man sie nicht gewöhnt ist«, sagte er. »Und wir sind immerhin mehr als zwei Stunden geritten.«

Ich versuchte mich aufzuraffen und murmelte: »Ich muss erst aufräumen. Die Leiter und der Eimer stehen noch im Wohnzimmer.«

»Lass das nur; ich mache es schon.« Er lächelte. »Es ist lieb von dir, dass du versuchst, Ordnung in meine Junggesellenwirtschaft zu bringen. Aber allein schaffst du das nicht, Laurie. Ich will morgen mal den Apotheker in Dingwall anrufen; er ist ein alter Schulfreund von mir. Er soll in seinem Laden einen Zettel aushängen. Vielleicht finden wir eine nette Frau, die ein- oder zweimal pro Woche zu uns kommt, um sauber zu machen.«

Statt erleichtert zu sein, fühlte ich mich in meiner Ehre gekränkt. »Denkst du, ich könnte das nicht auch?«, fragte ich.

»Sicher kannst du es; aber ich hab dir schon gesagt, du bist nicht hier, um zu putzen. In erster Linie möchtest du doch mit Pferden arbeiten, nicht? Haushalt und Pferde – das ist für einen allein nicht zu bewältigen. Selbst wenn wir jemanden finden, bleibt im Haus immer noch genug Arbeit für dich übrig. Ich bin sehr froh, wenn du ab und zu für uns kochst.«

»Und was wird Mrs. Tweedie sagen?«

»Ich werd's ihr schon beibringen. Sie weiß ja selbst, dass es so nicht weitergeht.«

Es war eine Vollmondnacht, in der ich seltsame Träume hatte – von Onkel Scott, der sich bei Mondschein auf einer Wiese mit jemandem duellierte. Sein Widersacher war ein Mann mit rotblondem Haar, der eine Maske trug. Die beiden schossen mit Pistolen aufeinander, trafen aber nicht. Dann kam Sarah Tweedie daher, hüpfte wie ein Rumpelstilzchen zwischen den Duellanten herum und drohte ihnen mit einem Krückstock. Daraufhin gingen die Männer in verschiedene Richtungen auseinander, während Mrs. Tweedie die Wiese, die sich plötzlich in einen Küchenboden verwandelte, mit der Bürste zu scheuern begann. Auf dem Boden stand ein Tisch, bedeckt mit lauter Fischen, die aus ihren armen toten Augen verzweifelt in die Luft starrten, und ich dachte: Ich kann sie nicht essen! Ich muss sie wegbringen und wieder ins Wasser werfen... Doch da kam Allan angeritten, um mich mit einem Lasso einzufangen. Ich rannte davon und er sprengte auf seinem Pferd hinter mir her; seine Augen funkelten, sein Gesicht war zornig verzerrt. Und während ich immer schneller rannte, um ihm zu entkommen, wurde mir klar, dass er versuchte, mich zu vertreiben. Also versteckte ich mich im Wäldchen, um abzuwarten, bis er verschwunden war.

Mit solchen und ähnlichen munteren Träumen verbrachte ich die Nacht.

Am folgenden Morgen war ich alles andere als frisch und ausgeschlafen. Ich schleppte meine müden Glieder mühselig vom Haus zum Stall, vom Stall zu den Koppeln und wieder zurück zum Futterschuppen, wo ein Lastwagen von *Mill Farm* eine Ladung Rüben auf das Pflaster gekippt hatte. Da Onkel Scott den Hufschmied bestellt hatte und Allan den Stall säuberte, blieb es mir überlassen, den Rübenberg abzutragen und zahllose Schubkarrenladungen in den Schuppen zu verfrachten, wo die Rüben in einem Verschlag in der Ecke untergebracht werden mussten.

Um halb elf war ich endlich fertig und hatte noch nicht einmal gefrühstückt. Rascal folgte mir in die Küche, wo ich ein Stück trockenes Roggenbrot aß und mich aufs Sofa plumpsen ließ, den Kopf auf ein Kissen legte, das wie eine ganze Hundehütte roch, und eine Weile wie erschlagen liegen blieb.

Erst als ich Dart vor dem Haus bellen hörte, raffte ich mich auf und hinkte mit schmerzendem Rücken zum Herd, um Kaffee zu kochen. Weil mir nichts anderes einfiel, setzte ich auch Kartoffeln auf; denn ich erinnerte mich, dass mein Vater immer Tiroler Gröstl machte, wenn meine Mutter krank oder verreist war. Das war außer Spaghetti mit Tomatensoße das einzige Gericht, das er kochen konnte, und wenn er es schaffte, musste es mir wohl auch gelingen.

Onkel Scott streckte den Kopf durch die Tür, während ich Zwiebeln schnitt. Ich sagte ihm, wir könnten in ungefähr einer halben Stunde essen. Darauf verschwand er wieder und ließ Dart zurück und ich fütterte die Hunde mit Dosenfutter. Kater MacDuff war heute noch nicht aufgetaucht; vermutlich hatte er sich die Nacht um die Ohren geschlagen und verschlief den Vormittag irgendwo in einem gemütlichen Winkel. Ich beneidete ihn.

Im Kühlschrank fand ich ein paar Schinkenreste, schnitt sie ebenfalls auf und trank Kaffee. Onkel Scott tauchte erneut auf, vom Kaffeeduft angelockt, und nahm sich ebenfalls eine Tasse. Weil mich der Kaffee wieder munterer gemacht hatte, suchte ich die schmutzige Wäsche in Küche, Halle und Wohnzimmer zusammen und ging ins Bad, wo die Waschmaschine stand. Auch dort lag bergeweise Wäsche; genug, um zehn Maschinen zu füllen.

Da ich aus den Zeichen und Symbolen nicht schlau wurde, rief ich nach Onkel Scott. Er zeigte mir, wie die Waschmaschine funktionierte, und versprach, sie nachmittags in meiner Abwesenheit wieder abzuschalten.

Inzwischen waren die Kartoffeln gar gekocht. Ich schälte und schnitt sie auf, verbrannte mir dabei fast die Finger und briet schließlich alles in einer riesigen gusseisernen Pfanne, salzte und pfefferte großzügig und war ausgesprochen zufrieden mit mir selbst.

Wie sich herausstellte, war ich zu großzügig mit dem Pfeffer gewesen, doch Onkel Scott aß seine Portion heldenmütig auf und behauptetete auch noch, es sei »very tasty«.

»Fährst du nachmittags nach Dingwall?«, fragte er.

Ich hustete und nickte. Der Pfeffer brannte wie Höllenfeuer. »Ja«, sagte ich. »Gibt es irgendwo einen Fahrplan für den Bus?«

»Auf meinem Schreibtisch müsste einer liegen.«

Mein Mut sank. Onkel Scotts Schreibtisch quoll über von Papierkram, Aktenordnern, Rechnungen und ungeöffneten Postwurfsendungen.

»Du kannst auch Allan fragen«, fügte er noch hinzu. »Er weiß, wann der Bus durchkommt.«

Ich entschied mich für den Schreibtisch, weil mir Allans Verfolgungsjagd im Traum noch in den Knochen saß, und fand den Fahrplan überraschend schnell. Bis zum Mittagsbus hatte ich genau fünfunddreißig Minuten Zeit. Ich duschte, zog mich um und stellte dann fest, dass Tante Annes Fahrrad zwar funktionstüchtig war, aber keine Luft in den Reifen hatte.

In fliegender Hast suchte ich nach einer Luftpumpe, fand sie, nachdem kostbare zehn Minuten verstrichen waren, pumpte die Reifen auf, schwang mich aufs Fahrrad und strampelte verzweifelt los, obwohl ich wusste, dass ich nur noch fünf Minuten Zeit hatte, um die Bushaltestelle zu erreichen. Um das zu schaffen, hätte ich Rennradler sein müssen. Meine einzige Chance war, dass sich der Bus verspätete; sonst musste ich fast eine Stunde auf den nächsten warten oder per Anhalter nach Dingwall fahren.

Kaum hatte ich die Landstraße erreicht, sah ich den Doppeldeckerbus kommen und an mir vorüberfahren. Obwohl ich wie verrückt winkte, kümmerte sich der Fahrer nicht um mich. Als ich die Haltestelle erreichte, war der Bus längst außer Sicht.

Eine Weile saß ich am Straßenrand, brummelte böse vor mich hin und überlegte, ob ich nach *The Laurels* zurückfahren sollte, um mit Dandy auszureiten. Doch ich hatte mir nun einmal in den Kopf gesetzt, heute nach Dingwall zu fahren.

Ich lehnte Tante Annes Fahrrad gegen einen Baum. Ein Fahrradschloss war nicht dabei, aber Onkel Scott hatte mir versichert, dass hier auf dem Land praktisch nie etwas gestohlen wurde und dass kaum einer sein Auto abschloss, geschweige denn ein harmloses Fahrrad.

Ich habe schon immer eine Abneigung dagegen gehabt, per Anhalter zu fahren, und konnte mich auch diesmal nicht entschließen, es zu versuchen. Also setzte ich mich am Straßenrand ins Gras, das noch feucht von einem morgendlichen Regenschauer war, und sah zu einem der Berggipfel hinüber, den Onkel Scott Ben Wyvis genannt hatte. Wolkenschwaden zogen über ihn hinweg und verliehen ihm eine düstere Schönheit. Es duftete nach nassem Grün, nach Heidekraut, Kiefernharz, Pilzen und Moos und nach hundert anderen Dingen, die ich nicht kannte.

Nach zehn Minuten, in denen die Vögel sangen und zwei weiße Hochlandschafe mit schwarzen Strümpfen und schwarzen Gesichtern die Straße überquerten, fuhr ein rotes Auto mit Anhänger an mir vorbei. Der Fahrer warf mir einen neugierigen Blick zu, machte aber keine Anstalten, anzuhalten. Als Nächstes tauchte ein Touristenbus mit lauter älteren Damen auf, die unter silberweißen und bläulichen Löckchen hervor auf mich herabsahen, als wäre ich ein seltenes schottisches Moorschneehuhn.

Ich hielt mir die Nase zu, denn der Bus hüllte mich in eine Wolke stinkender Auspuffgase, seufzte und sah mich nach einem geeigneten Platz für einen kurzen Mittagsschlaf um, als plötzlich ein seltsames schwarzes Gefährt um die Wegbiegung kam, das asthmatisch keuchte und tuckerte und dazwischen fauchende Geräusche ausstieß. Es sah aus, als käme es geradewegs aus einem Automobilmuseum.

Allmächtige Tante!, dachte ich, während der Wagen langsam und schaukelnd wie ein betrunkener Matrose näher kam. Dann stieß er plötzlich einen lärmenden Hupton aus, der an ein Nebelhorn erinnerte. Vor Schreck machte ich beinahe einen Luftsprung.

Dieser Ausbruch hatte offenbar seine Kräfte erschöpft, denn das Gefährt wurde immer langsamer und hielt schließlich dicht neben mir am Straßenrand. Jemand streckte den Kopf aus dem Wagenfenster, einen schwarzen, über und über behaarten Kopf mit Schlappohren und Augen, die wie Kohlen glühten. Aus dem schwarzen Maul kam heiseres Gebell.

»Halt den Schnabel, Nessie!«, sagte eine Stimme, die ich irgendwo schon einmal gehört hatte. Neben dem schwarzen Gesicht tauchte ein rotblonder Haarschopf auf. »Wartest du auf den Bus?«

Es war Danny von *Braeside,* mit dem ich »jeden Kontakt vermeiden« sollte. Mein Herz schlug einen Purzelbaum, was mich überraschte und ein bisschen beunruhigte.

»Ja«, sagte ich und starrte ihn an. »Den Mittagsbus hab ich verpasst.«

Danny fasste den schwarzen Hund am Halsband und schob ihn zwischen den Vordersitzen nach hinten. »Steig ein«, sagte er.

»Aber wohin fährst du? Ich will nach Dingwall.«

»Ich auch.« Der Blick seiner braunen Augen war offen und sanft wie bei unserer ersten Begegnung. »Oder darfst du mit einem wie mir nicht fahren?«

Ich merkte, wie ich rot wurde. »Blödsinn. Ich lasse mir keine Vorschriften machen«, sagte ich würdevoll, öffnete die Wagentür und setzte mich neben ihn auf den abgewetzten Ledersitz, dessen Risse an mehreren Stellen mit Flicken verklebt und ausgebessert waren.

Er lächelte; wieder sah ich, dass auch seine Augen lächeln konnten. »Aha. Man hat dir also schon gesagt, dass wir kein passender Umgang für dich sind?«

Ich vermied es, eine direkte Antwort darauf zu geben. »Ich höre nicht auf solche Sachen«, sagte ich.

»Bist du mit dem alten MacMonster verwandt oder arbeitest du nur für ihn?«

»Er ist mein Onkel«, sagte ich. »Und nenn ihn nicht MacMonster. Ich mag ihn nämlich.«

Danny warf mir einen kurzen Blick zu. Dann ließ er den Motor wieder an, was ein schwieriges Unterfangen zu sein schien, das allerhand Geschicklichkeit erforderte. Er musste den Anlasser mehrmals betätigen und dabei gefühlvoll, aber nachdrücklich auf die Kupplung treten.

Nach einer Serie von krächzenden, hustenden und spuckenden Geräuschen sprang der Wagen endlich an. Wir schossen vorwärts und zuckelten dann in gemächlichem Tempo die Landstraße entlang, während der Hund Nessie seinen Kopf auf Dannys Schulter legte und mich mit einem schwarzen Kohlenauge misstrauisch anschielte.

Eine Weile schwiegen wir. Ich freute mich, Danny wieder zu sehen, doch es gefiel mir nicht, dass er abfällig von Onkel Scott sprach; genauso wenig, wie es mir gefallen hatte, dass Onkel Scott abfällig von Dannys Familie gesprochen hatte.

»Kann ja sein, dass er ganz in Ordnung ist«, äußerte Danny, als das Schweigen unbehaglich zu werden begann. »Diese Feindschaft ist echter Schwachsinn. Ich hab das immer schon gefunden. Es hat nichts mit uns zu tun – mit dir und mir und Sheila, meine ich.«

»Stimmt«, sagte ich.

»Mein Urgroßvater und der alte Montrose haben mit dem Streit angefangen. Es ging damals um ein paar Felder, die Urgroßvater zurückhaben wollte, als *The Laurels* von diesem Engländer an die Montroses verkauft wurde. Ganz früher war nämlich das ganze Land im Besitz meiner Familie. Dann, um 1880 herum, kam so ein Engländer daher, der eine Menge Einfluss hatte, und zwang meinen Urgroßvater – oder Ururgroßvater, ich weiß das nicht mehr so genau – dazu, die Hälfte seines Landbesitzes zu einem Spottpreis zu verkaufen. Es ist eine lange und verwickelte Geschichte. Jedenfalls, später hat mein Urgroßvater versucht, das Land vom alten Montrose zurückzubekommen, als dieser *The Laurels* kaufte; aber der hat's ihm nicht gegeben. Seitdem gibt es Ärger zwischen den McClintock und den Montrose.«

»Aber das ist doch Schnee von gestern«, wandte ich ein.

Danny wich einem dicken, zotteligen Schaf aus, das uns den Weg verstellte, und Nessie bellte uns die Ohren voll, bis wir fast taub waren.

»Es kommt im Lauf der Zeit das eine und andere dazu, was die Feindschaft am Leben erhält«, sagte Danny, als sein Hund sich endlich wieder beruhigt hatte. »Es sei denn, irgendwann ist mal einer so vernünftig, dass er einfach nicht mehr auf den Schwachsinn einsteigt und einen Schritt auf den anderen zugeht.«

»Und das hat nie jemand getan?«

Er schüttelte den Kopf. »Da war immer einer dickschädeliger als der andere.«

»Abgesehen von uns.«

Danny sah mich von der Seite an und lächelte. Das Grübchen erschien in seinem Mundwinkel. »Hoffentlich!«

»Ich lasse mich da jedenfalls nicht mit hineinziehen«, sagte ich.

Danny erwiderte: »Hat er's denn schon versucht?«

Ich gab keine Antwort. Dann murmelte ich: »Seltsam. Ich hätte nie gedacht, dass Onkel Scott so... dumm ist.« Ich wollte engstirnig sagen, doch das englische Wort dafür fiel mir nicht ein. »Ich meine, dass er Leute hasst, die ihm eigentlich nichts getan haben – nur weil sein Vater und Großvater mal Streit mit ihnen hatten.«

Die ersten Häuser von Dingwall tauchten in der Ferne auf, überragt von einem Denkmal auf einem Hügel, das ich für die Überreste einer Burg hielt.

»So einfach ist das nicht, Laurie«, sagte Danny. Er hatte sich also meinen Namen gemerkt. »Da lief noch etwas ab – eine persönliche Geschichte zwischen meinem Vater und deinem Onkel. Aber das soll er dir besser selbst erzählen. Oder hat er's dir schon gesagt?«

Ich verneinte, verwundert über all diese Geheimniskrämerei. »Nein, er hat überhaupt keine Gründe genannt. Er hat nur gesagt, er würde mir die Sache später mal erklären.«

Jetzt hatten wir Dingwall erreicht. »Du willst sicher auf die High Street?«, fragte Danny.

»Ins Zentrum«, sagte ich.

Er lachte. »Du kennst Dingwall wohl noch nicht? Die High Street ist das Zentrum. Dingwall ist ein kleines Nest, weißt du. Als Kind dachte ich, es wäre der Nabel der Welt und absolut riesig. Aber seit ich Edinburgh und London kenne, ist es ziemlich geschrumpft.«

Wir fuhren an einer Reihe von kleinen Läden vorbei – einem Videoladen, einem Charity Shop, einem Textil- und

Schuhgeschäft. Dann kam ein Laden mit Kinderkleidung, der *Wee Folk* hieß. Danny parkte den alten schwarzen Wagen vor dem Postamt und befahl Nessie, sitzen zu bleiben.

»Pass gut auf das Auto auf«, sagte er. »Ich bin bald wieder zurück.«

Nessie sah ihn unter seinen schwarzen Stirnfransen hervor verzweifelt an. »Kannst du ihn nicht mitnehmen?«, fragte ich.

»Unmöglich«, sagte Danny. »Er wird total verrückt vom Verkehr. So viele Leute und Autos ist er nicht gewöhnt. Er würde durchdrehen.«

Wir stiegen aus. Danny trug einen weißen Schafwollpullover mit einem Muster aus Zöpfen, Rauten und Waben, der nicht mehr ganz sauber war, aber so großartig zu seinem Typ passte, als ob er darin geboren worden wäre.

»Was hast du vor?«, fragte er. »Willst du dich nur mal umsehen oder auch was einkaufen?«

»Mich umsehen«, sagte ich. »Und Briefmarken kaufen. Und du?«

»Ich habe ein paar Besorgungen für meine Mutter zu machen. Außerdem wollte ich meine Gitarre von der Reparatur holen.«

Wir sahen uns unschlüssig an. Dann sagte ich: »Also dann... danke fürs Mitnehmen!«, und wandte mich zum Gehen.

Er fasste mich am Arm. »Wieso hast du's denn plötzlich so eilig? Bis zum *Gateway Foodmarket* können wir immerhin miteinander gehen.«

Gemeinsam wanderten wir die High Street entlang, vorbei an einem indischen Restaurant, das *Tandoori* hieß, an dem alten Laden von *Ords Fruiterers* und an winzigen Seitengassen, die düster und ärmlich wirkten. Doch die Hauptstraße selbst war bunt und voller Leben, das Herz eines geschäftigen Landstädtchens, in dem das Landvolk von überallher zusammenströmt, um einzukaufen, sich Schaufenster anzusehen, Bekannte zu treffen und ein Schwätzchen zu halten. Über den Hausdächern schien die Sonne und machte Dingwall zu einem lebenslustigen, malerischen Ort, der mir auf Anhieb gefiel.

»Für einen, der aus der Großstadt kommt, ist's hier wohl recht eng und spießig«, sagte Danny fast entschuldigend.

»Ich find's gemütlich«, erwiderte ich. »Fast wie im Bilderbuch. Großstädte können einem ganz schön auf den Geist gehen.«

Wir machten vor einem Gebäude Halt, das in der Mitte von einem Uhrenturm gekrönt war. »Das ist unser Rathaus und zugleich das Museum«, erkärte Danny. »Es gibt drei Ausstellungsräume, in denen man sich über Dingwalls bedeutende Vergangenheit informieren kann. Falls man ein Museumsfreak ist und so was spannend findet.«

»Bin ich nicht«, sagte ich. Dann fiel mir etwas ein. »Aber sag mal, wo kriege ich hier Gewürze? Onkel Scott hat kaum mehr als Salz und Pfeffer im Haus. Damit kann man auf die Dauer nicht kochen.«

Überrascht musterte er mich. »Kochst du für ihn?«

»Für uns beide. Manchmal, ja.«

»Ich kann dir was aus dem *Gateway* mitbringen, wenn du möchtest. Was brauchst du?«

»Zimt«, sagte ich und zog mein Wörterbuch aus der Jackentasche. »Und Curry...« Nach heftigem Blättern fand ich auch die englischen Ausdrücke für Majoran, Schnittlauch, Petersilie, Kümmel und Paprika.

Ein Junge rief Danny einen Gruß zu und er grüßte zurück. Dabei lachte er: »Gut; ich werde versuchen, mir alles zu merken. Treffen wir uns wieder vor dem Rathaus? In... sagen wir mal, in einer Stunde? Ist dir das recht?«

Flüchtig dachte ich an Onkel Scott. Wenn er gewusst hätte, dass ich meinen ersten freien Nachmittag praktisch mit dem Sohn seines Erzfeindes verbrachte, wäre er bestimmt im Viereck gesprungen. Ich wünschte, er hätte Danny gekannt; dann wäre ihm klar geworden, wie unsinnig seine Ablehnung und seine Vorurteile waren.

»In Ordnung«, sagte ich; und während ich Dannys schmaler, hoch aufgeschossener Gestalt in dem weißen Pullover und den ausgebleichten Jeans nachsah, gingen mir plötzlich die Bruchstücke eines schottischen oder irischen Liedes durch den Sinn, das ich in meinem Leben erst zwei- oder dreimal gehört hatte: »Oh Danny boy, the pipes, the pipes are calling; along the Glen and down the mountainside...«

Ich summte es vor mich hin, während ich weiterging. Langsam kamen mit der schönen alten Melodie auch Teile des Textes zurück. »....but come ye back when summer's in the meadow, or when the valley's hushed and white with snow... Oh, Danny boy, oh, Danny boy, I love you so...«

Das Lied ging mir nicht mehr aus dem Sinn, während ich an *Jings Disco* vorüberkam, mir die Scones und Muffins in *Deas The Bakers Tearoom* betrachtete und in die Schaufenster von *MacDonald's Hardware* sah, wo Porzellan und Gartengeräte friedlich nebeneinander lagen. Der Anblick einer Bratpfanne erinnerte mich an die Küche von *The Laurels;* und ich ging in den Laden und erstand eine kräftige Spülbürste, eine Dose Scheuermittel und ein halbes dutzend Spültücher, was so ungefähr der vernünftigste Einkauf war, den ich je in meinem Leben getätigt hatte.

Nach einer Dreiviertelstunde hatte ich das meiste gesehen, was es in Dingwall zu sehen gab, und kehrte zum Postamt zurück, wo Dannys schwarzes Auto stand. Nessie saß jetzt auf dem Fahrersitz und starrte kummervoll durch die Windschutzscheibe. Als ich näher kam und ins Auto sah, tat er, als würde er mich nicht kennen, fletschte die Zähne und warf sich gegen die Tür, dass das Auto wackelte.

Als ich wieder aus dem Postamt kam, war die Sonne verschwunden. Der kühle Hochlandwind brachte die britische Fahne vor dem schwarz-goldenen Balkongitter des *National Hotel* zum Flattern. Ich fror plötzlich in meiner dünnen Jacke und überlegte, ob ich irgendwo eine Tasse Kaffee trinken sollte.

Noch ehe ich einen Entschluss gefasst hatte, tauchte Danny wieder auf, einen riesigen Karton in den Armen.

»Machst du mir den Kofferraumdeckel auf?«, sagte er hinter dem Karton hervor.

Ich dachte, dass Dingwall ein Ort war, an dem man sich nicht verfehlen, aber auch vor keinem verstecken konnte.

»Deine Gewürze liegen in der Tüte obenauf«, sagte Danny. »Aber das hat Zeit bis später. Hättest du Lust, meine Gitarre mit abzuholen und dann einen Tee mit mir zu trinken? Ich lade dich ein.«

»Ich möchte Kaffee«, sagte ich. »Und zahlen tue ich selbst.«

Als wir die Gitarre abgeholt hatten, begann es zu regnen

und wir flüchteten zu *Deas The Bakers*, der sich als ausgesprochen ungemütliches kleines Lokal mit Selbstbedienung entpuppte. Die Scones und Buns schmeckten jedoch gut und es war schön, mit Danny an einem Tisch in der Ecke zu sitzen, die Gitarre zwischen uns, während draußen der Regen aufs Pflaster platschte.

Ich erzählte, wie ich hierher gekommen war und von meiner Leidenschaft für Pferde. Danny sagte, das könne er gut verstehen.

»Als wir noch Kinder waren, Sheila und ich, hatten wir auch ein Pony«, sagte er. »Ein Highland Pony. Wir sind sogar mit ihm zur Schule geritten. Dumpling hieß er, weil er wie ein kleiner Kloß aussah. Er war unheimlich gutmütig und wir hatten ihn lieber als alles andere auf der Welt. Dann ist er zu klein für uns geworden – oder wir zu groß für ihn. Und als mein Vater starb, musste er verkauft werden.«

»Ehrlich?«, sagte ich erschrocken.

Danny nickte. »Wir wussten damals sowieso nicht, wie wir unseren Hof halten sollten. Vater hat für zwei gearbeitet und Mom hatte nicht das Geld, um als Ersatz für ihn einen Arbeiter anzustellen. Also mussten wir einen Teil des Landes verpachten und die Hälfte unserer Schafe verkaufen.« Dannys Gesicht verdüsterte sich. »Es ist nicht leicht, sich als Farmer oder Schafzüchter durchzubringen, weißt du. Von außen mag's ja romantisch aussehen, aber es ist ein harter Job.«

»Und du?«, fragte ich. »Hast du jetzt den Hof übernommen?«

»Wir machen alles gemeinsam, Mom, Sheila und ich und ein alter Mann, der uns hilft. Ich möchte gern auf die Landwirtschaftsschule gehen und Sheila will nach Aberdeen, um zu studieren, wenn sie mit der Schule fertig ist. Aber im Augenblick sieht es nicht so aus als könnten wir's schaffen...« Er verstummte und starrte auf die Krümel nieder, die auf seinem Teller lagen.

»Wenn ich einen Bauernhof hätte«, sagte ich sehnsüchtig, »würde ich Pferde züchten.«

»Das täte ich auch gern. Aber es ist schwer, davon zu leben, wenn man kein Kapital im Hintergrund hat. Frag deinen Onkel, der kennt sich damit aus.«

»Er bekommt Zuschüsse von Tierschutzorganisationen«, sagte ich.

»Damit allein könnte er auch nicht über die Runden kommen. Er hat eine gute Pension. Das macht die Sache einfach.«

Erstaunt sah ich ihn an. »Woher weißt du das?«

Danny grinste. »Du bist hier auf dem Land, da weiß jeder alles von jedem. Erst heute bin ich dazugekommen, wie der Postie meiner Mutter erzählte, dass jetzt in *The Laurels* eine deutsche Lass wohnt. Sieht der seligen Anne Montrose so ähnlich, als wär's ihr eigenes Kind, hat er gesagt.«

Ich musste lachen. »Und deine Mutter?«, fragte ich. »Wird sie auch böse, wenn sie den Namen Montrose hört?«

»Sie hat immer versucht sich aus dem Streit herauszuhalten«, sagte Danny. »Mom ist ein friedliebender Mensch; und sie und dein Onkel...« Er vollendete den Satz nicht und trank seinen Tee aus. »Jedenfalls hat sie bloß gemeint, es wäre sicher gut für Scott Montrose, dass er nicht mehr so allein in seinem Haus herumsitzt.«

»Mrs. Tweedie findet, er sollte wieder heiraten«, sagte ich. »Aber er scheint nicht besonders begeistert von der Idee zu sein.«

»Die alte Tweedie? Wie kommst du denn mit ihr zurecht? Sie sieht aus wie ein hungriger kleiner Vogel, aber ich glaube, sie hat auch was von einem Drachen an sich.«

»Manchmal versucht sie mich herumzukommandieren«, gab ich vergnügt zu. »Aber das macht sie wohl mit jedem so. Onkel Scott und sie streiten sich ab und zu herum, weil sie so königstreu ist. Mein Onkel behauptet, dass Könige so unnütz sind wie ein Blinddarm, aber leider viel teurer.« Das hatte ich mir gemerkt.

»Da hat er verdammt Recht«, meinte Danny. »Das Geld, das die Engländer in ihr Königshaus stecken, sollten sie besser für was anderes ausgeben. Hast du gewusst, dass in Großbritannien jeden Winter sehr viele Leute praktisch erfrieren, weil sie nicht genug Geld für die Heizung haben und meistens auch unterernährt sind? Wenn man so was hört und dann den Pomp sieht, mit dem sich diese ›high and mighties‹ umgeben, kriegt man doch das große Kotzen!«

Er hatte eine dicke Falte zwischen den Augenbrauen und sah mich so strafend an, als wäre ich die Königinmutter persönlich.

»Vielleicht brauchen die Leute ihr Königshaus«, wandte ich ein. »Es ist für sie eine Art modernes Märchen, für das sie bereit sind zu zahlen.«

»Ich brauche es jedenfalls nicht!«, erklärte Danny. »Ein bisschen mehr Beihilfe für uns Hochlandfarmer wäre mir lieber.«

»Was ich schlimmer finde«, fuhr ich fort, »ist, dass so viel Geld für die Rüstung ausgegeben wird. In England ist das sicher auch nicht besser als in Deutschland. Mit dem Geld könnte man jede Menge Arbeitsplätze schaffen und das soziale Netz ausbauen. Man müsste die Leute nicht mehr in Heime und Gefängnisse stecken, sondern könnte wirklich etwas für sie tun, um ihnen zu helfen. Aber dazu müssten mehr Sozialarbeiter und Psychologen eingesetzt werden. Ach, es gäbe so vieles, was man tun könnte, statt Milliarden für Waffen auszugeben, die nur dazu da sind, die Taschen der Rüstungsindustrie zu füllen und uns eines Tages zu vernichten...«

Das alles brachte ich nur fehlerhaft und mit viel Gestottere heraus. Wieder einmal wünschte ich, mein Englisch wäre besser gewesen. Ich hätte gern viel mehr zu diesem Thema gesagt, doch es war so schrecklich schwierig und mühsam, komplizierte Dinge in einer fremden Sprache auszudrücken.

Danny musterte mich wie ein Wissenschaftler einen Wurm, der plötzlich zu fliegen anfängt. Offenbar hatte er mich für ein harmloses deutsches Gretchen gehalten; eins von den Mädchen, für die Politik ein absolutes Fremdwort ist.

Ein wunderbares Gefühl beginnender Vertrautheit herrschte zwischen uns, das mich von innen her erwärmte, als wir die Tür von *Deas The Bakers* hinter uns schlossen. Es regnete noch immer und ich hielt Dannys Gitarre, während er seinen Pullover auszog, um sie darin einzuwickeln. Er trug nur ein dünnes T-Shirt darunter und schauerte im Wind; und wir rannten die High Street entlang, dass das Wasser um unsere Füße spritzte.

Lachend und nass erreichten wir das alte schwarze Auto, in dem Nessie wartete. Er begrüßte Danny, als hätte er schon nicht mehr damit gerechnet, ihn je im Leben wieder zu sehen. Mich übersah er diesmal völlig.

Während wir heimwärts tuckerten, klarte der Himmel wieder auf und die Regenwolken zogen über den Ben Wyvis davon. Danny setzte mich an der Bushaltestelle ab, wo Tante Annes Fahrrad an einer Kiefer lehnte und erstaunlicherweise wirklich nicht geklaut worden war.

»Hättest du Lust, mit Sheila und mir zu einem Ceilidh zu gehen?«, fragte er, ehe ich die Wagentür öffnen konnte.

»Ein Keili?«, fragte ich, erfreut darüber, dass er mich irgendwohin mitnehmen wollte, ganz gleich, was es auch sein mochte.

»Es heißt Ceilidh.« Er buchstabierte das Wort. »Der Begriff kommt aus dem Gälischen und bedeutet so was Ähnliches wie eine Zusammenkunft mit Musik, manchmal auch mit Tanz. Das Ceilidh findet nächsten Freitag im *Railway Club* in Inverness statt. Ich glaube, es kommen zwei oder drei Gruppen, die schottische Volksmusik machen. Allerdings kostet es zwei Pfund Eintritt.«

In meiner Begeisterung dachte ich nur flüchtig daran, was Onkel Scott wohl dazu sagen würde, wenn ich mit Sheila und Danny ausging. Ich würde ihn belügen müssen und das gefiel mir nicht besonders. Doch zwang er mich nicht praktisch selbst dazu?

»Gern«, sagte ich. »Ich komme gern mit.«

»Gut. Wir würden dich ja abholen, aber...«

Ich schüttelte den Kopf. »Nein, lieber nicht. Es ist besser, wir treffen uns hier.«

»In Ordnung. Dann wartest du nächsten Freitag um sieben an der Bushaltestelle auf uns. Abgemacht?«

»Abgemacht.« Ich sah dem schwarzen Auto nach, wie es hustend und schnaubend die Straße entlangfuhr. Ein heiserer

Hupton erklang wie ein Fanfarenstoß aus einer rostigen Trompete. Ich hob die Hand und winkte.

Erst als ich auf das Fahrrad stieg, dessen Sattel wie ein Baumschwamm mit Nässe voll gesogen war, fiel mir ein, dass ich die Gewürze vergessen hatte. Doch was machte das schon? Ich würde Danny ja wiedersehen – am kommenden Freitag, vielleicht aber auch schon früher, wenn ich mit Dandy an *Braeside* vorüberritt.

Der Hochlandwind rauschte in den Wipfeln der Kiefern und ließ die efeuumwucherten Eichen knarren, die Eiben seufzen; und weil keiner mich hören konnte – höchstens vielleicht ein einsamer, zotteliger Brownie –, sang ich aus vollem Hals mit ihnen: »Oh, Danny boy, the pipes, the pipes are calling...«

Danny Boy

And when ye come and all the flowers are dying,
If I am dead, as dead I well may be,
You'll come and find the place where I am lying,
And kneel an say an Ave there for me.

And I shall hear tho' soft you tread above me,
And all my grave will warmer, sweeter be,
If you will bend and tell me that you love me,
Then I shall sleep in peace until you come to me.

1

Der Postie kam um neun, als wir die Pferde versorgt und einen Schaden am Gatter der Pferdekoppel *Laurels Pasture* repariert hatten. Er brachte einen Brief aus Deutschland von meiner Freundin Annika; doch ich nahm mir nicht Zeit, ihn gleich zu lesen, denn ich hatte an diesem Morgen noch nicht geduscht und gefrühstückt; und die Hunde waren hungrig und wichen nicht von meiner Seite. Obwohl ich erst seit zehn Tagen auf *The Laurels* war, erwarteten sie schon, dass ich ihnen ihr Futter gab, und Rascal, der Terrier, saß jetzt morgens regelmäßig vor meiner Tür und führte einen Freudentanz auf, wenn ich erschien.

»Rascal ist ein Frauenhund«, sagte Onkel Scott. »Als er noch ein Welpe war, hat Anne ihn mit der Flasche aufgezogen. Er hat ihr lange nachgetrauert, als sie starb. Für ihn bist du wohl der lang ersehnte Ersatz für sein verlorenes Frauchen. Außerdem siehst du Anne ähnlich, bewegst dich sogar manchmal wie sie. Das mag der Grund sein, weshalb er dich so rasch ins Herz geschlossen hat.«

Anne war Onkel Scotts Frau gewesen, die Schwester meiner Mutter. Während ich Kaffeewasser aufsetzte, für meinen Onkel Speck und Eier in der Pfanne brutzelte und dann eine Dose mit Hundefutter öffnete, dachte ich, dass es nicht einfach sein würde, wenn ich *The Laurels* nach Ablauf des vereinbarten Jahres verlassen und nach Deutschland zurückkehren musste – für Rascal nicht und ebenso wenig für mich.

Doch ich wollte jetzt noch nicht ans Fortgehen denken; war ich doch erst so kurze Zeit hier und fing gerade erst an, das Leben im schottischen Hochland kennen und lieben zu lernen.

Ins Schmatzen der Hunde hinein hörte ich die Haustür gehen. Onkel Scott, in Arbeitshose, Strickjacke und Gummistiefeln, kam in die Küche, begleitet von MacDuff, dem Kater, der einen schiefen Blick auf die Hunde warf und zu seinem Futternapf stolzierte, hineinsah und dann maunzend davor sitzen blieb.

»Hör auf, dich zu beschweren!«, sagte Onkel Scott. »Du kommst schon nicht zu kurz!« Und er goss Milch in die Katzenschale.

Dann klingelte das Telefon. Ich war froh, dass mein Onkel zu Hause war und das Gespräch entgegennahm. Telefongespräche lösten noch immer ein Gefühl von Prüfungsstress in mir aus. Ich konnte mich zwar mit meinem Schulenglisch inzwischen schon recht gut verständigen – es war fast ein Wunder, wie rasch ich Übung bekam –, doch in einer fremden Sprache zu telefonieren, ohne das Gesicht meines Gesprächspartners dabei zu sehen, kam mir ungleich schwieriger vor als eine normale Unterhaltung; und der schottische Dialekt machte die Sache nicht gerade einfacher.

Der Wasserkessel begann zu pfeifen. MacDuff, der seine Milch ausgeleckt hatte, sprang aufs Fensterbrett und von dort aus in den Holunderbaum, wütend über das schrille Geräusch. Ich brühte den Kaffee auf, stellte die Pfanne beiseite und deckte den Tisch.

Schon stapelte sich wieder ein Berg Geschirr im Spülbecken. Der Boden, den ich erst vergangene Woche geschrubbt hatte, war schmutzig wie eh und je, und ich hatte nicht die blasseste Ahnung, was ich mittags kochen sollte.

»Das war eine Frau aus Dingwall«, sagte Onkel Scott, als er wieder in die Küche kam. »Sie hat meinen Zettel in der Apotheke gelesen und wäre bereit, dreimal wöchentlich herzukommen und sauber zu machen.«

»Prima!«, sagte ich. »Hast du zugesagt?«

»Noch nicht. Ich will sie mir erst ansehen. Vielleicht ist sie geschwätzig; dann scheidet sie schon mal aus. Ich hasse Frauen, die mir pausenlos die Ohren vollschwatzen.« Er setzte sich an den Tisch und goss uns beiden Kaffee ein. »Oder sie ist eine von denen, die hellhörig werden, wenn sie merken, dass ich Witwer bin. Eine, die um mich herumscharwenzelt, mir schöne Augen macht und versucht mich einzuwickeln.«

Lachend bugsierte ich sein Bacon and Egg auf einen Teller und stellte ihn vor ihn hin. »Ja«, sagte er, »du findest das komisch, aber ich hab's erlebt. Nach Annes Tod sind hier ein paar Damen aufgekreuzt, die sich gern bei mir eingenistet hätten. ›Ach, mein lieber Mr. Montrose, ein Mann wie Sie, in den besten Jahren, so ganz allein...‹, und all das übliche Gesäusel.«

An dem düsteren Ausdruck auf seinem knochigen Gesicht und dem Blick seiner durchdringenden grauen Augen merkte ich, dass er die Sache durchaus nicht lustig fand. Deshalb hörte ich auf zu lachen und fragte: »Und was hast du mit ihnen gemacht?«

»Sie vor die Tür gesetzt natürlich.«

Ich stellte mir bildlich vor, wie Onkel Scott eine Dame nach der anderen am Kragen packte, wie eine lästige Katze vom

Sessel hob, vors Haus trug und auf die Vortreppe plumpsen ließ; doch ich gab mir große Mühe, nicht wieder zu kichern.

»Sie wissen, dass ich eine gute Pension habe«, fuhr Onkel Scott finster fort. Sein blonder Schnurrbart, in den sich schon Grau mischte, schien sich zu sträuben wie das Nackenfell eines angriffslustigen Hundes. »Und ein Besitz wie *The Laurels* sticht natürlich so manchem in die Augen.«

»Wär's nicht möglich, dass auch eine dabei war, der du ganz einfach gefallen hast?«, fragte ich, doch er wehrte entrüstet ab. »Ich kenne die Sorte!«, behauptete er. »Das Geld ist's, worauf sie es abgesehen haben, sonst nichts. Aber dazu müssen sie sich einen größeren Esel suchen als mich.«

Ich nickte mit ernstem Gesicht und öffnete das Fenster. Der frische Hochlandwind trug den Geruch von Moor und Heidekraut, das Gewieher der Pferde und das verlorene Kreischen der Möwen zu uns herein. Im Efeu rumorten die Vögel. Sonst war es still; eine Stille, die mir noch immer unbegreiflich schien, denn bis vor zwei Wochen war es mir vorgekommen, als könnte es ein Leben ohne den ständigen Lärm von Autos, Motorrädern, Flugzeugen, nachbarlichen Radios und Kindergeschrei nicht geben.

»Wann kommt sie?«, fragte ich, während Onkel Scott raschelnd seine Zeitung auseinanderfaltete.

»Wer?«

Ich wusste nicht, was Putzfrau auf Englisch heißt. »Die Frau, die hier sauber machen soll.«

»Oh, Mrs. MacGillicuddy? Heute Nachmittag.«

Ich zog Annikas Brief aus der Hosentasche und öffnete den Umschlag mit einem Messer. Es waren fünf inzwischen schon ziemlich zerknitterte Seiten, übersät mit wildem Gekritzel.

»Du ekelhafter alter Glückspilz!«, war die freundliche Anrede. »Ich habe eine Neidallergie, seit dein Brief hier angekommen ist (übrigens viel zu spät; du hast versprochen, gleich am ERSTEN TAG zu schreiben!!!). Lauter rote Pickel auf gelbem Grund (im Gesicht). Es ist schon eine ätzende Ungerechtigkeit, dass manche Leute Verwandte mit riesigen Gütern in Schottland haben, wo Pferde und Hunde, recht ordentliche Onkel und ein gewisser Danny herumlaufen, während andere in stinkigen Großstädten ihr Leben fristen, in der Dunkelkammer eines Fotografen schmachten müssen und froh sein dürfen, wenn sie zusehen können, wie frisch verheiratete Paare vor dem Fotoapparat sitzen und sich lieblich lächelnd in die Augen blicken.« (Annika liebte lange, möglichst verschachtelte Sätze.) »Pfui Geier, kann ich da bloss sagen... Du schreibst ja recht wenig über Danny, den rotblonden Highlander, was ich übel vermerkt habe; aber schließlich bin ich nicht auf den Kopf gefallen und kann zwischen den Zeilen lesen. Im nächsten Brief erwarte ich eine gewissenhafte Berichterstattung, nicht bloß eineinhalb popelige Seiten! Oder noch besser: Ruf mich doch mal abends an, wenn's dein Geiz erlaubt! Du verdienst schließlich mehr als ich armes zurückgebliebenes Würstchen – zurückgeblieben im wahrsten Sinn des Wortes...«

In dieser Art ging es weiter. Ich kicherte ein paar Mal vor mich hin, worauf Onkel Scott den *Scotsman* sinken ließ und mich forschend ansah.

»Meine Freundin hat geschrieben«, erklärte ich.

»Sie scheint Humor zu haben.«

»Ja, den hat sie allerdings«, sagte ich; doch ich verschwieg, dass Annika sich auch über die seltsame Familienfehde zwischen ihm und den benachbarten MacClintocks lustig machte und mich aufforderte, auf *The Laurels* nach geheimen Wandschränken zu suchen, falls irgendwo das Skelett eines unglückseligen Abkömmlings der MacClintocks steckte und vor sich hinmoderte.

»Die Highland-Clans waren immer blutrünstig«, behauptete Annika. »Das weiß man ja aus dem Geschichtsunterricht. Sie haben sich gegenseitig verraten und niedergemetzelt...« Das Wort »gemetzelt« war mit Großbuchstaben geschrieben.

Ich dachte, dass ich auf *The Laurels* wohl kaum etwas anderes als Mäuseskelette und vergammelte Socken finden würde, falls ich mich auf die Suche machte. Dann stürzte ich mich auf den Abwasch, während Onkel Scott eine Einkaufsliste aufstellte und sich von mir diktieren ließ, welche Lebensmittel wir brauchten. Es fehlte praktisch an allem – angefangen bei Reis, Salz, Nudeln und Mehl bis zu Gemüse, Butter, Essig und Öl, Eiern, Brot und Milch. Im Augenblick hatten wir eigentlich kaum mehr als ein paar Kartoffeln und Zwiebeln im Haus und im Kühlschrank lag noch ein einsames Ei. Auch Gewürze fehlten, doch davon erwähnte ich nichts. Sie lagen bei Danny MacClintock im Auto und spätestens am Freitag würde ich sie von ihm bekommen.

Noch waren ungespülte Töpfe und Pfannen im Spülbecken, als ich hörte, wie Onkel Scott den Rover aus der Garage fuhr. In Gedanken war ich bei Danny, dem Nachbarssohn, und der seltsamen Feindschaft, die zwischen seiner Familie und meinem Onkel herrschte. Es hatte mit alten Grundstücksrechten zu tun, aber auch mit neueren Streitigkeiten, deren Ursprung und Hintergrund ich noch nicht kannte; und ich hätte die ganze Sache sicher komisch und verstaubt gefunden, wenn Danny und seine Schwester Sheila nicht gewesen wären.

Ich ließ frisches Spülwasser ein. Danny und Sheila – ich hatte die beiden wenige Tage nach meiner Ankunft bei einem Ausritt kennen gelernt und auf Anhieb gemocht; doch Onkel Scott wünschte nicht, dass ich mit einem Mitglied der Familie MacClintock verkehrte. Und obwohl ich nicht bereit war, mich in diese alberne Clanfehde hineinziehen zu lassen, wollte ich es doch auch nicht mit meinem Onkel verderben. Immerhin hatte er mir die Chance gegeben, ein Jahr lang bei ihm zu arbeiten und in seinem Haus zu wohnen.

Das bedeutete, dass ich vorsichtig und diplomatisch vorgehen musste, wenn ich mich mit Danny und Sheila traf. Am Freitagabend wollten sie mich auf einen Ceilidh mitnehmen, eine Art Volksmusiktreffen; und ich wusste noch immer nicht, wie ich es meinem Onkel beibringen sollte.

Doch Annika hatte mir eingeschärft, Probleme an mich herankommen zu lassen, mir keine Sorgen zu machen und darauf zu vertrauen, dass sich alles wie von selbst ordnen würde.

Im Augenblick war schon das Mittagessen ein Problem für mich. Mrs. Tweedie, Onkel Scotts alte Haushaltshilfe, war gestern hier gewesen, was bedeutete, dass sie heute nicht kommen würde. Das war einesteils erfreulich, weil ich ihre seltsamen »Spezialitäten« nicht zu essen brauchte; andererseits aber blieb das Kochen mir überlassen und damit hatte ich nach wie vor gewisse Probleme.

Schließlich fasste ich den Entschluss, Kartoffelpuffer zu machen – »Reiberdatschi«, wie wir das in Bayern nennen –

und suchte im Küchenschrank fieberhaft nach einem Rest Mehl. In meine Suche hinein klingelte das Telefon. Es war eine Mrs. Muir, die sich in breiter schottischer Mundart nach der Putzstelle erkundigte und wissen wollte, wie groß das Haus sei und ob es noch weitere Bedienstete gäbe.

»I dunno want no dogs«, verkündete sie mit ihrer Feldwebelstimme. »Make a lot of dirrt, that's what they do!«

Das entschied die Sache. Ich erklärte in kühlem Ton und in meinem besten Englisch, dass wir nicht nur zwei Hunde, sondern auch eine Katze im Haus und einunddreißig Pferde hätten; und sie schmetterte den Hörer auf die Gabel, ohne ein weiteres Wort zu erwidern.

Kaum hatte ich aufgelegt, da klingelte das Telefon schon wieder. Seufzend drehte ich mich um und nahm ab. Sicher, so dachte ich, war das wieder irgendeine Mrs. Mac, die sich erkundigte, ob wir Kinder, Hunde, Katzen oder einen Butler im Haus hätten; doch so war es nicht.

»Hallo, Laurie!«, sagte eine sanfte Stimme; und auch diesmal vollführte mein Herz einen überraschenden, ziemlich beunruhigenden Purzelbaum.

Ich holte tief Luft. »Danny!«, sagte ich. »Bist du das?«

»Höchstpersönlich. Da staunst du, was?«

Allerdings staunte ich. »Dass du dich traust, hier anzurufen! Wenn jetzt mein Onkel am Apparat gewesen wäre?«

»Dann hätte ich einfach nach dir verlangt. Schließlich kennt er meine Stimme nicht.« Er lachte leise. »Außerdem weiß ich, dass die Katze aus dem Haus ist. Ich bin ihm nämlich auf der Strecke nach Dingwall begegnet. Er fuhr gerade in die Stadt und ich war auf dem Heimweg.«

»Aha«, sagte ich nicht besonders scharfsinnig.

Ein kurzes Schweigen entstand. Dann sagte er: »Du hast was in unserem Auto vergessen.«

»Die Gewürze, ja. Hab ich schon bemerkt.«

»Warum bist du dann nicht gekommen, um sie dir zu holen? Wir sind schließlich Nachbarn.«

»Ich?«, sagte ich mit einem Kiekser in der Stimme. »Ich soll zu euch kommen? Damit deine Mutter mich rauswirft?«

Danny erwiderte: »Blödsinn. So was würde sie nie tun. Mom ist nicht so verbohrt. Sie hat sich aus diesem Streit immer herausgehalten; jedenfalls so gut es ging.«

Wieder schwiegen wir. Es wurde langsam peinlich. Mein Herz klopfte noch immer rascher als sonst; wahrscheinlich kam das von dem Purzelbaum. Weil ich nicht so recht wusste, was ich sagen sollte, fragte ich: »Bleibt's bei Freitag?«

»Sicher. Aber was ist mit den Gewürzen? Wir könnten uns treffen. An der Grenze, die zwischen unseren Grundstücken verläuft. Das wäre doch passend, nicht?«

Ich musste lachen. »Mm, allerdings.« Dann fiel mir etwas ein. Ich hatte die Gewürze ja noch nicht einmal bezahlt! Rasch sagte ich: »Ich bringe das Geld mit. Treffen wir uns in der Nähe der Pforte zwischen euren Schafweiden?«

»In Ordnung. Wann?«

»In einer halben Stunde.«

Ich war ein bisschen zittrig, als ich auflegte. Während ich noch darüber nachdachte, dass mir so etwas selten passiert und dass ich heute offenbar meinen nervösen Tag hatte, schallte der Türklopfer durchs Haus. Ich ging zur Tür und öffnete. Draußen stand ein kleines, rothaariges Männchen mit Segelfliegerohren und viel zu großen Händen. Rascal, der bei mir zurückgeblieben war, begrüßte ihn freundlich.

Der Mann sagte, er wäre der Hufschmied und hätte Onkel Scott versprochen, so bald wie möglich vorbeizuschauen, um einem unserer Pferde einen Spezialbeschlag zu verpassen.

Davon hatte Onkel Scott mir nichts gesagt. Ich ahnte nicht, welches der Pferde einen Spezialbeschlag brauchte. Belle vielleicht? Doch sie hatte die Strahlfäule; ich war nicht sicher, ob sie überhaupt beschlagen werden durfte.

»Mein Onkel ist nach Dingwall gefahren«, sagte ich unschlüssig. Dann fiel mir Allan ein, der Pferdepfleger. Er musste es wissen; Allan kannte sich mit allem aus, was die Pferde betraf.

Während der Hufschmied sein Werkzeug aus dem Wagen holte, schlüpfte ich in meine Gummistiefel und lief ums Haus, um Allan zu suchen. Rascal rannte bellend hinter mir drein. Ich hatte es eilig, da ich noch duschen und mich umziehen wollte, ehe ich Danny traf. Sicher roch ich wie eine Schubkarre voller Pferdemist; und Dandy, der graue Wallach, hatte bei der Morgenfütterung seinen Kopf an mir gerieben und einen Schmutzstreifen auf meinem Pullover hinterlassen.

Der Stall war leer, ebenso die Sattelkammer. Auch im Schuppen, in dem die Futterkammer untergebracht war, fand ich Allan nicht. Der Hufschmied tauchte auf dem Stallhof auf und ich rannte zu *Laurels Pasture* hinüber; doch Siebenschön und Myrddin, unsere beiden schwierigen Neulinge, standen allein unter der Eiche und beobachteten mich misstrauisch, als wäre ich der Hauptmann einer Räuberbande.

Ich schrie: »Allan! Allan!«, so laut ich konnte und drüben auf *Brooks Pasture* hoben die Pferde die Köpfe und lauschten; ein Eichelhäher erhob sich kreischend aus einem Baum und flatterte davon, und vom Heathery Hill kam der Widerhall: »Allan! Allan!«, während Rascal aufgeregt bellte und an mir hochsprang.

Doch Allan tauchte nicht auf; wahrscheinlich, so dachte ich, versteckte er sich irgendwo, nur um mir eins auszuwischen. Natürlich war dieser Verdacht unsinnig, denn schließlich konnte er nicht ahnen, dass ich es eilig hatte, weil Danny vom benachbarten *Braeside* mich in einer Viertelstunde erwartete und weil ich weder geduscht hatte noch umgezogen war.

Ich raste mit Rascal den Pfad zwischen den Mäuerchen entlang, die die Koppeln säumten, und schnaufte heftig vor Zorn und Ungeduld. Allein die Tatsache, dass ich es war, die ihn rief, konnte Allan veranlasst haben, sich zu verkrümeln; denn er mochte mich nicht und hielt es vermutlich für unter seiner Würde, auf etwas zu reagieren, was von mir kam.

Dandy und Bonnie, das schwarze Shetlandpony, kamen herbeigaloppiert; ihre Mähnen und Schweife flatterten wie Gischtfontänen im Wind. Ich kletterte auf das Mäuerchen, um einen besseren Ausblick zu haben, und Dandy drückte seine Nase gegen meine Brust. Sein Atem kam pfeifend, obwohl er nur eine kurze Strecke zurückgelegt hatte, und ich streichelte ihn und sagte: »Du darfst dich nicht so anstrengen, mein Kerlchen; du weißt doch, dass du die Hartschnaufigkeit hast...« Dabei spähte ich über die Koppel mit den Farnkrautbüscheln, dem Heidekraut, das gerade zu blühen begann, und den moosbewachsenen Steinen.

Die Pferde standen an der Salzlecke und am Bach; Allan aber war nirgends zu sehen. Ich fluchte leise vor mich hin, während Dandy versuchte, einen Holzknopf an meinem Pullover zu verspeisen.

Als ich vom Mäuerchen sprang, schürfte ich mir das Schienbein auf, doch ich merkte es kaum. Ich sah auf die Uhr. Noch sieben Minuten bis zur verabredeten Zeit! Wieder schrie ich: »Allan, Allan!!« und hätte am liebsten ein paar Schimpfnamen hinzugefügt. Rascal drehte fast durch; kläffend sprang er an mir hoch und ich rannte zum Stallhof zurück, atemlos und wütend wie ein gereizter Truthahn, und entdeckte dort Allan, wie er sich seelenruhig mit dem Hufschmied unterhielt.

Der Hufschmied nickte mir freundlich zu, als ich keuchend angetrabt kam, Allan aber tat, als wäre ich Luft. Ich hätte ihm am liebsten einen Tritt versetzt und beschloss, ihn von jetzt an mit totaler Verachtung zu strafen, stolzierte wortlos an ihm vorbei, streckte die Nase in die Luft und versuchte mir vorzustellen, wie er von Kannibalen in einen Kessel gesteckt, mit Salz und Curry bestreut und in siedendem Wasser gar gekocht wurde. Die Vorstellung war recht angenehm und trug dazu bei, meine Stimmung rasch wieder zu bessern.

Im Haus stellte ich fest, dass ich noch genau zwei Minuten Zeit hatte. Also zerrte ich mir nur den schmutzigen Pullover über den Kopf, streifte einen sauberen über, fuhr mit der Bürste über mein zerzaustes Haar und stürmte wieder nach unten.

Das Telefon klingelte, aber ich kümmerte mich nicht darum. Erst als ich schon beim Wintergarten war, entdeckte ich, dass Rascal mir folgte; da musste ich noch einmal umkehren und ihn ins Haus bringen, für den Fall dass Danny seinen Hund Nessie bei sich hatte.

Vom Haus brauchte man ganze zwanzig Minuten bis zur westlichen Grundstücksgrenze, wenn man sich beeilte; so groß war *The Laurels*. Eine ganze Wohnsiedlung hätte darauf Platz gehabt oder ein mittlerer Stadtpark. Onkel Scott war kein vermögender Mann, doch sein Landbesitz erschien mir wie ein unerhörter Reichtum, der sich mit einem dicken Bankguthaben oder einem Safe voller Schmuck nicht vergleichen ließ; Geld, Gold oder Edelsteine kamen mir armselig vor, verglichen mit dem Besitz von Wäldern, Wiesen, Bächen und Berghängen, wo Pferde und Schafe weiden, Blumen blühen, Vögel nisten und Kaninchen ihre Gänge graben können. Das war ein Stück vom Paradies, schöner und kostbarer als die englischen Kronjuwelen.

Ich hörte die klingenden Schläge eines Hammers auf Eisen und sah den Hufschmied und Allan mit Primrose beim Schuppen stehen. Der Weg zwischen den Koppeln war aufgeweicht, gemustert von Hufabdrücken. Eine kleine Gruppe von Pferden stand unter den Bäumen und döste mit hängenden Köpfen. Sie hatten sich im Schlamm am Bachufer gewälzt und sahen aus wie Erdschweine. Wie sie da standen, träge und vor Schmutz starrend, hätte man fast Mitleid mit ihnen bekommen können; doch ich wusste, dass sie sich in diesem Zustand wohler fühlten als so manches Pferd, das auf Hochglanz gebürstet in seiner Box steht, die Mähne verzogen, die Hufe eingefettet, den Schweif in Zöpfe geflochten.

»Pferde fühlen sich wohl, wenn sie so richtig schmutzig sind«, hatte Onkel Scott vor kurzem gesagt. »Dass sie sich in Sand oder Schlamm wälzen, ist ein Naturinstinkt; es ist gut für ihr Fell. Nur wir Menschen glauben, einem sauber gestriegelten Pferd müsste besonders wohl in seiner Haut sein. Wir neigen dazu, den Tieren unsere Gefühle und Bedürfnisse – die ja auch meist anerzogen sind – unterzuschieben.«

Dandy wartete am Mäuerchen und sah mir mit gespitzten Ohren entgegen. Er dachte wohl, ich käme, um mit ihm auszureiten. Bis zum Ende der Mauer und weiter am Zaun entlang lief er mit und schnaubte, als wäre das ein interessantes neues Spiel, wie ich da mit fliegenden Haaren über den Pfad rannte, ohne das Gatter zu öffnen und zu ihm zu kommen.

Als er jedoch die Grenze der Koppel erreicht hatte und mir nicht weiter folgen konnte, sondern zusehen musste, wie ich über den Zauntritt neben der Pforte stieg, wieherte er entrüstet hinter mir her.

»Ich reite nachmittags mit dir!«, rief ich über die Schulter zurück und dachte, dass mein Herz nur deshalb so heftig klopfte, weil ich in der vergangenen halben Stunde pausenlos von einem Ort zum anderen gehetzt war. Vielleicht hatte Danny sich längst wieder auf den Heimweg gemacht, denn es war fünfundzwanzig Minuten über der vereinbarten Zeit. Er konnte ja nicht ahnen, dass sich alles gegen mich verschworen hatte; womöglich nahm er an, dass Onkel Scott vorzeitig aus Dingwall zurückgekommen war und ich es nicht geschafft hatte, heimlich das Haus zu verlassen.

Doch er war noch da. Ich sah ihn, als ich die Hecke aus Rotdorn und Brombeerbüschen umrundet hatte. Er saß auf dem Zaun am Wegrand und sah mir entgegen.

»Tut mir Leid, dass ich so spät komme«, sagte ich atemlos. »Der Hufschmied war da und ich konnte Allan nicht finden... und dann musste ich noch Rascal ins Haus bringen, weil ich dachte, du hast Nessie mitgebracht!«

»Schon gut«, sagte er. »Macht nichts. Hauptsache, du bist gekommen und er hat dich nicht in den Keller gesperrt.« (Damit meinte er wohl Onkel Scott.) »Ich habe Nessie nicht mitgenommen. Ich dachte, du hast einen von euren Hunden dabei!«

Wir lachten und ich schwang mich auf den Zaunbalken und ließ mich neben ihm nieder. Er trug wieder seinen naturweißen Pulli mit dem irischen Muster, doch inzwischen hatte jemand Lederflecke auf die Ellbogen genäht. In seinen Augen, die goldbraun wie Moorwasser waren, spiegelte sich der Himmel, und seine Haare waren zerzaust, als wäre er mit dem Kopf voran durch eine Dornenhecke gekrochen.

Es roch nach Heidekraut, den Kiefern des nahen Wäldchens, nach Thymian und Schafen. Über dem Ben Wyvis türmte sich lavendelfarbenes Wolkengebirge. Plötzlich überfiel mich wieder diese alberne Befangenheit, die ich nur in Dannys Gegenwart kannte. Vielleicht ging es ihm ähnlich, denn auch er schwieg und spähte über die Weide hinüber zu den Schafen, als wollte er nachprüfen, ob die Herde noch vollzählig war.

Die Vertrautheit, die wir nach unserem ersten langen Gespräch bei *Deas The Bakers* in Dingwall verspürt hatten, war verflogen; und ich fragte mich, ob ich sie vielleicht nur geträumt hatte.

Plötzlich zog Danny aus der einen Hosentasche zwei Päckchen und aus der anderen drei und gab sie mir.

»Curry und Petersilie, Zimt, Kümmel und Paprika«, sagte er. »Klingt fast wie das Lied von Simon und Garfunkel: ›Are you going to Scarborough Fair‹. Kennst du es?«

Ich nickte. »Aus dem Film *Reifeprüfung*, ja.« Ich nannte den deutschen Titel, weil ich den englischen nicht kannte, und er wiederholte vorsichtig und mit komischer Betonung: »Reifeprüfung? Was heißt das?«

Ich versuchte es ihm zu erklären, doch dann fiel mir etwas anderes ein. »Allmächtiger!« sagte ich und starrte auf die zerdrückten Gewürztüten nieder. »Jetzt hab ich das Geld vergessen!«

»Ich werd's überleben«, erwiderte Danny. »Du kannst es mir dann am Freitag geben. Du kommst doch mit? Oder hast du es dir inzwischen anders überlegt?«

»Hab ich nicht. Es ist bloß...«

Wir sahen uns an. »Du weißt nicht, wie du's dem alten MacMonster beibringen sollst, wie?«

»Exakt«, sagte ich. »Und nenn ihn nicht MacMonster!«

»Tut mir Leid, aber das ist alte Gewohnheit. Wir nennen ihn immer so, meine Schwester und ich.«

Ich sagte, ich fände das übel. »Es zeigt, dass ihr im Grunde die gleichen Vorurteile habt wie euer Vater und Großvater. Dabei kennt ihr Onkel Scott überhaupt nicht.«

Dannys Gesicht hatte sich verdüstert. »Wir wissen so einiges über ihn«, behauptete er. »Er hat sich meiner Familie gegenüber nicht immer gerade fein benommen, das kann ich dir sagen. Ehrlich, Laurie – ich hasse ihn nicht, aber lieben tu ich ihn auch nicht gerade.«

»Hat sich deine Familie meinem Onkel gegenüber immer fein benommen, wie du das nennst?«

Er spähte zu den Schafen, die über die Moorwiesen und den Heathery Hill streiften und in der Ferne zu weißen, beweglichen Watteflocken wurden. Wie ich Danny einschätzte, gehörte er zu den Menschen, die immer ehrlich sind, auch wenn es bequemer wäre zu schwindeln, und ich hatte mich nicht getäuscht; denn nach kurzem Schweigen murmelte er: »Wahrscheinlich nicht.«

»Dann wird's höchste Zeit, dass jemand mit den Unfeinheiten aufhört.«

Sein Gesicht war nun wieder entspannt, seine Augen lächelten. »Es gibt ja jetzt sowieso keinen offenen Streit mehr zwischen ihm und uns«, sagte er. »Nur eben diese alte, verhärtete Feindseligkeit. Aber ich kann mir nicht vorstellen, dass dein Onkel bereit wäre, die alten Vorurteile aufzugeben und wieder in normaler Nachbarschaft mit uns zu leben.«

»Warum eigentlich nicht? Ich glaube jedenfalls nicht, dass es ihm Spaß macht, mit euch verfeindet zu sein.«

»Vielleicht doch«, beharrte Danny. »Es gibt da noch eine ganz persönliche Geschichte zwischen ihm und meiner Mutter – oder zwischen ihm und meinem Vater, wie man's nimmt. So furchtbar lange liegt das noch nicht zurück und ich wette, er hat das nicht vergessen.«

Mit plötzlicher Ungeduld sprang er vom Zaun und streckte mir die Hand entgegen. »Komm, lass uns ein bisschen gehen. Oder musst du schon wieder zurück?«

Ich verneinte und steckte die Gewürztüten in meine Hosentaschen. Dann nahm ich seine Hand. Ihr Druck war fest und kühl und er löste seinen Griff sofort wieder, als ich neben ihm auf dem Weg stand, fast als fürchtete er, ich könnte ihn für zudringlich halten.

»Was war das für eine Geschichte?«, fragte ich.

»Hat er's dir noch immer nicht erzählt?«

»Kein Wort.« Langsam begann mir die Geheimniskrämerei auf den Geist zu gehen. »Warum sagst du es mir nicht?«

Danny warf mir einen Seitenblick zu. »Weil ich finde, dass er es dir sagen sollte, falls es überhaupt einer tut.«

Ich seufzte. Von *Braeside* her klang Nessies heiseres Gebell zu uns herüber. »Also«, fragte Danny, die Hände in den Hosentaschen, sein Ellbogen mit dem Lederfleck dicht neben meinem Oberarm. »Was willst du ihm sagen?«

Ich verstand ihn nicht gleich. »Ich ihm?«

»Wegen übermorgen.«

»Ach so.« Darüber hatte ich in den letzten Tagen schon mehrmals nachgedacht und war zu dem Schluss gekommen, dass es am besten war, die Wahrheit zu sagen, wenn auch nur die halbe. »Dass ich zu einem Ceilidh nach Inverness fahre.«

»Ganz allein? Ob er das so einfach schluckt?«

»Wahrscheinlich nicht«, sagte ich. Dabei fragte ich mich, warum Erwachsene immer so kompliziert sein mussten. Manchmal legten sie es förmlich darauf an, dass man sie belog; sie ließen einem praktisch keine andere Wahl.

Danny stapfte mit seinen Gummistiefeln durch eine Pfütze. Vermutlich kam man in diesem Land die Hälfte des Jahres nicht aus den Gummistiefeln heraus. Sein Arm berührte den meinen.

»Wenn er dich fragt, woher du von dem Ceilidh weißt, sag, du hättest die Ankündigung auf einem Plakat in Dingwall gelesen, auf der High Street«, riet er mir und schleuderte mit ungeduldiger Kopfbewegung eine Haarsträhne aus der Stirn. »Kann auch sein, dass er auf die Idee kommt, dich nachts in Inverness abzuholen oder zumindest vom Bus in Dingwall. Dann müssten wir dich eben absetzen.«

»Ich glaube nicht, dass er das tut«, sagte ich.

Wir kamen zum Wäldchen, und als hätten wir damit eine unsichtbare Grenze erreicht, blieben wir beide stehen. »Ich glaube, ich muss jetzt wieder zurück«, sagte ich zögernd.

»Onkel Scott kann jeden Augenblick nach Hause kommen und ich wollte zu Mittag kochen.«

Unschlüssig sahen wir uns an. Auf Dannys Nase, die ziemlich schmal und spitz war, stachen die Sommersprossen hervor wie Butterblumen auf einer Wiese. Auf der Stirn hatte er einen Schmutzstreifen. Er hob die Hand, strich mir flüchtig mit dem Zeigefinger über die Wange und sagte: »Du hast Schmutz im Gesicht. Hat dich ein Pferd geküsst?«

»So ungefähr. Aber schau selbst mal in den Spiegel, wenn du zu Hause bist.«

Er lachte. »Das brauche ich nicht. Ich sehe immer wie ein Albino-Maulwurf aus, der sich gerade aus einem Erdloch schaufelt. Damit hab ich mich längst abgefunden.«

»Ich mag Maulwürfe«, sagte ich.

Sein Lächeln vertiefte sich und erhellte seine Augen. »Und ich mag Stonechats. Du hast Augen wie ein Stonechat, weißt du das?«

»Ein Stonechat?«, wiederholte ich misstrauisch. »Was ist das? Irgendeine Kröte vielleicht?«

Er schüttelte den Kopf. »Stonechats sind kleine Vögel mit schwarzem Kopf und glänzenden dunklen Augen. Sie machen Geräusche, als würde man Steine gegeneinander schlagen, und sind mit dem Robin verwandt, einem rundlichen kleinen Vogel mit roter Brust, der gern in der Nähe von Menschen lebt.«

»Ach, du meinst ein Rotkehlchen?«

Aber natürlich wusste Danny nicht, was ein Rotkehlchen ist, und konnte mir keine Antwort auf diese Frage geben. Ich beschloss, im Wörterbuch nachzusehen, was ein Stonechat ist, sobald ich wieder auf *The Laurels* war. Doch immerhin –

mit einem Vogel verglichen zu werden, der offensichtlich mit einem so hübschen Tier wie dem Rotkehlchen verwandt ist, gefiel mir; vor allem wenn ich daran dachte, dass mein Bruder gern behauptete, ich hätte einen Augenaufschlag wie eine gebratene Kirchweihgans.

Die Lerchen sangen und schwirrten wie in einem Taumel von Glück über den Weiden, als ich den Weg zur Pforte zurückging. Vielleicht waren sie so selig, weil sie hier in der Nähe von Pferden und Schafen reiche Beute an Insekten machten, vielleicht aber auch aus purer Lust an diesem Hochlandsommertag mit dem Licht und Schatten auf den Hügeln, den Wolkengebirgen am Horizont und dem verwehten Blöken der Schafe; den Bächen und Tümpeln auf den Moorwiesen, in denen sich der Himmel spiegelte, und dem Wind in den Bäumen und Hecken, wo Robins und vielleicht auch Stonechats im dornigen Gezweig herumhuschten und Geräusche machten, als würden Steine gegeneinander geschlagen.

2

Onkel Scott war zurückgekommen, aber er fragte nicht, wo ich gewesen sei; er stand vor dem Haus und verhandelte mit dem Hufschmied. Es war fast halb eins und ich hatte noch nichts fürs Mittagessen vorbereitet. Doch als ich in die Küche kam, stand da »ein bucklig Männlein« in Form von Mrs. Tweedie, Onkel Scotts alter Haushaltshilfe, und fuhrwerkte am Herd herum.

An der Art, wie sie dort hantierte und mit den Topfdeckeln schlug, als wären es Pauken, konnte ein Blinder erkennen, dass sie zornig war. Ich überlegte sekundenlang, ob ich umkehren und den Rückzug antreten sollte; doch Rascal und Dart verrieten mich mit ihrer lärmenden Begrüßung.

Mrs. Tweedie drehte sich um und sah mich an der Tür stehen. Ihre Augen funkelten kriegerisch.

»Er traut sich wohl nicht ins Haus, wie? Schämt sich, einer alten Frau wie mir unter die Augen zu treten, nehme ich an? Ja, Undank ist der Welt Lohn, das hat schon meine Granny selig immer gesagt und ich dumme alte Person hätte es wissen müssen! Du steckst wohl auch mit in der Verschwörung, möchte ich meinen! Hast Angst, du könntest dir hier die Hände schmutzig machen, was?«

Einen Augenblick lang starrte ich sie entgeistert an; dann begriff ich es. Irgendeine Mrs. Mac musste während meiner und Onkel Scotts Abwesenheit angerufen haben und Mrs. Tweedie war ans Telefon gegangen. Offenbar hatte Onkel Scott auch vergessen, die alte Frau schonend darauf vorzubereiten, dass er eine zusätzliche Haushaltshilfe suchte. Ich ahnte, wie unangenehm ihm der Gedanke war, es ihr sagen zu müssen; so hatte er das Geständnis wohl ganz einfach von einem Tag auf den anderen verschoben.

Ich tat den Mund auf, um irgendetwas zu sagen – was wusste ich nicht genau – doch sie kam mir zuvor. »Dann bin ich ja wohl jetzt hier überflüssig, nicht wahr? Man kriegt einfach so mir nichts dir nichts den Stuhl vor die Tür gesetzt, wird zum alten Eisen geworfen wie ein Huhn, das nicht mehr genügend Eier legt und im Suppentopf landet, ehe es sich versieht. Das ist der Dank für all die Jahre...«

Die Türklinke bewegte sich unter meiner Hand. Ich ließ sie los und Onkel Scott trat in die Küche. Ein Blick auf sein Gesicht verriet mir, dass er den letzten Teil von Mrs. Tweedies Anklage mit angehört hatte und wusste, worum es ging. Er sah betreten aus wie ein Schuljunge, der wegen eines Vergehens vor den Rektor zitiert wird.

Sie musterte ihn von oben bis unten und schnappte: »Also, was hast du mir zu sagen? Wirklich, ich hätte das nie und nimmer von dir gedacht! Eine Schande und ein Spott ist's und himmelschreiender Undank dazu, so wahr ich hier stehe! Wenn das deine Mutter erlebt hätte!«

Er begann in schuldbewusstem Tonfall zu erklären: »Wirklich, Tweedie, das ist alles nur ein dummes Missverständnis... Es tut mir Leid, ich hätte es dir rechtzeitig sagen sollen, aber du weißt ja, wie viel ich um die Ohren habe...«

Sie schnaubte abfällig. Es war irgendwie komisch, den großen Mann vor der hutzeligen alten Frau stehen zu sehen, beschämt und Entschuldigungen stammelnd. Er begann zu erklären, wie er auf die Idee gekommen war, für zweimal wöchentlich eine zusätzliche Haushaltshilfe zu suchen, da er weder ihr noch mir die ganze Hausarbeit zumuten wolle; und dass er deswegen keineswegs auf sie verzichten könne.

»Du gehörst doch zum Haus, Tweedie; ich wüsste gar nicht, was ich ohne dich anfangen würde!«, versicherte er in besänftigendem Ton. »Aber die grobe Arbeit kannst du nicht mehr machen, das weißt du so gut wie ich, und Laurie ist ja eigentlich hier, um mit den Pferden zu arbeiten...«

Ich ging zum Herd und zog die Pfanne beiseite, auf der die Überreste einer Mahlzeit rauchten und bis zur Unkenntlichkeit verbrutzelt waren.

»Na, da bin ich ja gespannt, was du dir da ins Haus holst, Scott Montrose!«, erklärte die alte Dame. Ihre Miene war unheilschwanger wie die einer weissagenden Kassandra, die vor dem Heranziehen kriegerischer Heere warnt. Doch ich merkte, sie war wieder etwas versöhnt und die schlimmsten Wogen hatten sich geglättet.

Ich fütterte die Hunde und MacDuff, der vom Holunderbaum durchs offene Fenster hereinsprang, heftig maunzte und einen Slalom um meine Beine vollführte, bis ich fast über ihn stolperte.

Mrs. Tweedie verkündete erneut ihre Ansicht, dass eine Frau ins Haus gehöre, möglichst eine wie Mrs. Montrose selig, womit sie wohl Onkel Scotts Mutter meinte, nicht meine Tante Anne; alles andere sei dummes Zeug und führe zu nichts. Daraufhin verschwand Onkel Scott eilig und tauchte auch nicht wieder auf, als wir ihn zu einem rasch improvisierten Imbiss aus Tee, Käse und Brot riefen.

»Er hört das nicht gern«, sagte ich zu Mrs. Tweedie. »Dass er eine Frau braucht, meine ich. Damit ärgern Sie ihn bloß.«

»Die Wahrheit hört man selten gern«, erwiderte sie philosophisch. »Er verträgt es deshalb so schlecht, weil er weiß, dass ich Recht habe.«

Ich sagte nichts mehr, doch ich dachte bei mir, dass Onkel Scott offenkundig wirklich keine Lust hatte, wieder zu heiraten und dass man das respektieren musste. Doch es war so mühsam, derart komplizierte Dinge in einer fremden Sprache zu formulieren; und überhaupt gehörte Mrs. Tweedie zu der Sorte von Menschen, die sich von einer einmal gefassten Meinung nicht so schnell wieder abbringen lassen, selbst wenn man mit Engelszungen auf sie einredet.

Ich hatte nachgesehen – ein Stonechat ist ein Schwarzkehlchen. Der Vergleich gefiel mir; wahrscheinlich hatte ihn Danny wegen meiner runden braunen Augen und meiner goldbraunen Haare gewählt.

Nachmittags ritten Onkel Scott und ich mit Tullamore und Dandy über die Schafweiden zum Fuß der Hügel, doch nicht nach Westen, wo sich das Land von *Braeside* erstreckt, sondern den Pfad hinter der Garage entlang durch die Wildnis von Stechpalmen, Rhododendren und Eiben, die eine natürliche Grenze zwischen *The Laurels* und seinem östlichen Nachbarn bildeten.

»Das Land hier gehört den MacLaughlins. Von der Familie lebt nur noch eine alte Dame; sie ist meistens in Aberdeen«, erzählte Onkel Scott. »Das Land hat sie verpachtet; ihr Haus ist die meiste Zeit des Jahres unbewohnt. Sie kommt nur manchmal im Sommer für ein paar Tage. Dort drüben zwischen den Bäumen steht das Haus.«

Zwischen Rotbuchen und dunklen Kiefernwipfeln sah man nur ein paar Kamine und ein Stück graues Dach wie die Maste eines versunkenen Schiffes, die aus den Meereswogen ragen.

Doch ich achtete wenig auf das verlassene Haus und die Geschichte, die sich darum rankte. Während Onkel Scott erzählte und Dandy sich unter mir bewegte, vorsichtig auf dem unebenen Grund, wo steinige Stellen sich mit Moorquellen und dem violetten Teppich aus Heidekraut abwechselten, überlegte ich, wie ich meinem Onkel beibringen sollte, dass ich Freitagabend ausgehen wollte. Es war schwierig genug, die richtigen Worte zu finden, mit denen ich beginnen sollte; noch schwieriger jedoch, ihn nicht merken zu lassen, dass ich ein schlechtes Gewissen hatte und mir wie eine Heuchlerin vorkam. Doch war es nicht auch seine Schuld, wenn er mich durch sein seltsames Verhalten zu Unehrlichkeit und Heimlichtuerei zwang?

Wir ritten nebeneinanderher; Onkel Scott spähte zum Ben Nevis hinauf, über dessen Gipfel wieder einmal die Sonne zwischen Wolkenfetzen hervorkam, und sagte: »Ich glaube, wir sollten heute nicht zu weit reiten. Es dürfte bald drei sein und diese Mrs. MacGillicuddy kommt gegen halb vier, um sich vorzustellen.«

Ich nickte. »Eine Mrs. Muri hat auch angerufen; vormittags, während du in Dingwall warst«, sagte ich. »Sie wollte wissen, ob wir Hunde im Haus haben. Ich glaube, sie wäre nicht die Richtige für uns. Ich hab nichts mit ihr ausgemacht.«

»Da hast du Recht, Lass. Jemand, der mit Tieren nichts anfangen kann und findet, dass sie bloß Dreck machen, passt nicht zu uns.«

Es freute mich, dass er »uns« sagte; zugleich aber verstärkte es auch mein schlechtes Gewissen. Ich holte tief Atem wie ein Schwimmer, der sich anschickt, vom Zehnmeterturm ins Wasser zu springen, und sagte: »Übrigens, am Freitagabend fahre ich nach Inverness zu einem Ceilidh.«

Dann stockte ich, weil mir die Luft wegblieb. Onkel Scott wandte überrascht den Kopf und musterte mich von der Seite, während Tullamore und Dandy friedlich nebeneinanderher trotteten.

»Zu einem Ceilidh? Nach Inverness? Wie kommst du darauf?«

»Es hat auf einem Plakat in Dingwall gestanden«, sagte ich

mit dem Versuch, eine direkte Lüge zu umgehen. Dabei vermied ich es, ihn anzusehen.

Er schwieg sekundenlang und sagte dann: »Ich hatte vergessen, wie unternehmungslustig junge Leute sind. Sicher, so eine folkloristische Veranstaltung wird dir gefallen. Du lernst dabei etwas von unserer schottischen Lebensart kennen und triffst junge Menschen. Soll ich dich hinfahren?«

Ich schüttelte den Kopf. »Nein, danke«, erwiderte ich hastig. »Das brauchst du nicht. Es gibt ja den Bus.«

»Du musst in Dingwall umsteigen.« Ich hatte das Gefühl, als ob leichter Zweifel in seinem Ton mitschwang, aber vielleicht bildete ich mir das nur ein. »Und es wird spät werden. Ich möchte nicht, dass du nachts allein durch die Gegend läufst.«

Ich hätte zu gern gesagt: Mach dir keine Sorgen, Danny und Sheila bringen mich nach Hause. Weil ich das nicht konnte, antwortete ich nur: »Ich habe keine Angst«, und er lächelte und erwiderte, das sei ja sehr mutig für jemanden, der aus der Großstadt käme, aber er wolle mich doch wenigstens in Dingwall vom Bus abholen.

»Ruf mich an, wenn du in Inverness in den Bus steigst«, sagte er. »Am Busbahnhof gibt's eine Telefonzentrale. Ich fahre dann gleich hier los; so bin ich gerade rechtzeitig in Dingwall, um dich abzuholen.«

Das machte die Sache elend umständlich, aber wie hätte ich es ihm erklären sollen? Er fühlte sich für mich verantwortlich und meinte es gut; also bedankte ich mich und fühlte mich scheußlich dabei, wie jemand, der die Fürsorge und Hilfsbereitschaft eines Freundes mit Verrat belohnt.

3

Am Freitag wurde Fairy Queen krank, doch wir erreichten den Tierarzt nicht. Wir brachten sie in den Stall; Allan hatte sie auf *Brooks Pasture* gefunden, unter Bäumen liegend, mit fiebrigen Augen und bebenden Flanken.

»Es ist das Fohlen«, sagte Onkel Scott, der neben ihr in der Streu kniete und ihren Leib abtastete. »Ich fürchte, es ist im Mutterleib abgestorben. Vielleicht schon vor Tagen, wer weiß. Wenn Drury nicht bald kommt, um es rauszuholen, weiß ich nicht, ob sie den Tag übersteht.«

Ich dachte: Wir hätten es merken müssen. Warum haben wir nichts bemerkt? So etwas passiert nicht von heute auf morgen; es muss ihr schon seit Tagen schlecht gegangen sein; sie hat sich bestimmt gequält! Diese Vorstellung tat weh, denn Fairy Queen war eine sanfte, geduldige Stute, die es in ihrem Pferdeleben nicht leicht gehabt hatte.

Abwechselnd versuchten Allan und ich, Dr. Drury zu erreichen; doch ständig lief der Anrufbeantworter und verkündete, dass Dr. Drury unterwegs sei und dass man alle Mitteilungen auf Band sprechen solle, damit er zurückrufen könne, wenn er wieder in der Praxis wäre.

Die schwarze Stute wechselte zwischen Zuständen der Bewusstlosigkeit und plötzlichen Schmerzattacken. Onkel Scotts Gesicht wurde immer bedenklicher. Schließlich schwang sich Allan auf sein Leichtmotorrad und fuhr zu einem Schäfer, der irgendwo in den Bergen lebte und dafür bekannt war, dass er bei vielen Krankheiten Hilfe wusste – sowohl für Menschen als auch für Tiere.

Inzwischen setzte ich in der Küche Töpfe mit Wasser auf und erhitzte es, füllte es in Eimer und schleppte sie in den Stall, wo Onkel Scott der Stute mit Hilfe von Decken feuchtwarme Umschläge machte.

Eine halbe Stunde später brachte Allan den heilkundigen Schäfer mit, einen älteren Mann mit weißen Engelslocken und roten Apfelbäckchen, der Will hieß. Er strahlte wohltuende Gelassenheit und Zuversicht aus und ging ohne große Vorreden an die Arbeit, kniete sich neben Fairy Queen in die Streu und betastete ihren aufgetriebenen Leib, wobei er beruhigende Worte in einer Sprache murmelte, die ich nie zuvor gehört hatte.

Nach einer Weile richtete er sich auf und nickte. »Es ist das Fohlen«, sagte er. »Tot.«

»Dann wird Drury schneiden müssen«, meinte Onkel Scott, doch Will schüttelte den Kopf. Er sagte etwas von einer Massage und dann noch ein Wort, das ich nicht verstand. Darauf bat er mich, ihm heißes Wasser und Seife zu bringen und ich rannte wieder in die Küche und zurück zum Stall, sah zu, wie der Schäfer sich die Hände wusch, sich vorbeugte und mit den Fingern der rechten Hand in die Scheide der Stute fuhr, behutsam und geschickt, bis er mit der ganzen Hand bis zum Gelenk darin verschwand.

In meinem Magen begann es zu flattern, was bei mir meistens ein Zeichen beginnender Übelkeit ist. Leise ging ich über die Stallgasse zum Tor, vorbei an Allan, dessen Gesicht zum ersten Mal nicht unfreundlich wirkte, auch nicht verächtlich, sondern etwas wie Verständnis ausdrückte.

Draußen atmete ich in tiefen Zügen die würzige Brise ein, die der Wind vom Atlantik über die Berge trug. Sanftes Licht lag auf den grünen und violetten Hängen; die Talsenken waren in Schatten getaucht, gesäumt von niedrigem Buschwerk und windzerzausten Bäumen.

Die Pferde standen am Mäuerchen und sahen zum Stallhof herüber wie erschrockene Kinder, beunruhigt durch die Aufregung um Fairy Queen. Sie waren in ihrer gewohnten Ruhe gestört, spürten, dass etwas nicht stimmte.

»Ein geregelter Tagesablauf«, hatte es in Habermanns Reitstall immer geheißen, »gehört zu den wichtigsten Dingen in der Pferdehaltung.« Als ich daran dachte, fiel mir ein, dass wir mitten in der Morgenfütterung aufgehört hatten. Brownie, Ginger, Primrose, Goblin, Jessie und Nutmeg, auch unsere Neulinge Siebenschön und Myrddin, hatten ihre Haferration noch nicht bekommen und fürchteten wahrscheinlich, dass eine mittlere Katastrophe ausgebrochen war.

Fast vierzig Minuten später, als ich die Pferde fertig gefüttert hatte und müde aus dem Futterschuppen stolperte, kam Onkel Scott mit Allan und Will, dem Schäfer, auf den Stallhof. Onkel Scott sah grau aus und Allan ziemlich blass unter der Sonnenbräune. Nur Will hatte unverändert rosige Backen und in seinen Augen stand das gleiche gelassene Lächeln wie bei seiner Ankunft, auch wenn seine Kleidung blutbespritzt war.

»Sie wird's überstehen«, versicherte er in seinem unnachahmlichen Dialekt, griff in die Tasche seiner ausgebeulten Hose und holte ein Päckchen daraus hervor, das in Zeitungspapier gewickelt war. »Gebt ihr stündlich eine von den Pillen und wickelt sie ordentlich in Decken; sie braucht Wärme. Hat viel Blut verloren, die wee Lass.« Er redete von der Stute wie von einer Frau, die ein totes Kind zur Welt gebracht hat. »Sobald sie wieder frisst, braucht sie was Kräftigendes.«

Dann lud Onkel Scott ihn auf einen Whisky ein und die beiden Männer verschwanden um die Hausecke. Ich blieb mit Allan zurück. Obwohl ich mir vorgenommen hatte, kein unnötiges Wort mit ihm zu wechseln und ihn mit Verachtung zu strafen, fragte ich: »Geht es ihr sehr schlecht?« Und er antwortete in fast normalem Ton: »Ziemlich.«

Dann ging er zum Schuppen hinüber. Ich begleitete ihn und sah, wie er eine Plastikplane aus einer Kiste zerrte. Damit kehrte er zum Stall zurück, doch diesmal folgte ich ihm nicht. Ich wusste, ihm blieb jetzt die scheußliche Aufgabe überlassen, das tote Fohlen einzuwickeln und fortzubringen; und obwohl es nur fair gewesen wäre, ihm dabei zu helfen, konnte ich mich doch nicht dazu aufraffen. Stattdessen verdrückte ich mich ins Haus, vorbei an der Küchentür, hinter der ich Männerstimmen hörte.

Müde schlich ich die Treppe hinauf, ging ins Badezimmer und duschte, als könnte ich die Erfahrung von Krankheit, Qual und Tod von mir abwaschen. Andere Menschen waren dafür verantwortlich, dass Fairy Queen – und zahllose ihrer Artgenossen – zu kranken, neurotischen Wesen wurden; dass ihre natürlichen Anlagen, ihre angeborene Kraft, Anmut und Gesundheit, ihr Vertrauen in die Menschen sich ins Gegenteil verkehrten und schließlich nur noch ein Häufchen Elend von ihnen übrig blieb, so wie Fairy Queen, die zu schwach war, um gesunde Nachkommen zur Welt zu bringen. Doch jetzt trugen wir die Verantwortung – Onkel Scott, Allan und ich. Wieder einmal fragte ich mich, warum es Tiere gibt, genau wie Menschen, die offenbar in einen verhängnisvollen Teufelskreis hineingeboren werden, in dem ein Unglück das nächste nach sich zieht, ein Leiden das andere. Denn so schien es mit Fairy Queen zu sein. Sie war schlecht ernährt, zu früh und zu scharf geritten, vielleicht auch geschlagen worden und musste für diese jahrelange üble Behandlung jetzt auch noch büßen, indem sie ihr Fohlen verlor und dabei fast selbst zu Grunde ging.

Später saß ich in meinem Zimmer am Fenster, föhnte mir die Haare und versuchte dabei an den Abend mit Danny und Sheila zu denken; das half mir, nicht vollends in Trübsinn zu versinken. Auf dem Stallhof hackte Allan wie verrückt Holz; die Scheite flogen nur so durch die Luft und ich beneidete ihn fast um diese Arbeit, bei der er sicher eine Menge Zorn oder Bedrückung ablassen konnte.

Es war ein Tag voller Ecken, wie meine Großmutter das nannte. Ich kochte in fliegender Hast und ließ dabei die Kartoffelpuffer verbrennen, weil zweimal das Telefon klingelte, weil der Milchmann auftauchte und die Monatsrechnung kassieren wollte, und weil Allan durchs Fenster schrie, Ginger, Dwarf und Primrose hätten ihr Mash noch nicht bekommen und ich sollte mich gefälligst darum kümmern.

Onkel Scott erschien mit düsterer Miene in der Küche. Ich setzte ihm die drei Kartoffelpuffer vor, die nicht im Abfalleimer gelandet waren, und einen großen Teller mit Apfelkompott. Er kam geradewegs aus dem Stall; sein blauer Pullover war noch immer blutbespritzt und ich sah, dass seine Hände leicht zitterten.

»Ich mache dir Kaffee«, sagte ich. »Geht's Fairy besser?«
»Schwer zu sagen. Im Moment sieht sie noch jämmerlich aus, atmet wie ein kleiner Vogel und rührt sich kaum. Aber Will schien sicher zu sein, dass sie's schaffen wird; und er kennt sich aus mit kranken Tieren wie kaum einer sonst.«

»Ist Allan jetzt bei ihr?«

Er nickte. »Ich löse ihn dann ab«, sagte ich. »Vergiss nicht, dass Mrs. Mulberry um zwei kommt, um sich vorzustellen.«

»Hol's der Teufel, auch das noch!«, sagte er. »Ausgerechnet heute!«

»Vor einer halben Stunde haben noch zwei Frauen angerufen. Ich hab's auf dem Telefonblock notiert. Sie kommen morgen zwischen zehn und elf vorbei.«

Onkel Scott stöhnte, meinte dann aber, wir sollten sie uns wohl ansehen, da uns Mrs. MacGillicuddy beiden nicht gefallen hatte. Heimlich kaute ich an einem Stück Brot. Er sollte nicht merken, dass das Mittagessen nicht für mich reichte. Dann fütterte ich die Hunde. MacDuff war verschwunden. Schließlich kam Allan, um das Mash zu holen. Er hatte wieder seinen Zombieblick aufgesetzt und ich beeilte mich, in den Stall zu gehen und mich um Fairy Queen zu kümmern.

Sie lag in der Streu, die Allan oder Onkel Scott inzwischen ausgewechselt hatten, so gut es ging, und verriet mit keinem Zucken, dass sie mein Kommen bemerkte. Ihr Körper war in eine braune Decke gewickelt, unter der die Beine dünn und starr hervorsahen; ihre Augäpfel bewegten sich nicht. Sie atmete so flach, dass ich ängstlich ihren Pulsschlag an der Schweifwurzel fühlte.

Ich kauerte mich neben sie und legte die Hand auf ihre Kruppe. Allan hatte das tote Fohlen weggebracht. Es war sauber und sehr still im Stall; nur ein paar Fliegen summten und brummten und das Sonnenlicht sickerte durch die hohen Fenster. Staubfäden tanzten in den Lichtkegeln. Noch hing der Geruch von Blut in der Luft. Ich hätte Fairy Queen gern getröstet; doch wie tröstet man ein Tier, das zu Tode erschöpft und körperlich am Ende ist? Wie Pferde einander trösten – falls sie es tun – wusste ich nicht; ich hätte nur das tun können, was Menschenart ist: die Arme um ihren Hals schlingen und meinen Kopf an den ihren legen. Doch dazu war jetzt nicht der richtige Augenblick, selbst wenn sie es verstanden hätte. Sie musste Ruhe haben. So saß ich nur bei ihr und summte ein Lied, das meine Mutter manchmal gesungen hatte, wenn ich als Kind krank war oder nachts weinend aus einem bösen Traum erwachte.

Langsam verstrich die Zeit. Fairy Queen bewegte sich nur einmal und zuckte krampfartig mit den Hinterbeinen. Manchmal stieß sie leise Geräusche aus, die wie ein Stöhnen klangen, und ich sagte: »Es wird alles wieder gut, mein Mädchen. Du darfst nicht aufgeben, jetzt, wo du bei uns bist. Schon morgen wird es dir wieder besser gehen und in ein paar Tagen bist du sicher wieder draußen bei den anderen Pferden.«

Ich erzählte ihr leise vom Wind über den Hügeln, von Gras und Heidekraut, dem Moorwasser und dem freien Leben auf den schönen, weitläufigen Koppeln, dem Hochlandsommer mit seinen jähen Regenschauern und der Sonne, die ebenso plötzlich und strahlend zwischen den Wolken erscheint und alles in ihren Glanz und ihre Wärme hüllt. »Gib nicht auf, jetzt, wo du es endlich gut hast!«, sagte ich.

Was machte es schon, dass ich deutsch sprach? Wenn sie etwas verstand, waren es sowieso nur die Wärme und das Mitgefühl in meiner Stimme, nicht das, was ich sagte; und dazu die Berührung meiner Hand.

Ich redete noch immer mit ihr, als ich plötzlich ein Geräusch hörte und mich umdrehte. Da stand Allan hinter mir und sah mich seltsam an.

»Er will, dass du ins Haus kommst«, sagte er. »Ich bleibe bei ihr.«

Fairy Queens Ohren zuckten fast unmerklich, als ich aufstand. »Hast du Temperatur gemessen?«, fragte Allan.

Ich schüttelte den Kopf. »Ich wollte sie in Ruhe lassen«, sagte ich. »Sie ist so erschöpft.«

Er erwiderte nichts. Ich ging mit steifen Gliedern hinaus in den warmen, windigen Tag und ins Haus, das noch vom süßlichen Geruch des Kraftfutters erfüllt war. Onkel Scott saß mit einer verhuschten Frau unbestimmbaren Alters im Wohnzimmer. Sie hieß Mrs. Mulberry und sah sich ständig mit einem gehetzten Ausdruck um, als fürchte sie in eine Räuberhöhle geraten zu sein. Und so ganz abwegig war der Verdacht ja nicht mit den Hunden, die mit argwöhnischem Blick auf den Chintzsesseln thronten, den Fensterbänken und Möbelstücken, die vor Kram und Staub überquollen, dem schmutzigen, verblichenen Teppich und den mottenzerfressenen Samtvorhängen.

»Das Haus ist seit dem Tod meiner Frau etwas unordentlich«, erklärte Onkel Scott entschuldigend. »Und meine Nichte ist erst seit zwei Wochen hier; sie kommt aus Deutschland. Aber sie soll sich vor allem um die Pferde kümmern. Wir brauchen jemanden, der selbstständig arbeitet und das Haus in Ordnung hält – es erst mal wieder in Ordnung bringt, sollte ich wohl besser sagen...«

Ich setzte mich auf die Armlehne des Sessels, auf dem Rascal sich breit gemacht hatte und Mrs. Mulberry beäugte. Mrs. Mulberry nickte etwas benommen. Auf ihren grauen Löckchen saß ein Filzhut von der Form und Farbe eines Baumschwamms. Sie sagte, sie müsse es sich noch überlegen.

»Ich weiß nicht, ob ich das alles schaffen kann«, erklärte sie. »Ich bin nicht ganz gesund. Das Herz, wissen Sie.«

Wir begleiteten Mrs. Mulberry vors Haus. Sie war in einem kleinen Austin gekommen, der ihrem Mann gehörte, wie sie sagte.

»Die kommt nicht wieder«, bemerkte Onkel Scott, als der Austin hinter den Lorbeerbüschen verschwand. »Unser Chaos hat sie abgeschreckt. Aber ich bin ganz froh darüber, denn sie ist eine von der geschmerzten Sorte. Die gehen mir auf die Nerven.«

Ich sagte: »Hoffentlich ist morgen die Richtige dabei.«

»Ja, wir dürfen wohl nicht zu wählerisch sein. Wie geht's Fairy?«

»Unverändert«, erwiderte ich.

»Lass uns noch einen Kaffee trinken. Ich glaube, wir können ihn beide brauchen.«

Wir gingen ins Haus zurück; Dart und Rascal liefen voraus. »Vielleicht sollten wir Dr. Drury vorsichtshalber doch noch kommen lassen«, überlegte Onkel Scott. »Aber er wird nicht begeistert sein, wenn er hört, dass Will hier war. Er behauptet, Will würde ihm ins Handwerk pfuschen. Die Herren Mediziner haben's nicht gern, wenn auch einer ohne Studium, Examen und Titel was von Heilkunde versteht. Dabei hat der alte Will schon so manchem geholfen, den die Ärzte aufgegeben haben.«

»Er hat doch gesagt, dass Fairy Queen sich wieder erholt«, gab ich zurück. »Ich denke, wir können ihm vertrauen. Wir müssen der Stute einfach Zeit lassen.«

Ich wusste nicht, woher ich diese Zuversicht nahm, doch der Schäfer mit seiner Gelassenheit und seinen behutsamen

Händen hatte mir gefallen. Onkel Scott sah mich an und nickte dann. »Vielleicht hast du Recht, Laurie. Will verlässt sich nicht auf Chemie, sondern auf die Natur. Er arbeitet mit der Natur, nicht gegen sie. Und er meint, man sollte die Selbstheilungskräfte des Körpers nicht durch Gifte stören, sondern ihnen vertrauen und sie notfalls mit natürlichen Mitteln unterstützen. Warten wir also erst mal bis morgen; vielleicht geht es Fairy dann schon besser.«

»Möchtest du, dass ich heute Abend zu Hause bleibe und mich um Fairy kümmere?«, fragte ich, während ich Kaffeewasser aufsetzte. Ich freute mich zwar sehr auf diesen Abend und es wäre mir nicht leicht gefallen, darauf zu verzichten; doch die Pferde gingen vor.

Zu meiner Erleichterung lehnte Onkel Scott mein selbstloses Angebot ab. »Ein bisschen Spaß und Abwechslung tun dir gut«, meinte er. »Kommt nicht in Frage, dass du darauf verzichtest!«

»Du brauchst mich jedenfalls nicht vom Bus in Dingwall abzuholen«, sagte ich dankbar. »Bleib bei Fairy. Ich komme schon heil nach Hause, mach dir um mich keine Sorgen. Und wenn ich zurück bin, bleibe ich für den Rest der Nacht bei ihr, damit du schlafen kannst.«

Er holte die Kaffeetassen aus dem Schrank und lächelte mir zu. »Brave Lass«, sagte er. »Ich will Allan mal fragen, ob er bereit ist, heute Abend länger zu bleiben. Dann kann ich dich abholen und wir teilen uns die Nachtwache.«

Ich dachte, dass Allan sicher in seinen Vorurteilen gegen mich bestärkt wurde, wenn er erfuhr, dass ich ausgerechnet heute ausging, doch ich konnte es nicht ändern. Er war ja sowieso gegen mich, was ich auch immer tat und sagte. Ich konnte mich ebenso gut so verhalten, wie er es von mir erwartete. Für ihn war ich wohl nichts weiter als ein Großstadtkamuffel, das weder von Pferden noch vom Landleben etwas verstand, sich hier einnistete, Onkel Scott einzuwickeln versuchte und zu dumm war, um einen Schimmel von einem Albino zu unterscheiden. Sicher wartete er gierig auf jedes Anzeichen, das ihn in seinem Verdacht bestätigte, ich würde mich vor jeder Arbeit drücken, sobald es nur ging. Also war der heutige Abend wohl nur ein erfreulicher Beweis für ihn, dass er von Anfang an Recht gehabt hatte. Sollte er doch, wenn es ihm Spaß machte!

Ich war so überzeugt, ihn zu durchschauen. Dass ich mich in ihm täuschen könnte, kam mir nicht in den Sinn.

4

*I*ch kam zu spät zur Bushaltestelle, weil ich bei der Abendfütterung half, Onkel Scott einen Imbiss herrichtete und duschte. Dann lief mir auch noch Rascal hinter dem Fahrrad her, und ich musste umkehren und ihn mit sanfter Gewalt zurückbringen.

Keuchend radelte ich die Landstraße entlang, unter tief hängenden Zweigen dahin, die sich fast in meinen Haaren verstrickten. Als ich um die letzte Wegkehre bog, sah ich das schwarze Auto der MacClintocks wie einen plumpen Käfer an der Bushaltestelle stehen, die Motorhaube hochgeklappt, als wollte es jeden Augenblick brummend losfliegen.

Danny und Sheila hatten die Köpfe unter die Motorhaube gesteckt. Um sie herum kräuselten sich Rauchschwaden in die Abendluft, wurden vom Wind hochgewirbelt und in Fetzen davongetragen.

Ich bremste scharf und sprang vom Rad. »Was ist los? Habt ihr eine...« Das englische Wort für Panne fiel mir nicht ein; deshalb formulierte ich es anders: »Ist was mit eurem Auto?« Und noch während ich das sagte, wurde mir klar, wie dumm die Frage war – »gnadenlos schafsmäßig«, wie mein Bruder das genannt hätte.

Dannys Kopf kam unter der Kühlerhaube hervor. Er hatte einen Ölfleck auf dem Kinn. »Mhm«, sagte er. »Das hat er öfter. Shee, kannst du mal den Motor anlassen?«

Nun tauchte auch Sheilas Kopf auf. Die beiden sahen sich verblüffend ähnlich, obwohl sie keine Zwillinge waren; und der gleiche halb ärgerliche, halb belustigte Ausdruck lag auf ihrem Gesicht. Sie lächelte mir zu. »Hallo«, sagte sie. »Hast du Wanderschuhe dabei?«

Ich musste lachen. »Wie weit ist es nach Inverness?«

»Zu Fuß ungefähr vier Stunden«, sagte Danny und grinste.

Sheila setzte sich hinter das Steuer und drehte den Zündschlüssel. Ich hatte noch nie ein Walross husten gehört, konnte mir aber vorstellen, dass es ein ähnliches Geräusch sein musste wie das, das der schwarze Wagen jetzt von sich gab. Neue Rauchwolken quollen unter dem Kotflügel hervor.

»Abdrehen!«, schrie Danny und hustete.

Das Wahlrosskeuchen endete in einer Serie von Lauten, die mich an Pferde erinnerten, wenn sie Blähungen haben. Ich lehnte das Fahrrad, das einmal meiner Tante gehört hatte, gegen einen Baum. Vögel flöteten ihre Abendgesänge, Grillen zirpten und in der Ferne blökten Schafe. In diese friedlichen Geräusche mischte sich das Keuchen; dann wieder: Spotz, spotz-spotz!

Das wiederholte sich viermal, bis der Wagen endlich ansprang. Wir nutzten die günstige Gelegenheit, ehe er es sich wieder anders überlegte, drängten uns blitzschnell auf den Vordersitzen zusammen und düsten los.

»Hoffentlich macht er's bis Inverness«, sagte Danny. »Wenn ich nicht anzuhalten brauche, müsste es klappen.«

»Bei Dingwall ist eine Ampel«, erwiderte Sheila.

»Abends ist da nicht viel los. Wenn's sein muss, fahren wir einfach bei Rot drüber.«

»Und in Inverness?«, fragte ich.

»Wir parken außerhalb. Fragt sich natürlich, wie wir wieder nach Hause kommen. Aber irgendwas wird uns schon einfallen. Vielleicht erholt er sich inzwischen und springt ganz normal an.«

»Kann ja sein, dass er in den Stall zurück möchte«, stimmte ich zu und wir lachten wieder. Ich schlug die Beine übereinander, damit Danny besser schalten konnte, und merkte, wie sich im Wagen eine angenehme Duftmischung von Pferde- und Schafsgeruch verbreitete.

»Ich glaube, wir riechen wie eine ganze Farm«, sagte Sheila im gleichen Augenblick und ich fing zu prusten an. Plötzlich war mir unheimlich albern zu Mute; ich spürte, wie sich die Spannung dieses Tages in schillernde Leichtigkeit auflöste wie eine Seifenblase, die in die Luft steigt und vom Wind davongetragen wird.

»In Edinburgh würden sie uns sicher zwei Meilen gegen den Wind als Bauerntölpel erkennen.«

»Und in Inverness?«, fragte ich.

»Ach, Inverness ist ein Provinznest. Da treffen sich die Hochlandbauern – und im Sommer natürlich auch Touristen«, sagte Danny. »Ich find's verdammt hässlich mit all der Industrie. Die alten Häuser haben sie gnadenlos abgerissen. Früher muss es mal ganz hübsch gewesen sein, aber das ist lange her.«

Unter Missachtung verschiedener Stoppschilder und einer Ampel erreichten wir das »Provinznest«. An der Kessock Bridge parkten wir den Wagen. Danny klopfte ihm zum Abschied auf den Kotflügel und sagte: »Bis später dann. Mach's gut und lass uns bloß nicht im Stich!«

»Wenn er nicht mag, müssen wir eben den Bus nehmen«, sagte Sheila und knöpfte ihre Jacke zu, denn vom Moray Firth her wehte ein kalter Wind, der nach Tang und Schlick roch.

»Ja, und dann kann ich morgen sehen, wie ich ihn wieder von hier wegkriege«, erwiderte Danny. »Möglicherweise schaffe ich das nicht ohne Mechaniker, und woher wir das Geld für den nehmen sollen, weiß der Teufel.«

Sheila warf mir einen Seitenblick zu. Vielleicht war es ihr peinlich, dass ihr Bruder vor mir so offen über die Geldprobleme ihrer Familie sprach. Sie wusste wohl nicht, dass wir uns schon darüber unterhalten hatten.

Danny hatte Recht: Das, was ich auf unserem Weg zum *Railway Club* von Inverness sah, war nicht gerade berückend. Die Stadt wirkte grau und freudlos; sie hatte nichts von Dingwalls malerischer Gemütlichkeit. Möwen flogen mit schwermütigem Kreischen über die Dächer hinweg, getragen vom Wind. Es roch nach Abgasen und dem Malz der Whiskybrennereien.

Der Wind fegte uns um trostlose Straßenecken herum entgegen, dass wir die Köpfe zwischen die Schultern zogen und die Hände fröstelnd in die Taschen steckten. Aus dem Bahnhof kam ein Schwung Rucksacktouristen und ich dachte an meine eigene Ankunft in Inverness; erst zwei Wochen war das her, doch mir kam es wie Monate vor, weil mein Leben hier so ereignisreich war und jeder Tag viel zu kurz für alles, was es zu tun gab.

»Eines unserer Pferde ist krank«, sagte ich unwillkürlich. »Fairy Queen. Ihr Fohlen ist tot zur Welt gekommen. Will, der Schäfer, war bei uns und hat beim Abfohlen geholfen.«

»Will, ja«, sagte Sheila und nickte. »Bei uns war er auch schon, als wir eine Schafseuche hatten. Und als Nessie mit der Pfote in eine Fuchsfalle geraten war – weißt du noch, Danny? Dr. Drury meinte, man müsste ihm die Pfote abnehmen, aber Will hat sie wieder hingekriegt.«

»Er könnte ein Buch über Heilkräuter schreiben, wenn er wollte. Vor ihm waren schon sein Vater und sein Großvater heilkundige Schäfer, zu denen die Leute kamen, wenn ihnen oder ihren Tieren etwas fehlte – besonders die Armen, die sich keinen Arzt leisten konnten.« Danny lächelte mir zu. »Wenn einer eurer Stute helfen kann, dann ist es Will.«

Der *Railway Club* war ein schmuckloses Haus zwischen Bahnhofsgelände und Busbahnhof mit einer Art Pub im Erdgeschoss. Im Flur wurden die Karten für den Ceilidh verkauft und man konnte sich in ein Gästebuch eintragen. Ich schrieb meinen Namen und darunter »Munich, Germany and *The Laurels,* Dingwall« und fand, dass es richtig international wirkte.

Im ersten Stock ging es schon munter zu. An einer Bar

wurden Getränke ausgeschenkt. In der Mitte des Raumes waren Verstärker und eine Lautsprecheranlage aufgebaut; drum herum standen einfache Tische und Stühle, doch die meisten Leute standen in Gruppen an der Bar oder an den Wänden und unterhielten sich lärmend.

Sheila und Danny winkten einem Mädchen zu, deren üppiges rotes Haar sich auf dem Kopf bauschte wie ein feuerspeiender Vulkan. Ihr Gesicht war eine einzige Sommersprosse. Sie rief etwas, was ich nicht verstand, und ein knochiger Typ in einem gestreiften Frack mit Pinguinschößen stürzte auf Sheila zu und überschüttete sie mit einem Wortschwall.

»Komm«, sagte Danny und nahm mich bei der Hand. »Wie wär's mit dem Tisch am Fenster? Von da hört man die Musik gut und es ist nicht so laut wie in der Nähe der Bar.«

Ich fühlte mich ziemlich eingeschüchtert von all den Leuten, die sich kannten, aufeinander einredeten, Scherzworte austauschten. Junge Frauen umarmten sich zur Begrüßung, ein älterer Mann an der Bar hob sein Bierglas und prostete jemandem zu und Danny fragte: »Magst du was trinken?«

»Ja«, sagte ich. »Aber ich kann's mir selber holen.«

»Dann komm mit.«

Wir legten unsere Jacken über Stuhllehnen und gingen zur Bar. Ein Mädchen mit krausem Haar unter einem Herrenhut fasste Danny am Arm und sagte: »He, Danny, was machst du so? Ich hab ewig nichts von dir gehört? Hast du Lust, nächsten Sonntag zu meiner Geburtstagsparty zu kommen?«

Er hatte meine Hand losgelassen. Ich zwängte mich zwischen zwei dicken Männern durch. Hinter der Theke stand ein junger Mann und fragte mich lächelnd, was ich haben wollte.

»Apple Juice, bitte«, sagte ich in meinem besten Englisch. Er starrte mich an, als hätte ich himmlisches Manna verlangt. Ich wiederholte meine Bestellung und wieder verstand er mich nicht. Das ging so lange weiter, bis sich herausstellte, dass ich statt des schottischen »a« ein englisches »ä« gesagt hatte. Nicht Äpple, sondern Apple! Eigentlich hätte ich das längst wissen müssen, da in *The Laurels* von meiner Tante Anne nie als »Änne« gesprochen wurde; man sprach den Namen wie im Deutschen aus, wenn auch ohne das »e« am Ende.

Als ich meinen Saft bezahlte, tauchte Danny neben mir auf und fragte, warum ich so plötzlich verschwunden wäre. Der Ölfleck zierte noch immer sein Kinn.

Ich gab keine Antwort, weil ich nicht erklären wollte, dass ich wenig Lust gehabt hatte, als Anhängsel dabeizustehen und zuzuhören, wie er und das kraushaarige Mädchen sich unterhielten.

»Das war eben Moonie«, sagte er. »Ich bin mit ihr zur Schule gegangen. Wir haben immer voneinander abgeschrieben, obwohl's besser gewesen wäre, ich hätte es bleiben lassen.«

Er bestellte sich ein Lemon Soda, und schon kam wieder jemand angetrabt, der Danny kannte; diesmal war es ein Typ mit Mozartzopf. Er trug ein altes Offiziersjackett mit Goldknöpfen und Schulterstücken und redete Danny als »alter Schafzüchter« an. Dabei musterte er mich ungeniert, bis Danny sagte: »Laurie, das ist Tom. Er versteht ein bisschen was von Pferden.«

»Ein bisschen was?«, protestierte Tom. »Wenn's je einen absoluten Pferdeexperten gegeben hat, dann bin ich das!«

Und zu mir gewandt, fügte er vertraulich hinzu: »Bei dem musst du aufpassen. Er ist im ganzen Hochland dafür bekannt, dass er schamlos lügt.«

»Sehr lustig!«, sagte Danny. »Was soll der Blödsinn?«

Der Typ mit dem Mozartzopf kicherte wie ein Schlumpf. »Außerdem nennt man ihn Danny MacClintock von *Braeside*, der keinen Spaß versteht!« Er bekam einen Lachanfall und verschüttete Bier auf meinen linken Schuh.

Danny sagte: »Ha, ha! Hör auf, sie mit Bier vollzusabbern.«

Tom ließ sich nicht erschüttern. »Sie ist nicht von hier, wie?«

»Nein«, sagte ich. »Von hier ist sie nicht, mehr von anderswo.«

Er starrte mich an. Diesmal lachte Danny. Ich trat einen Schritt zurück, um nicht auch noch etwas vom Lemon Soda abzukriegen. Plötzlich tauchte Sheila neben uns auf. Sie sah erhitzt aus. »He, Tom!«, sagte sie. »Rose fragt nach dir.«

»Ich sehe schon, mein Typ ist hier nicht gefragt«, erwiderte er vorwurfsvoll, rührte sich aber nicht von der Stelle.

Immer mehr Menschen drängten in den Saal, und an der Bar wurde es eng. »Lasst uns zum Tisch gehen«, schlug Danny vor. »Ich mag's nicht, wenn mir das Volk auf die Zehen steigt.«

Tom fragte: »Wo sitzt ihr? Ich komme später mal zu euch rüber.«

»Vergiss nicht Rose mitzubringen«, sagte Sheila und zwinkerte mir zu. Am Tisch fragte sie mich, ob Tom versucht hätte, mich anzumachen. »Er schmeißt sich an jedes Mädchen ran, das neu hier ist«, erklärte sie.

Ich hätte gern erwidert, dass ich das wenig schmeichelhaft fand, doch mein Englisch reichte dafür nicht aus. »Er hat mir Bier auf den Schuh geschüttet«, sagte ich. »Ist das seine Art, Frauen anzumachen?«

»Er ist nicht besonders wählerisch in seinen Methoden«, erwiderte Danny.

Zwei Mädchen und ein Junge setzten sich zu uns an den Tisch, die Sheila und Danny offenbar kannten und sofort versuchten, sie mit Beschlag zu belegen. Während die fünf sich unterhielten, sah ich mir die Leute an. Es war ein bunt gemischtes Publikum, wie ich es sonst von Konzerten und Veranstaltungen her kaum kannte; sehr junge Leute, die wohl teilweise noch zur Schule gingen, ganz gewöhnliche Durchschnittsbürger und Bauern mittleren Alters, dazwischen auch Männer mit grauen Bärten und den schmalen, markanten Gesichtern der Hochlandmenschen.

Mitglieder der ersten Musikgruppe hatten sich in der Mitte des Saales zusammengefunden und stimmten ihre Instrumente. Sie trugen Jeans und Flanellhemden, hatten halblanges Haar und Bärte und sahen ausgesprochen urig aus.

Das Stimmengewirr vermischte sich mit den abgerissenen Tönen von Geige, Flöte, Gitarre und Banjo. Ich hatte das Gefühl, in einem Bienenschwarm zu sitzen, in dem ein verrückt gewordener Vogel Trillerübungen machte.

»Langweilst du dich?«, fragte Danny.

Ich schüttelte den Kopf. »Ich sehe mir die Leute an. Es ist komisch – jeder scheint hier jeden zu kennen.«

»So ist das in der Provinz. Und auf einem Ceilidh trifft man sich. Das ist für einen, der aus der Großstadt kommt, sicher seltsam.«

Es klang wie eine Verteidigung und ich versuchte ihm klarzumachen, dass ich es eigentlich schön fand, dass die Leute nicht so stocksteif nebeneinander saßen und in ihr Bierglas starrten, wie ich das von zu Hause kannte; auch wenn es fremdartig für mich war, auch wenn ich mich irgendwie ausgeschlossen fühlte.

»Es ist ein bisschen wie auf einem Schulfest«, sagte ich schließlich.

»Manchmal«, erwiderte Danny, »wär's mir lieber, nicht auf Schritt und Tritt von Freunden und Bekannten umgeben zu sein. Ich meine, es hat Vor- und Nachteile, genau wie in einer Familie. Es gibt einem zwar ein Gefühl von Sicherheit, das man unter Fremden nicht hat; man fühlt sich geborgen und aufgehoben und all das. Aber oft auch unfrei, wenn du verstehst, was ich meine.«

Ich nickte. Die Vogeltriller wurden lauter und jemand klatschte in die Hände, doch nur ein Teil der Besucher kümmerte sich darum. Die meisten redeten ungeniert weiter, als hätten sie wochenlang auf diese Gelegenheit gewartet, endlich den neuesten Klatsch loszuwerden.

Eine rauhe Stimme schrie: »Ruhe!« Die Antwort war ein jauchzendes »Yippie!« von der Bar her. Die Lampen wurden ausgeschaltet, nur ein Scheinwerfer beleuchtete die Musiker. Ein Mann, der sein graues Haar im Nacken zu einem Zopf gebunden hatte, bastelte fieberhaft an der Verstärkeranlage herum. Endlich wurde es leiser in dem überfüllten Saal, der schon jetzt von Rauchschwaden durchzogen war.

Ich hatte mich nie besonders für Volksmusik interessiert, auch nicht für internationalen Folk oder Countrymusic. Eigentlich war ich Dannys wegen hergekommen und weil es mich reizte, »ein Stück schottischer Lebensart« kennen zu lernen, wie Onkel Scott das nannte. Doch von den ersten Minuten an, in denen ich diese Musik hörte – eine Mischung aus alten schottischen Volksweisen und modernem Sound –, war ich ihr verfallen. Die Art, wie das Grundthema der Melodien sich wiederholte und doch stets wandelte, wie die klaren, süßen Klänge der Blechflöte stiegen und fielen, rührte etwas in mir an, das ich nicht fassen konnte. Es war ein Gefühl, als würde ein Teil meines Wesens diese Musik schon seit langem kennen und lieben; als wäre sie ein Land, das ich vor langer Zeit verlassen und nun wiedergefunden hatte.

Zugleich aber waren die ernsten, sehnsuchtsvollen Töne auch ein Spiegel der schottischen Landschaft, wie ich sie kennen gelernt hatte – so, als hätten die sanften, in Licht und Schatten ruhenden Hügel, die moorigen Wiesen, die wolkenverhangenen Berge und schimmernden Seen eine Stimme bekommen. Ich verstand plötzlich, dass beides zusammengehörte, Landschaft und Musik.

Ich hatte nicht bemerkt, dass Danny mich beobachtete; doch als es für Augenblicke still im Saal war, ehe die Leute zu klatschen begannen, berührte er meinen Arm und sagte: »Es hat dir gefallen, wie?«

»Ja«, sagte ich leicht benommen. »Sehr. Ich habe nicht gewusst, wie schön eure Musik ist.«

Er lächelte; obwohl er nichts erwiderte, merkte ich, dass er sich freute. »Ich spiele auch manchmal auf der Tin Whistle«, sagte er nach einer Weile.

»Tin Whistle?«, fragte ich. »Was ist das?«

»Das Instrument, das der Bärtige mit den Lederstiefeln spielt.«

Es war die Blechflöte.

»Aber ich bin nicht besonders gut, hab nie Unterricht gehabt«, fügte er rasch hinzu. »Ich hab's mir selbst beigebracht.«

Sheila beugte sich vor und sagte: »Glaub ihm nicht, Laurie. Er spielt gut, auch wenn er das nie zugeben würde.«

Ich sah Danny an. »Ich dachte, du spielst Gitarre?«

»Ich stümpere so herum, ja.«

»Spielst du mir mal was vor?«, fragte ich.

»Irgendwann, wenn du das möchtest.« Inzwischen war es wieder so laut geworden, dass wir fast schreien mussten, um uns zu verständigen. Tom tauchte auf und versuchte sich zwischen mich und Danny zu zwängen, doch Danny schob ihn entschlossen beiseite und sagte, hier wäre kein Platz, er solle uns lieber noch etwas von der Bar holen.

»Was möchtest du, schönes Mädchen von Irgendwo?«, fragte mich Tom.

»Apple Juice«, sagte ich mit Betonung auf dem »a«; und obwohl er protestierte, drückte ich ihm fünfzig Pence in die Hand.

»Sie lässt sich nichts schenken«, sagte Danny. »Gib dir keine Mühe.«

»Emanzipiert, was?«, fragte Tom und musterte mich mit einem Blick, als wäre ich eine neu entdeckte Insektensorte mit Borsten und Flügeln; und ich musste lachen. Seine Versuche, sich als Macho aufzuspielen, waren unfreiwillig komisch.

»Sie nimmt mich nicht ernst«, beklagte er sich bei Danny.

»Aber nicht doch«, sagte ich, ebenfalls zu Danny. »Wie kommt er nur darauf?«

Tom kam erst zurück, als die nächste Gruppe auftrat;

vermutlich hatte er an der Bar ein Mädchen getroffen, das hier ebenso neu war wie ich. Danny war inzwischen so dicht an mich herangerückt, dass kein Platz mehr blieb, sich dazwischenzudrängen. Tom musste sich mit der Fensterbank begnügen.

Die zweite Gruppe hieß *The Grampians* und spielte Tanzmusik: Reels, Jigs und schottische Walzer, wie Danny mir erklärte. Es war eine Musik, die total in die Beine ging. Man hatte das unwiderstehliche Gefühl, aufspringen und tanzen zu müssen. Die Leute klopften den Takt mit den Füßen, trommelten mit den Fingern auf die Tischplatte und wackelten mit den Köpfen – man konnte einfach nicht ruhig sitzen bleiben. Ein paar fingen zu tanzen an, obwohl eigentlich kein Platz dafür war. Sie hüpften zwischen den Stühlen herum, bis der Mann mit dem grauen Schopf auftauchte, mit ihnen redete und dabei auf die Lautsprecheranlage deutete.

»Früher war's üblich, bei einem Ceilidh auch zu tanzen«, hörte ich Dannys Stimme an meinem Ohr. »Es gab meistens eine richtige Tanzfläche und außerdem hat man natürlich ohne die ganzen technischen Hilfsmittel gespielt.«

»Es ist irgendwie unnatürlich, Tanzmusik zu hören und dabei sitzen zu bleiben«, sagte Sheila. »Tanzt du gern, Laurie?«

»Nicht die üblichen Tänze. Ich mag's nicht, wenn man aufpassen muss, dass man die richtigen Schritte macht. Freies Tanzen ist schöner. Aber eure Tänze könnte ich sowieso nicht.«

»Das kann man von allein«, behauptete Danny. »Die Musik bringt es einem bei. Sie fährt einem in die Füße und man lässt sie machen, was sie wollen. So einfach ist das.«

Ich musste lachen. In unserer Nähe war Tom auf einen Tisch gesprungen und ließ »seine Füße tanzen«. Mit seiner alten Uniformjacke sah er wie eine Marionette aus. Die Leute klatschten und feuerten ihn durch Pfiffe und Zurufe an. Jemand stieß jodlerähnliche Schreie aus und die Musiker fiedelten wie besessen. Dann brachte der Banjospieler ein Solo und Tom klatschte sich auf die Schenkel und vollführte Luftsprünge, während sich ringsumher immer mehr Zuschauer sammelten.

Ich spürte, wie der Boden vibrierte. Jemand schaltete die Verstärkeranlage aus. Plötzlich klang die Musik dünner, doch sie ging einem noch immer ins Blut. Tom sprang vom Tisch und tanzte mit einem Mädchen, das langes rotblondes Haar hatte. Auch andere versuchten wieder zu tanzen, wo sie gerade ein bisschen Platz fanden, bis der Jig – oder war es ein Reel? – unvermittelt abbrach.

Die Musiker wischten sich den Schweiß von der Stirn. Wildes Stimmengewirr setzte ein. Es wurde geklatscht und die Leute drängten zur Bar wie eine Schafherde zur Tränke.

Inzwischen war die Luft zum Schneiden, denn überall wurde wie verrückt geraucht. Danny öffnete ein Fenster und wir setzten uns auf die Fensterbank, während der Typ mit dem gestreiften Pinguinfrack wieder auftauchte, die günstige Gelegenheit ergriff und sich neben Sheila niederließ.

Es war jetzt fast zehn Uhr und Danny meinte, die Musiker würden wohl eine Pause einlegen.

»Wie lange wird es noch dauern?«, fragte ich, plötzlich unruhig beim Gedanken an Onkel Scott und die kranke Stute. »Ich möchte gegen Mitternacht zu Hause sein, damit ich mich an der Nachtwache beteiligen kann.«

»Im Stall, meinst du? Bis halb zwölf wird es wohl gehen. Aber wir können ja früher aufbrechen, wenn du willst.«

Ich schüttelte den Kopf. »Ihr sollt euch nicht nach mir richten. Wahrscheinlich ist es sowieso am besten, wenn ich den Bus nehme. Onkel Scott will mich in Dingwall abholen. Allerdings hab ich vergessen, nachzusehen, wann der letzte Bus fährt.«

Danny überlegte. Der frische, kühle Wind blies ihm das Haar aus der Stirn. »Zwischen elf und halb zwölf, würde ich sagen. Aber das können wir herausfinden; irgendjemand wird es schon wissen. Notfalls kann ich auch zur Bushaltestelle rüberlaufen. Es ist ja nur ein paar Schritte von hier.«

Geschrei drang von der Bar herüber. Drei rotgesichtige Männer hatten offenbar schon zu viel getrunken und begannen streitsüchtig zu werden.

»Wenn das so weitergeht, gibt's am Ende noch eine Rauferei«, äußerte Danny unbeeindruckt. »Die Schotten trinken gern. Aber das sagt man ja von den Bayern auch.«

Ich nickte. »Aber sie trinken Bier, keinen Whisky.«

»Wir Schotten sind auch nicht dauernd am Whiskyschlürfen, genauso wenig, wie wir ständig im Kilt herumlaufen.«

»Hast du einen Kilt – oder einen Tartan?«

»Nein«, sagte er. »Hab ich nicht. Tartan nennt man übrigens die Muster und Farben des Kilts. Das ganze Brimborium um die Tartans ist eigentlich erst durch den Tourismus entstanden. Sicher hatten die MacClintocks mal einen eigenen Tartan, aber mein Vater hat sich nie darum gekümmert und ich mich auch nicht. Es ist so, dass die alten Skoten ihre Kleidung mit Naturfarben aus Moos, Ruß und Pflanzen gefärbt haben. Die chemisch gefärbten Schottenmuster unserer

Zeit haben also nicht mehr viel mit den ursprünglichen Familientartans gemeinsam. Außerdem hat man den Hochländern nach der Schlacht von Culloden, bei der wir Schotten unsere Selbstständigkeit verloren haben – 1746 war das – das Tragen der Tartans verboten; und danach sind die meisten Original-Tartans verloren gegangen. Echte Tartans gibt's also kaum noch, auch wenn mit den schottischen Stoffen schwunghafter Handel getrieben wird.« Er lächelte. »Ich spiele auch nicht auf dem Dudelsack, und Whisky trinke ich nur, wenn ich erkältet bin.«

Das Geschrei an der Bar wurde heftiger. Ein Mann, der wie der Riese Goliath aussah, hatte einen anderen, kleineren Kerl am Kragen gepackt und schüttelte ihn wie einen jungen Hund.

Eine Weile saßen Danny und ich schweigend nebeneinander. »Du hast ja nichts mehr zu trinken«, stellte er schließlich fest. »Soll ich dir noch einen Saft holen?«

»Nein, danke. Ich glaube, es ist besser, wenn du vorerst nicht an die Bar gehst.«

Er beugte sich vor und sah mir ins Gesicht. »Was ist los? Du siehst plötzlich so bedrückt aus.«

Ich zögerte. »Ach, es ist wegen Onkel Scott. Ich find's scheußlich, ihn beschwindeln zu müssen. Diese ganze Lügengeschichte, dass er mich vom Bus abholen soll, wo es Fairy Queen gerade so schlecht geht – und dass ich ihm nicht einfach sagen kann, ihr bringt mich nach Hause...«

Dannys Blick war ernst. »Und warum sagst du's ihm eigentlich nicht?«

»Das weißt du doch. Er würde sich maßlos ärgern und Terror machen und sich aufregen...«

»So was geht vorbei. Irgendwann muss er's ja doch mal erfahren, und dann machen die Lügen alles nur noch schlimmer. Er muss doch kapieren, dass du selbst entscheiden kannst, mit wem du dich triffst. Er hat kein Recht, dir Vorschriften zu machen, wenn's um dein Privatleben geht.«

Ich wusste, dass Danny Recht hatte; dass es wichtig ist, ehrlich zu sein und für sich selbst einzustehen. Damit hatte ich seit jeher meine Schwierigkeiten. Wenn meine Eltern mir bestimmte Dinge verboten, die ich für mein gutes Recht hielt, hatte ich mich deswegen nur selten richtig mit ihnen auseinandergesetzt, sondern einfach heimlich getan, was ich wollte. Das ging dann nie ohne schlechtes Gewissen ab, obwohl ich mich doch eigentlich im Recht fühlte. Ähnlich war es jetzt mit Onkel Scott. Wieder einmal tat ich etwas heimlich, wovon ich glaubte, dass es mir zustand, ohne jedoch offen dafür einzustehen.

»Ich fahre mit euch nach Hause«, sagte ich unwillkürlich. »Und wenn er mich fragt, wie ich zurückgekommen bin, sage ich ihm die Wahrheit. Er wird mich schon nicht gleich rauswerfen.«

»Bist du sicher?«, fragte Danny halb scherzhaft, halb im Ernst.

»Ein solches Monster ist er nicht, auch wenn du das offenbar noch immer von ihm glaubst.«

Mir war wohler, jetzt nachdem ich die Sache für mich geklärt hatte, auch wenn es der unbequemere Weg war. Ich beschloss, mir keine Sorgen zu machen, sondern alles auf mich zukommen zu lassen. Inzwischen war das Stimmengewirr um uns her weiter angeschwollen und die Rauchschwaden verdichteten sich. Im Saal brodelte es wie in einem Hexenkessel.

Plötzlich gingen die Lichter aus, doch nur für einen Augenblick, was wildes Gejohle, Kreischen und Gelächter auslöste. Dann wurden die Scheinwerfer eingeschaltet und zwei Männer mit Ziehharmonikas standen im Licht, die mich mit ihrem langen, krausen grauen Haar, den Rauschebärten und verwitterten Gesichtern an Gartenzwerge erinnerten. Offenbar waren sie dem Publikum bekannt, denn die Leute klatschten heftig und feuerten sie durch Zurufe an, die ich nicht verstand.

Auch die beiden spielten wieder Tanzmusik – einen schottischen Walzer, der *My Heart is in the Highlands* hieß, wie Sheila mir erklärte. Das Motiv voll altmodischer Naivität und Lebenslust, das sich ständig in veränderter Form wiederholte, weckte eine schwache Erinnerung in mir; so, als hätte ich auch diese Melodie schon einmal gehört, vor langer Zeit; und plötzlich zog Danny mich von der Fensterbank, legte den Arm um mich und wir begannen uns in dem schmalen Gang zwischen der Wand und den Stühlen im Takt der Musik zu drehen.

Ich hatte noch nie Walzer getanzt, hatte nie geahnt, wie schön dieser Tanz sein kann. Doch in Dannys Arm gehalten zu werden, fest und sanft, und nach den Ziehharmonikaklängen zu tanzen, wie es vor uns wohl schon viele Generationen schottischer Paare getan hatten, jung und alt, war wie eine Szene aus einem glücklichen Traum. Ich hätte mich ewig so drehen mögen, wünschte, die Zeit würde stillstehen. Wenn wir unter freiem Himmel getanzt hätten, barfuß auf einer Wiese, es hätte nicht schöner sein können als hier zwischen Tischkanten und Stühlen und Leuten, die uns anrempelten. Die Rauchschwaden schienen sich zu teilen wie Nebel um einen Zauberberg, und mit dem Gesicht an Dannys Schulter prägte ich mir seinen unverwechselbaren Geruch nach einfacher Seife, Schafen, Schweiß und dem Rauch von Holzfeuern ein, der eins war mit der Musik. Jäh verspürte ich eine ungeheure Welle der Freude, jung zu sein, dieses siebzehnte Jahr meines Lebens in Schottland verbringen zu dürfen und Danny zu kennen – so, als hätte das Leben an diesem Abend sein ganzes Füllhorn über mir ausgeschüttet.

Es war viel zu kurz, wie alles, was schön ist. Ich fühlte mich schwindlig, als die Musik ganz plötzlich abbrach, wie die meisten schottischen Stücke, und Danny mich losließ, so dass ich unversehens allein dastand und mich verwirrt umsah.

»Du tanzt gut«, sagte Danny und sah mich seltsam an.

Ich schüttelte den Kopf. »Ich hab noch nie Walzer getanzt.«

Dabei dachte ich, dass ich es wohl mit keinem anderen gekonnt hätte als mit ihm. Doch das sagte ich ihm nicht.

5

*D*as hustende, keuchende Geräusch des alten Wagens verklang in der Ferne. Obwohl der Mond schien, war die Auffahrt zu *The Laurels* sehr dunkel, denn die Bäume bildeten ein dichtes Laubdach, hinter dem man den Himmel mit seinen Gestirnen nur ahnen konnte.

Ich hatte das Gefühl, durch eine Berghöhle zu wandern, geheimnisvoll und abgeschieden von der Außenwelt bis auf das Raunen des Windes, das eintönige Zirpen einer Grille oder Zikade und gelegentliche huschende, wispernde Laute, die mir unheimlich waren, weil ich als Stadtmensch ihren Ursprung nicht kannte.

Selbst das Knirschen des Kieses unter meinen Schuhsohlen hatte etwas Beklemmendes. Ich bedauerte nun fast, dass ich Dannys und Sheilas Angebot, mich bis vors Haus zu fahren oder mich wenigstens ein Stück zu Fuß zu begleiten, abgelehnt hatte. Doch es war eine Sache, Onkel Scott gegenüber ehrlich zu sein und ihm zu sagen, mit wem ich den Abend verbracht hatte; eine andere aber, die Nachkommen seiner »Erzfeinde« mit bis vors Haus zu bringen. Ich wollte nicht riskieren, dass er Danny und Sheila sah und erkannte, einen Wutanfall bekam und uns womöglich alle drei vom Grundstück jagte wie in einem Operndrama.

Trotzdem wäre es schön gewesen, dieses letzte Stück mit Danny zusammen zu gehen; seine Gegenwart hätte die Auffahrt zu einem romantischen Ort gemacht. So aber war sie eher beängstigend wie die Kulisse eines Gruselfilms. Ich merkte, wie ich schneller und schneller ging, bis ich schließlich fast lief.

Die Lampe vor dem Haus brannte und verbreitete tröstliches Licht. Einer der Hunde schlug an; es war Darts Gebell, dunkler als das von Rascal. Ich lauschte einen Augenblick lang und ging dann den schmalen Pfad zwischen der Hausmauer und dem vernachlässigten Blumengarten entlang, aus dem der schwere, süße Vanilleduft der Lilien kam, vorbei am Glashaus, dessen Scheiben im Mondlicht schimmerten wie Schneewittchens gläserner Sarg.

Auch die Lampe über dem Stalltor war angeschaltet und

warf ihren gelben Schein über das Pflaster bis zum Brunnen. Eine geschmeidige Gestalt löste sich aus der Dunkelheit der Büsche und kam auf mich zugestürmt, gefolgt von einem zweiten Schatten – Dart und Rascal. Ich kniete nieder und streichelte die Hunde; und in ihr Begrüßungsgewinsel hinein hörte ich, wie die kleine, rundbogige Tür im Stalltor geöffnet wurde.

Onkel Scott stand auf der Schwelle, groß und hager. Zum ersten Mal bemerkte ich an seinem Umriss zwischen Licht und Dunkelheit, dass seine Schultern leicht gebeugt waren.

Ich stand auf, ging zu ihm und dachte: Jetzt ist es soweit. Gleich wird er mich fragen, wie ich heimgekommen bin, und ich muss es ihm sagen.

Doch er fragte nicht. Sein knochiges Gesicht mit dem etwas zu lang geratenen Kinn wirkte müde, die grauen Augen lagen tief in den Höhlen.

»Gut, dass du da bist, Laurie«, sagte er nur. »Wir mussten Will noch mal holen.«

Ich erschrak. »Geht's Fairy schlechter? Sie ist doch nicht...«

»Nein«, erwiderte er und seufzte, »tot ist sie nicht. Aber sie hat plötzlich hohes Fieber bekommen. Will hat ihr einen Fiebertee gekocht und ihr etwas zur Beruhigung gegeben. Sie schläft jetzt.«

»Ist Allan bei ihr?«

»Er ist vor einer halben Stunde nach Hause gefahren.«

Ich legte die Hand auf seinen Arm und sagte: »Geh jetzt ins Bett; du musst müde sein. Ich bleibe bei ihr. Du brauchst dir keine Sorgen zu machen, ich wecke dich, falls es ihr schlechter geht.«

»Bist du denn nicht müde?«

»Nein«, sagte ich und das stimmte. Es war ein so schöner Abend gewesen, ich hätte jetzt sowieso noch nicht schlafen können.

»Also gut. Ich stelle den Wecker. In zwei Stunden löse ich dich ab.«

»Drei«, sagte ich. »Wirklich, es macht mir nichts aus.«

Er lächelte leicht. »Hast du einen schönen Abend gehabt?«

»Sehr schön.«

Er ging und Dart folgte ihm, doch Rascal blieb bei mir und begleitete mich in den Stall, wo Fairy Queen auf ihrer Streu lag und erschöpft schlief. Wir ließen uns auf einer zusammengelegten Filzdecke nieder, Rascal und ich; und ich war froh darüber, dass der Hund mir Gesellschaft leistete, dass ich nicht allein in dem schlecht beleuchteten Stall wachen musste, dessen Ecken und Winkel im Dunkel lagen, allein mit der kranken Stute, dem Geräusch ihrer schweren Atemzüge, allein in der Nacht.

Bald schlief Rascal eng an mich geschmiegt, den Kopf auf meinem Oberschenkel, und ich lauschte auf Fairy Queens Atem und das Summen der Fliegen um die Glühbirne, das ferne Schnauben eines Pferdes, den Ruf eines Nachtvogels. Wenn ich die Augen schloss, sah ich mich mit Danny zu der alten Melodie von *My Heart is in the Highlands* tanzen, hörte dabei sogar die Klänge der Ziehharmonika – doch das war gefährlich, denn diese Phantasien hatten eine sanfte, einschläfernde Wirkung.

So öffnete ich die Augen gewaltsam wieder und versuchte an andere Dinge zu denken: an die Briefe, die ich meinen Eltern und Annika schreiben wollte, die längst fälligen Arbeiten im Haus und daran, was ich morgen – oder vielmehr heute schon – für Onkel Scott kochen wollte. Mit solchen Überlegungen hielt ich mich wach, während Rascal leise schnarchte und im Schlaf gelegentlich mit den Pfoten zuckte.

Mit der Zeit wurden Fairy Queens Atemzüge leichter und weniger Schweiß bildete sich auf ihrem schwarzen Fell. Gegen halb drei erwachte sie und wurde unruhig, und ich streichelte ihre Flanke, auf der sich alte Sporennarben abzeichneten, und maß ihre Temperatur. Sie war noch immer erhöht, wenn auch nicht Besorgnis erregend. Da ich vermutete, dass sie durstig war, holte ich den Eimer mit Wasser, der in der Ecke stand. Sie war jedoch zu erschöpft, um sich aufzurichten und zu trinken.

Ich ging in die Sattelkammer und Rascal, der aufgewacht war, trottete schlaftrunken hinter mir drein. Dort fand ich nach einigem Suchen einen Becher, kniete damit dicht neben der Stute nieder, hob ihren Kopf etwas an, so behutsam ich konnte, und versuchte ihr mit dem Becher Wasser einzuflößen.

Anfangs klappte es nicht. Das Wasser floss immer wieder zwischen ihren dunklen Lippen hervor und versickerte in der Streu. Ich merkte jedoch an ihren krampfhaften Schluckbewegungen, dass sie wirklich Durst hatte und zu trinken versuchte. Also probierte ich es wieder und wieder, so lange, bis mir der stützende Arm wehtat. Doch schließlich hatten wir beide begriffen, wie es am besten ging; und ich war selig, als sie fast vier Becher voll Wasser getrunken hatte und den Kopf ruhig zurücksinken ließ, wohl zum Zeichen, dass sie genug hatte.

Irgendwie hatte ich von diesem Zeitpunkt an das Gefühl,

dass die Krise überstanden war, obwohl ich nicht hätte sagen können, woher ich diese Überzeugung nahm. Fairy Queen schlief wieder und Rascal streckte sich auf der Filzdecke aus.

Mein Herz war plötzlich leicht und froh wie eine schottische Walzermelodie. Ich lehnte Kopf und Schultern gegen die Holzwand, die die Boxen trennte und glatt und dunkel vom Alter war. Hinter den Fenstern wurde die Schwärze der Nacht langsam zum Grau der ersten Morgendämmerung.

Ich schlief bis halb zehn und Onkel Scott weckte mich nicht. Draußen regnete es, obwohl es nach Mitternacht sternklar gewesen war. Das schottische Wetter mit seinen plötzlichen Umschwüngen und der Neigung zu regnerischen Tagesanfängen verwirrte mich stets aufs Neue. Doch die Drosseln sangen in der Wildnis aus Büschen und Bäumen, die *Brooks Pasture* säumte, Pferdegewieher klang von den Koppeln herüber und Rascal scharrte an meiner Tür.

Die Reste von Onkel Scotts Frühstück standen noch auf dem Tisch; er selbst war fort. Noch während ich das Kaffeewasser aufsetzte, schallte der Türklopfer durchs Haus, und eine drahtige Dame, die mit ihren grauen Locken, der runden Nase und den noch runderen braunen Augen wie ein Terrier aussah, stand in der Tür. Sie stellte sich als Mrs. Kirkish vor, nannte mich »Love« und ließ ihre flinken Augen unternehmungslustig durch unsere schlampige Halle schweifen wie ein Großwildjäger, der mitten in einen Zoo geraten war.

»Sie sind die Dame, die bei uns arbeiten will?«, fragte ich höflich und sie nickte und erwiderte ungeniert in reinstem schottischen Dialekt: »Ja, ganz recht, die Putzfrau, Love. Hier gäb's ja einiges für mich zu tun.«

»O ja«, bestätigte ich. Die drahtige Frau gefiel mir. Sie schien weder kränklich noch heiratslustig zu sein, und offenbar mochte sie Tiere, denn als Rascal sie vorsichtig beschnupperte, um festzustellen, ob man ihr trauen konnte, nannte sie ihn einen »hübschen kleinen Burschen« und kraulte ihn hinter den Ohren, was er sich gnädig gefallen ließ. Das war ein gutes Zeichen.

Ich lud Mrs. Kirkish ein, Kaffee mit mir zu trinken, rannte ins Wohnzimmer, öffnete eines der hinteren Fenster und rief nach Onkel Scott. Kaum war ich wieder in der Küche, sah ich durch das Vorderfenster einen kleinen Mann auf einem Fahrrad daherstrampeln. Es war Will, der Schäfer, in einem grauen Umhang, mit Gummistiefeln und triefenden Haaren. Ich ließ ihn ins Haus und bot ihm ebenfalls Kaffee an; er lehnte jedoch ab und war sichtlich erfreut, als Onkel Scott auftauchte und ihm einen Whisky einschenkte.

»Ich hab Bergkräuter für das alte Mädchen mitgebracht«, verkündete Will und legte eine durchgeweichte braune Tüte auf den Tisch. »Zur Stärkung und damit die Milchdrüsen sich nicht entzünden und verhärten. Dreimal am Tag eine Hand voll auf einen Liter Wasser, eine Viertelstunde ziehen lassen und dann ins Trinkwasser mischen. Wie geht es ihr?«

»Besser«, sagte Onkel Scott, nachdem er Mrs. Kirkish begrüßt hatte. »Sie hat schon etwas Mash gefressen.«

»Sie züchten Pferde?«, fragte Mrs. Kirkish.

»Nein«, sagte Onkel Scott. »Wir kümmern uns hier um alte und kranke Pferde, die außer dem Metzger keiner mehr haben will.«

Mrs. Kirkish war begeistert. Innerhalb weniger Minuten waren sie, Onkel Scott und Will in ein Gespräch über Tierschutz vertieft, und ich saß dabei, aß Buns, weiche Brötchen, mit Orangenmarmelade und war's zufrieden, ihnen zuzuhören, auch wenn ich Schwierigkeiten hatte, Wills und Mrs. Kirkishs Dialekt zu verstehen. Ich fühlte, sie war die richtige Frau für uns, wusste auch, dass Onkel Scott es wusste; und als nach einer weiteren halben Stunde eine dickliche Frau auftauchte, um sich ebenfalls nach dem Job zu erkundigen, waren Onkel Scott und Mrs. Kirkish gerade im Wohnzimmer und vereinbarten die näheren Einzelheiten wie Bezahlung und Arbeitszeit.

Ich erklärte der molligen Dame, dass wir uns gerade für jemand anderen entschieden hätten, und sie entfernte sich brummend, während Will in den Stall marschierte, um nach Fairy Queen zu sehen.

Ich traf ihn eine Weile später auf dem Weg zum Schuppen und er lächelte sein gelassenes Lächeln und meinte, die »Lass« hätte es geschafft, in ein paar Tagen würde sie wieder herumspringen.

»Du bist nachts bei ihr gewesen, hab ich gehört«, sagte er. »Hast deine Sache gut gemacht. Kranken Menschen soll man die Hand halten und Tieren die Pfote oder den Huf, da ist kein großer Unterschied. Ich mache das mit meinen Sheepies auch so, wenn ihnen was fehlt.«

Ich sagte, ich hätte nichts getan, als Fairy Queen zu trinken gegeben, aber er schüttelte den Kopf. »Die einen haben's, die anderen nicht«, erwiderte er geheimnisvoll. »Es ist ein Talent wie Malen oder Komponieren. Du bist eine Pferdefrau. Hab's auf den ersten Blick gesehen.«

Mit dieser denkwürdigen Rede verschwand er um die Hausecke und ich ging zum Futterschuppen, glücklich wie ein Hamster, der beide Backen voller Vorräte hat. Nicht einmal die unangenehme Arbeit des Äpfelschnitzelns und Rübenschneidens machte mir etwas aus. Eine ganz bestimmte Walzermelodie summend, die mir nicht aus dem Sinn ging, saß ich auf einem dreibeinigen Hocker unter dem vorspringenden Schuppendach, schnitt und schnitzelte und sah in den Regen.

Später ging ich mit einem Eimer voller Vitamine – Äpfel und Mohrrüben – zu *Laurels Pasture* hinüber, wo Myrddin und Siebenschön noch immer allein weideten. Noch wagten wir es nicht, sie zu den anderen Pferden auf *Bulls Field* oder *Brooks Pasture* zu bringen; doch immerhin konnte man sich ihnen jetzt ohne Furcht nähern.

Ich öffnete das kleine Gatter und sie sahen von ihrem Unterstand, der aus einem Dach zwischen Baumstämmen und drei Bretterwänden bestand, zu mir herüber. Ich blieb stehen und lockte sie leise und zärtlich. Jedes laute, harte Wort konnte sie ängstigen; und ihre Augen verrieten noch immer Spuren von Misstrauen und Wachsamkeit. Doch ich wusste, auch sie würden mit der Zeit lernen, dass in *The Laurels* andere Gesetze herrschten als dort, wo sie hergekommen waren, und dass es auch Menschen gab, die keine bösen Überraschungen für sie bereit hielten.

Da sie handscheu waren, hatten wir uns angewöhnt, ihnen einen Teil des Futters mit der Hand anzubieten, was mich anfangs beim Anblick ihrer zurückgelegten Ohren ziemliche Überwindung gekostet hatte. Jetzt aber fürchtete ich mich nicht mehr vor ihnen – schon gar nicht an einem Tag wie heute.

Siebenschön, die ich selbst nach einem deutschen Märchen

getauft hatte, weil keiner ihren ursprünglichen Namen kannte, fraß als Erste von den Äpfeln, die ich in den ausgestreckten Händen hielt. Myrddin, die Araberstute, zögerte anfangs noch, folgte dann aber dem Beispiel ihrer Gefährtin und nahm mir die Apfelschnitze sehr vorsichtig und mit gespitzten Lippen aus der rechten Hand. Dabei ließ sie mich nicht aus den Augen, als könnte mir jeden Moment doch noch etwas Teuflisches einfallen.

Während die beiden kauten, sah ich mir die Brust der isabellfarbenen Stute an. Die kahlen, nässenden Stellen verheilten; ihr wunderbar gefärbtes Fell verlor seine Stumpfheit und bekam wieder mehr Glanz. Auch Myrddins Satteldruckstellen waren endlich abgeheilt und hatten in den letzten Tagen Wundschorf angesetzt, der sich hoffentlich bald lösen würde, damit neues Haar nachwachsen konnte. Sie war ein edles, wertvolles Tier, doch durch jahrelange falsche Behandlung verdorben und als Reitpferd nicht mehr zu gebrauchen. Ich fragte mich, wie viele hoffnungsvolle Reiter sie schon abgeworfen und wie viele Schläge sie dafür bekommen haben mochte.

Es tat gut, ihnen zuzusehen, wie sie fraßen, zu spüren, wie ihre weichen Lippen vorsichtig die Äpfel von meiner Handfläche nahmen. Mein Herz wurde warm und weit, als ich daran dachte, wie ich sie am Tag nach meiner Ankunft zum ersten Mal im Stall gesehen hatte – verstört und furchtsam wie misshandelte Kinder. In diesen zwei Wochen waren sie vertrauensvoller und entspannter geworden. Bald würden sie mit den anderen Pferden auf der großen Koppel am Bach gehen, und neue Pferde würden unsere Sorgenkinder sein und hier auf *Laurels Pasture* Zuflucht finden.

Mit dem leeren Eimer ging ich zum Gatter zurück, wo Dart und Rascal auf mich warteten. Auch sie waren hungrig und wollten gefüttert werden. Onkel Scott hatte Recht, wenn er sagte: »Der größte Teil des Tages besteht hier darin, hungrige Mäuler zu stopfen.«

Der Regen hatte nachgelassen. Ein heller Streifen zog sich über den Himmel. Die Seemöwen kreischten jenseits des Wäldchens, wo Danny wohnte; und ich fragte mich, ob auch er jetzt im Freien stand und sie hörte.

»Wenn Onkel Scott Danny und Sheila nur unvoreingenommen kennen lernen könnte«, sagte ich zu den Hunden, die eifrig neben mir her sprangen, »dann müsste er sie einfach gern haben.«

Beim Schuppen begegnete uns MacDuff, der offenbar einen mehrtägigen Streifzug hinter sich hatte und dementsprechend zerrauft aussah. Sein linkes Ohr war blutverkrustet und er hinkte leicht. Als er mich sah, begann er sofort klagend zu maunzen, strich um meine Beine und humpelte schließlich im Verein mit den Hunden hinter mir her, sodass ich mir wie der Rattenfänger von Hameln vorkam.

Der Kater folgte mir auch in den Stall, während Dart und Rascal sich vor dem Tor postierten. Sein Maunzen wurde bei jedem Schritt lauter und fordernder.

»Halt den Schnabel«, sagte ich streng. »Du bist einen Tag und zwei Nächte lang nicht nach Hause gekommen, also wirst du jetzt auch noch zehn Minuten auf dein Futter warten können.«

Fairy Queen stand in ihrer Box. Sie ließ den Kopf noch immer hängen; es sah aus, als würde sie trauern. Doch ihre Ohren bewegten sich, als ich näher kam, und ihre Augen waren lebhafter. Ich streichelte sie und betastete vorsichtig ihren Bauch. Ihr Gesäuge war leicht geschwollen.

»Zeit für deinen Tee«, sagte ich. »In einer halben Stunde kriegst du ihn, mein Mädchen.«

Onkel Scott war verschwunden, als ich ins Haus kam. Ich setzte Wasser auf, fütterte MacDuff und die Hunde, überbrühte Fairy Queens Kräutertee und begann dann das Geschirr abzuspülen.

Das Radio brachte den Wetterbericht – Regen, Wind und Sonnenschein, wie üblich – und dann schottische Musik. Die Glasgower Polizei-Dudelsackband spielte *Scotland the Brave* und eine Männerstimme sang *The Piper of Dundee* und *Annie Laurie*.

MacDuff schlief auf dem Sofa, als ich mit dem Teetopf die Küche verließ. Die Hunde begleiteten mich wieder zum Stall. Ich mischte den Kräutertee mit Wasser und tränkte Fairy Queen damit; dann gab ich ihr die restliche Melasse, die Onkel Scott auf der Stallgasse bereitgestellt hatte, und kehrte zu meinen Kochtöpfen zurück.

Diesmal saß Onkel Scott in der Küche. Er war gut gelaunt und ungewöhnlich redselig.

»Hast du Fairy den Tee gebracht?«, fragte er. »Gab's irgendwelche Schwierigkeiten?«

»Überhaupt nicht. Sie hat ganz normal getrunken.«

»Diese Mrs. Kirkish scheint eine patente Person zu sein«, fuhr er fort. »Hat was für Tiere übrig und benimmt sich vernünftig. Kein überflüssiges Geschwätz, keine Süßholzraspelei.«

Ich sagte, ich fände sie auch nett, und schnäuzte mich, weil meine Augen vom Zwiebelschneiden tränten.

»Genau die richtige Frau für uns«, sagte Onkel Scott. »Gleich am Montag will sie kommen.«

Ich dachte daran, dass der Montag auch Mrs. Tweedies Tag war, und fragte mich, wie die beiden Frauen miteinander auskommen würden. Es bestand immerhin die Möglichkeit, dass die alte Dame Mrs. Kirkish als Nebenbuhlerin betrachtete oder wie üblich versuchte, ihr Befehle zu erteilen.

Das Wasser kochte. Ich gab die Spagetti hinein, während Onkel Scott mich fragte, wie es beim Ceilidh gewesen sei. Ich erzählte von der Musik und wie schön ich sie gefunden hätte. Dabei briet ich die Zwiebeln im Fett an und fügte verdünntes Tomatenmark hinzu.

»Hoffentlich hast du auch junge Leute kennen gelernt«, sagte er. »Du wirst doch nicht den ganzen Abend allein herumgesessen sein?«

Das Tomatenmark begann zu brodeln. Ich stocherte in den Nudeln herum und versuchte sie am Zusammenkleben zu hindern. Jetzt war die Bombe am Platzen.

»Ich bin nicht allein gewesen«, sagte ich todesmutig. »Danny und Sheila waren dabei.«

Obwohl ich ins Spagettiwasser starrte, merkte ich, dass er sich aufrichtete. Die Rückenlehne seines Stuhles knarrte. In MacDuffs wohlige Schnarchtöne hinein fragte er: »Die MacClintocks?« Seine Stimme klang Unheil verkündend.

»Ja«, sagte ich.

Eine Weile herrschte explosives Schweigen in der Küche. Ich goss die Nudeln in ein Sieb, froh, dass ich etwas zu tun hatte. Ich stellte die Teller auf den Tisch.

»Ich vermute, du hast sie nicht zufällig getroffen?«, fragte Onkel Scott.

Ich schüttelte den Kopf. Rascal lag unter dem Tisch, die Nase auf den Pfoten, und seufzte tief. Im Radio berichtete ein Reporter von der Ankunft der königlichen Familie auf Schloss Balmoral. Onkel Scott stand auf und stellte das Radio mit einer heftigen Bewegung ab.

»Sei nicht böse«, sagte ich. »Ich wollte dich nicht...« Das Wort »hintergehen« fiel mir nicht ein, also fing ich von neuem an: »...ich wollte dich nicht ärgern. Ich mag die beiden einfach. Und es war schön mit ihnen. Sie sind nett, ehrlich. Ich wollte, du würdest sie kennen.«

Ich versuchte ihm ins Gesicht zu sehen, aber er stand jetzt am Fenster und drehte mir den Rücken zu. Meine Hände zitterten, als ich die Nudeln auf die Teller häufte und Tomatensauce darüber verteilte. Dabei rechnete ich jeden Augenblick damit, dass Onkel Scott aus der Küche stürmen und die Tür hinter sich zuschmettern oder mich auffordern würde, meinen Kram zu packen und mit dem nächsten Bus nach Hause zu fahren.

»Das Essen ist fertig«, sagte ich schließlich. Meine Stimme klang dünn wie Grillengezirp.

Onkel Scott drehte sich um. Sein Gesicht war ziemlich blass. Er hatte die Lippen fest aufeinander gepresst und seine Kinnmuskeln traten hervor. Mit ein paar Schritten war er beim Tisch, nahm seinen Teller, leerte die Spagetti mit der Tomatensauce in die Hundeschüsseln, knallte den Teller ins Spülbecken und stampfte aus der Küche, ohne ein Wort zu sagen.

Die Hunde stürzten sich auf ihr unerwartetes zweites Mittagessen. Ich ließ mich auf einen Stuhl fallen und wusste nicht, ob ich lachen oder weinen sollte.

Jetzt ist die Schokolade total am Dampfen!, dachte ich. Aber immerhin hatte er mich nicht vor die Tür gesetzt.

6

Das ganze Wochenende hindurch herrschte Gewitterstimmung im Haus. Wir saßen nicht wie sonst abends noch zusammen im Wohnzimmer, lasen oder unterhielten uns oder sahen irgendeine alberne Show an, wie sie das britische Fernsehen im Überfluss brachte.

Da Onkel Scott kein Wort mit mir sprach und an mir vorbeisah, als wäre ich das Gespenst von Canterville, machte ich ausgedehnte Spazierritte; auch abends noch, denn es war lange hell. Obwohl ich samstags eigentlich frei hatte, versorgte ich die Pferde wie gewöhnlich, kochte Mash für Fairy Queen, fütterte die Hunde und den Kater, wusch das Geschirr, packte Wäsche in die Waschmaschine und hängte sie zwischen den Holunderbäumen zum Trocknen auf.

Onkel Scott kam weder zu den Mahlzeiten noch zum Frühstück. Er ging mir aus dem Weg, mied die Küche und fuhr am Sonntag nach der Morgenfütterung mit dem Rover irgendwohin; vielleicht nach Dingwall oder Inverness, um Bekannte zu besuchen; denn sonntägliche Kirchgänge lehnte er ab.

Mir wäre ein handfester Streit lieber gewesen als diese anhaltende Übelnehmerei; seine Art, mich mit Verachtung zu strafen und links liegen zu lassen. Zum ersten Mal, seitdem ich in Schottland war, hatte ich Heimweh, fühlte mich fremd und unbehaglich und fragte mich sogar, ob es nicht ein Fehler gewesen war, für ein ganzes Jahr hierher zu kommen.

Ein Glück, dass ich Rascal hatte, der mich auf Schritt und Tritt begleitete und mir mit jedem Blick seiner braunen Augen, jedem Schwanzwedeln sagte, wie gern er mich hatte und wie glücklich er über meine Anwesenheit war.

Gern hätte ich mit Danny gesprochen. Ich überlegte, ob ich ihn anrufen sollte, doch der Gedanke an die alberne Familienfehde hielt mich davor zurück. Es konnte ja passieren, dass seine Mutter das Telefon abnahm. An meiner Art, Englisch zu sprechen, hätte sie mich bestimmt sofort als »Montroses Nichte« erkannt; und obwohl Danny behauptete, sie hätte immer versucht, sich aus dem Streit herauszuhalten, bezweifelte ich doch, dass sie über eine Freundschaft zwischen ihrem Sohn und mir sehr erfreut gewesen wäre.

Ich beschloss, dem Zufall anderweitig auf die Sprünge zu helfen. Am Sonntagvormittag ritt ich mit Dandy an *Braeside* vorbei, doch das Haus wirkte verlassen und ich sah weder Danny noch Sheila. Nicht einmal Nessie, der schwarze Hund, tauchte auf, um Rascal durch den Zaun anzubellen.

»Eigentlich hätte er ja auch anrufen können, um zu fragen, wie die Sache mit Onkel Scott gelaufen ist«, sagte ich düster zu Dandy, der mit gespitzten Ohren brav den Weg entlangtrabte. »Er hat schließlich gewusst, dass ich die Katze aus dem Sack lassen wollte.«

Dann fiel mir ein, dass gestern mehrmals das Telefon geklingelt hatte. Wer konnte wissen, ob Danny nicht tatsächlich versucht hatte, mich zu sprechen, und von Onkel Scott einfach abgehängt worden war?

»Wenn er das wirklich gemacht hat, springe ich ihm ins

Gesicht, dem alten MacMonster!«, sagte ich und eine heiße Welle der Empörung stieg in mir auf, als wäre diese Vermutung schon eine Tatsache. »Was bildet sich dieser Miesepeter eigentlich ein? Man könnte meinen, Danny wäre ein Verbrecher...«

Onkel Scott war noch nicht zu Hause, als ich vom Spazierritt zurückkam. Ich suchte nach dem Telefonbuch und fand es nach einer halben Stunde unter dem Sofa im Wohnzimmer, in ein Nest von Staubflocken gehüllt.

Die MacClintocks standen unter *Neil MacClintock, Braeside*. Neil hatte wohl Dannys und Sheilas Vater geheißen. Ich umkreiste das Telefon einige Zeit, ehe ich den Mut fand, die Nummer zu wählen, doch es meldete sich niemand. Dann hörte ich den Rover vors Haus fahren, hörte Rascal jaulen und an der Tür kratzen und verschwand wie der Blitz über die Treppe in mein Zimmer, um einen langen und erbitterten Brief an Annika zu verfassen.

Am Montagmorgen benahm sich der Postie, unser stämmiger, redseliger Briefträger, recht merkwürdig. Ich stand am Küchenfenster, weil ich auf Post von zu Hause wartete, und sah, wie er Onkel Scott ein paar Briefe gab und mir dann heimlich zuwinkte, ehe er wieder davonfuhr.

Noch ehe ich die Ursache diese geheimnisvollen Winkes ergründet hatte, tauchte der Postie plötzlich zu Fuß wieder zwischen den Lorbeerbüschen auf, wobei er sich vorsichtig nach allen Seiten umsah.

Onkel Scott war inzwischen hinter der Garage verschwunden. Der Postie näherte sich dem Haus. Ich beugte mich aus dem Fenster und er grinste mir zu wie ein Verschwörer, legte den Zeigefinger an die Lippen, kam dicht an die Mauer heran und flüsterte: »Da... hier hab ich was für dich, wee Lass! Hab dem Laddie versprochen, es dir persönlich zu geben – so, dass keiner was merkt!« Und er streckte die Hand aus, reichte mir einen grauen Umschlag, zwinkerte mit dem linken Auge, drehte sich um und verschwand im Laufschritt über die Auffahrt.

Verdutzt starrte ich auf den Umschlag nieder. Eine Briefmarke klebte nicht darauf. Die Absenderangabe fehlte und auch die Adresse entsprach nicht gerade den üblichen postalischen Vorschriften: *To Laurie at The Laurels* stand darauf in einer Schrift, die ich nie zuvor gesehen hatte.

Ich setzte mich auf die Fensterbank, was bewirkte, dass ein Stapel alter Zeitungen zu Boden fiel und Kater MacDuff, der gerade zärtlich um meine Beine strich, verschreckt zur Seite sprang. Rasch riss ich den Umschlag auf.

Der Brief war von Danny. Mein Herz schlug einen Purzelbaum – vielleicht war es auch ein doppelter Rittberger –, als ich seinen Namen auf dem grauen Papier las. Er schrieb: »Hallo, Laurie! Hoffentlich stellt es Rob, unser Postie, schlau an, dir diesen Brief heimlich... (Hier folgte ein Wort, das ich entweder nicht entziffern konnte oder im Englischunterricht nie gelernt hatte.) Ich möchte nicht, dass du meinetwegen noch mehr Schwierigkeiten mit dem alten MacMonster (der Name war dick unterstrichen) bekommst. Gestern hab ich vesucht, dich anzurufen, aber er hat einfach aufgelegt, sobald er meinen Namen hörte. Nicht gerade die feine schottische Art, wie? Ich vermute, es hat Stunk bei euch gegeben. Lass dich nicht unterkriegen! Kannst du morgen gegen zwei an der Grenze zwischen *The Laurels* und *Braeside* sein – dort, wo wir uns letztes Mal getroffen haben? Falls es nicht klappt, hinterlass eine Nachricht für mich im Efeubaum. Das ist die Eiche hinter eurem Grundstück, am Rand unserer Schafweide. Sie ist zur Hälfte abgestorben und mit Efeu überwachsen; im Stamm ist ein Spalt, in den du einen Zettel legen kannst, falls nötig. (Als Kinder haben wir ihn immer als Briefkasten benutzt, Shee und ich.) – Hoffentlich hast du es nicht bereut, dass du mit uns beim Ceilidh warst. Ich fand es sehr schön. Bis bald, Danny.«

Ich ließ das Blatt sinken. Die Freude darüber, dass Danny mir geschrieben hatte, war so groß, dass ich nicht einmal mehr besonders böse auf Onkel Scott sein konnte. Das Leben kam mir plötzlich wie ein schottischer Sommertag vor, ein einziger Wechsel von Regen und Sonnenschein.

Ich war so beschwingt, dass es mich nicht im Haus hielt. Mit Rascal lief ich zu den Koppeln hinaus, holte Dandy und ritt ohne Sattel, nur mit dem Koppelhalfter zum Fuß des Heathery Hill hinüber.

Das Heidekraut stand jetzt in voller Blüte. Es war, als ritten wir über einen violetten Teppich, der von moorigen Wasserläufen und kleinen Tümpeln durchzogen war. Der Wind trug den würzigen Geruch von See, Moor und Heide mit sich und kühlte mir das Gesicht. Hoch über uns kreischten die Möwen.

Am Bach standen die Pferde. Sie beobachteten uns, die Köpfe witternd erhoben. Plötzlich galoppierten uns Primrose, der Schimmel, und eine silbergraue Stute, die Dove hieß, entgegen, ausgelassen wie Kinder beim Spiel. Rascal bellte schrill und die Pferde umkreisten uns, den Schweif erhoben, die Mähne im Wind wehend; und Dandys Gewieher fand ein vielfaches Echo bei der Herde am Bach.

Wir ritten zurück, zwei reiterlose Pferde, Dandy und ich, gefolgt von Rascal. Die Sonne ließ das Moorwasser glänzen. Hinter den Baumgruppen weideten die Schafe von *Braeside*.

7

Auch am Morgen strafte mich Onkel Scott mit Verachtung; doch es war ein Tag, an dem mich nicht so leicht etwas erschüttern konnte. Ich sang vor mich hin: »Oh Danny boy, the pipes, the pipes are calling...«, während ich die Pferde fütterte.

Allan brachte Fairy Queen wieder auf die Weide und Onkel Scott schien etwas Besonderes vorzuhaben, denn er trug die pfeffer- und salzfarbene Tweedjacke, die für spezielle Anlässe reserviert war, und eine saubere, wenn auch ungebügelte Reithose.

Mrs. Kirkishs erster Arbeitstag war jedoch wohl nicht der Grund für die Feierlichkeit. Sie erschien um neun, resolut und voller Arbeitswut. Sogleich begann sie Teppiche zusammenzurollen und Vorhänge abzunehmen, zwang Allan, den großen Wohnzimmerteppich mit ihr ins Freie zu schleppen, überschwemmte die Dielenbretter mit einer wahren Springflut heißen Seifenwassers und warf alte Zeitungen, zu Bündeln verschnürt, aus dem Fenster.

Als Mrs. Tweedie auftauchte, die grauen Haare ordentlich zu einem Knoten zurückgesteckt und vorsichtshalber einen Schirm in der Einkaufstasche, war Mrs. Kirkish gerade dabei, den großen Teppich zu klopfen, dass es staubte wie beim ersten Wüstensturm.

Die beiden fassten auf den ersten Blick eine herzhafte Abneigung gegeneinander. Mrs. Tweedie rümpfte die Nase und erklärte mir später in der Küche, diese Frau sei ein schrecklicher Dragoner und würde nur eine Menge Staub aufwirbeln und Unruhe ins Haus bringen. Mrs. Kirkish dagegen bezeichnete Mrs. Tweedie als »auld wifie« und wunderte sich darüber, dass sie nicht genug »Rummlegumption« habe, um sich zur Ruhe zu setzen und Strümpfe zu stricken.

Rummlegumption! Ich hatte keine Ahnung, was das heißen sollte – Verstand vielleicht? –, auch wenn ich langsam anfing, mit dem schottischen Dialekt vertraut zu werden. »Keek« war schauen, »wee« klein, und »bairn« hieß Kind; »roondaboot« ungefähr, »lad« oder »laddie« Junge und »lass« oder »lassie« Mädchen. Jedenfalls nahm ich mir vor, darauf zu achten, dass ich nicht zu häufig zwischen die feindlichen Fronten geriet.

Kurz vor dem Mittagessen erschien ein jüngeres Ehepaar mit einer etwa neunjährigen Tochter. Ich stand am Zaun von *Laurels Pasture*, um Siebenschön und Myrddin ihr Mash zu bringen, als sie mit Onkel Scott über den Stallhof kamen.

Er stellte sie mir nicht vor, aber ich hörte, wie er im Vorübergehen sagte: »Ich denke, dass Jessie am besten geeignet ist. Sie ist ein freundliches Pony, ziemlich alt schon, aber jetzt wieder in recht gutem Zustand. Unsere Bedingungen kennen Sie ja...«

Jessie! Ich setzte die Eimer ab und starrte ihnen nach. Sie wollten Jessie mitnehmen! Ich begann gerade erst, die einzelnen Pferde nach ihren Namen und Eigenarten zu unterscheiden und lieb zu gewinnen; und schon jetzt beschlich mich Traurigkeit bei dem Gedanken, dass eines von ihnen wieder von hier fort sollte in ein neues Zuhause. Konnten Pferde Heimweh empfinden wie Menschen, fiel es ihnen schwer, von einem Ort wegzugehen, an dem sie sich wohl gefühlt hatten, Gefährten zu verlassen, an die sie gewöhnt waren? Ich war fest davon überzeugt; vor allem bei unseren Pferden, die fast alle schon viele Male von einem Ort zum anderen verfrachtet, durch zahlreiche Hände gegangen waren, die sich so oft an neue Menschen und Bedingungen hatten gewöhnen müssen.

Dass für einige von ihnen nicht einmal *The Laurels* die endgültige Heimat sein durfte, tat mir weh; und doch verstand ich, dass die Sache auch eine Kehrseite hatte: Jedes Pferd, das wir hier nicht mehr zu versorgen brauchten, machte Platz für ein anderes Tier, das sonst einem ungewissen, meist grausamen Schicksal entgegenging. Und Onkel Scott würde dafür sorgen, dass Pferde, die weggegeben wurden, ein gutes Zuhause fanden, das wusste ich. Er liebte jeden einzelnen seiner Schützlinge und verließ sich nicht nur auf seine Menschenkenntnis, sondern handelte nach dem Motto: Vertrauen ist gut, Kontrolle ist besser. Wer ein Pferd aus *The Laurels* zu sich nahm, musste auf überraschende Besuche von Onkel Scott und dem Vertreter einer Tierschutzorganisation gefasst sein, die den Zustand und die Unterbringung des Tieres überprüften.

Trotzdem... Ich sah, wie sie Onkel Scott durch das Gatter von *Brooks Pasture* folgten, vier Gestalten vor dem Hintergrund der Heidekrauthügel und des wolkenverhangenen Himmels. Dann spürte ich eine Bewegung neben mir. Eine isabellfarbene Nase näherte sich vorsichtig dem Eimer mit Mash. Zugleich tauchte auch Myrddins schmaler Araberkopf über Siebenschöns Hals auf, den Blick vorwurfsvoll auf mich gerichtet.

»Verzeihung«, sagte ich. »Schlechte Bedienung!«

Während sie fraßen, friedlich und versunken, spähte ich wieder nach *Brooks Pasture* hinüber. Die Entfernung war zu groß, um genau feststellen zu können, was dort vorging. Sie standen bei den Pferden, so viel konnte ich erkennen. Ich malte mir aus, wie sie Jessie begutachteten, über ihre hochweißen Fesseln strichen, wie das kleine Mädchen versuchte, sich auf den Rücken des Shetlandponys zu setzen, wie Onkel Scott ihr dabei half und erzählte, wie er Jessie in völlig verwahrlostem Zustand auf einem Viehmarkt in Dingwall für ganze 87 Pfund ersteigert hatte, mit einer Augenlidverletzung und äußerem Spat, das Fell, das jetzt so dicht und glänzend war, räudig und struppig wie das eines armseligen sizilianischen Straßenhundes.

Beim Mittagessen war Onkel Scott wieder gesprächiger. Obwohl er das Wort betont an Mrs. Tweedie oder Mrs. Kirkish richtete, merkte ich doch, dass das seine Art war, mich über den Stand der Dinge zu informieren, ohne dabei sein Gesicht zu verlieren.

Er erzählte, dass ein Ehepaar namens Bantry aus den Southern Uplands Jessie gekauft und dazu noch eine größere Summe für den Unterhalt unserer Pferde gespendet hatte.

»Ich bringe Jessie nächste Woche selbst in die Gegend von Stranrear«, sagte er. »Die Bantrys sind Farmer, die biologisches Obst und Gemüse anbauen. Sie haben schon einen Hund und zwei Katzen aus dem Tierheim und scheinen große

Tierfreunde zu sein. Ich denke, Jessie wird es gut bei ihnen haben.«

Mrs. Kirkish äußerte ihre Befriedigung darüber, dass es auf dieser verrückten Welt auch noch Leute gäbe, die ein Herz für Tiere hätten, und Mrs. Tweedie erwiderte spitz, Tierliebe sei ja gut und schön, aber darüber vergäße manch einer nur zu leicht die Nächstenliebe, an der es bei vielen in beklagenswerter Weise hapern würde.

Ich stocherte in meinem Whitepudding herum, einem Gericht aus Nierenfett, Hafermehl und Gewürzen, das wie eine Leberwurst aussah. Ich mochte den Geschmack des Nierenfetts nicht, wagte es aber unter den strengen Blicken von Mrs. Tweedie nicht, meine Abneigung gegen diese Spezialität offen zu zeigen.

Zum Glück waren Dart und Rascal nicht so wählerisch wie ich. Sie saßen zu meinen Füßen unter dem Tisch, und wenn die Gelegenheit günstig war, steckte ich ihnen dicke Brocken zu, die sie begeistert verschlangen.

Zum Nachtisch gab es Apfelkuchen, den Mrs. Kirkish mitgebracht hatte. Sie bestand darauf, dass Tee dazu gekocht wurde, und ich sah heimlich auf die Uhr. Inzwischen war es schon nach eins, und ich wollte diesmal unbedingt noch duschen und mir die Haare waschen, ehe ich mich mit Danny traf.

»Ich reite nachmittags aus«, sagte ich zu niemandem im Besonderen, da ich nicht sicher war, ob Onkel Scott schon direkt von mir angesprochen werden wollte. »Vielleicht nehme ich diesmal Rose of Tralee. Ich denke, ein bisschen Bewegung könnte ihr nicht schaden; sie ist ziemlich dick.«

Onkel Scott tat, als hätte er nichts gehört. Doch nach einer

Weile, als der Tee aufgebrüht war und Mrs. Kirkish die Kuchenstücke verteilt hatte, murmelte er etwas davon, dass Rose of Tralee ein schwieriges Tier sei, den Sattelzwang hätte und sich als Reitpferd nicht mehr eignen würde; Allan sei schon einmal von ihr getreten worden und es wäre am besten, wenn man sie in Ruhe und Frieden auf der Koppel gehen ließe.

»Allan reitet manchmal mit Ginger«, sagte er und sah dabei Mrs. Kirkish an. »Sie ist eins unserer umgänglichsten Pferde. Ziemlich alt schon und nicht mehr besonders schnell, aber ein gutes Mädchen.«

Ich verstand den Hinweis. Obwohl er noch immer nicht mit mir sprach, merkte ich doch, dass er versöhnlicher gestimmt war. In ein paar Tagen würde zwischen uns sicher wieder alles beim Alten sein, hoffte ich.

Ich schlang den Kuchen hinunter, was Mrs. Kirkish offenbar als ein Zeichen dafür deutete, dass ich total wild auf Kuchen war. Sie beobachtete mich wohlwollend und merkte nicht, dass ich es ganz einfach nur eilig hatte, vom Tisch wegzukommen. Mit einem Augenzwinkern legte sie mir ein zweites, größeres Stück Apfelkuchen auf den Teller und ich aß, bis ich fast platzte. Im Weggehen hörte ich sie noch sagen: »Reizend, die wee Lass. Jetzt bringe ich auch dem Stallburschen noch ein Stück Kuchen hinaus. Der Lad könnte ein bisschen Speck auf den Rippen vertragen, damit er etwas mehr Lebensfreude bekommt. Er sieht so ernst aus...«

Ich grinste in mich hinein und bezweifelte, dass eine Mastkur Allan sehr viel frohsinniger gemacht hätte; doch Mrs. Kirkish schien von dem heiligen Eifer beseelt, alle Menschen in ihrem Dunstkreis strahlen zu sehen wie Zahnpastareklame.

Dandy war sichtlich enttäuscht, weil ich ihn diesmal nicht

mit zum Reiten nahm. Er trottete mir und Ginger nach bis zum Gatter und dann noch innerhalb des Zaunes weiter bis zum Ende von *Brooks Pasture*.

»Nicht böse sein, Dandy«, sagte ich. »Morgen bist du wieder an der Reihe.«

Ginger war leicht zu reiten. Man konnte sie mit ihren groben Knochen und den etwas zu kurzen Beinen nicht gerade als Schönheit bezeichnen, doch sie war lieb und folgsam und ging in behaglich schwingendem Schritt gemütlich wie ein Haflinger dahin. Als ich die Pforte schloss, die *The Laurels* im Westen gegen *Braeside* abschloss, wartete sie geduldig auf mich und beobachtete mich mit ihren milden braunen Augen, als würden wir uns schon lange kennen und wären diesen Weg schon viele Male miteinander geritten.

Ich schwang mich nicht wieder in den Sattel, sondern führte Ginger am Zügel weiter den Pfad entlang, vorbei an der Hecke aus Brombeersträuchern und Rotdorn, in der Zaunkönige und andere kleine Vögel herumhüpften. Auch diesmal hatte ich Rascal nicht mitgenommen, weil ich damit rechnete, dass Danny heute vielleicht Nessie mitbringen würde. Doch weder er noch der schwarze Hund warteten an der Stelle, wo wir uns in der vergangenen Woche getroffen hatten.

Ich band die Zügel hoch, lehnte mich gegen den Zaun der Schafweide und ließ Ginger an dem saftigen Gras zupfen, das am Wegrand wuchs. Glockenblumen und kleine Sträucher wilder Fuchsien blühten zwischen den Holzpfosten, und vom Heathery Hill herüber hörte ich die lang gezogenen Schreie eines Raubvogels.

Ich wartete etwa zehn Minuten, bis Danny schließlich

auftauchte, auf einem alten Fahrrad, aber ohne Nessie. Er war total außer Atem.

»Tut mir Leid, dass ich dich hab warten lassen«, keuchte er. »Eines unserer Schafe hat sich am Fuß verletzt und keiner außer mir war zu Hause. Ich hab's rasch noch in den Stall gebracht und Jod auf die Wunde getan.«

Ginger hörte auf zu grasen, hob den Kopf und schnupperte an Dannys Schulter. »Ginger, das ist Danny«, sagte ich. »Danny, das ist Ginger, eine reizende ältere Dame.«

»Sehr erfreut, Madam.« Er verbeugte sich lachend und sah mich an, wandte den Blick aber rasch wieder ab. »Du lebst also noch. Ich dachte schon, du wärst unserer Clanfehde zum Opfer gefallen.«

»Beinahe«, sagte ich. »Es hätte nicht viel gefehlt und Onkel Scott hätte mich mitsamt meinen...« Ich wollte Klamotten sagen, aber das richtige Wort dafür fiel mir nicht ein; so fügte ich stattdessen hinzu: »...mitsamt meinem Gepäck vor die Tür gesetzt.«

»Dann wärst du eben zu uns gekommen«, erwiderte Danny.

»Zur Freude deiner Mutter, wie?«, sagte ich. »Sie hätte mich bestimmt mit offenen Armen empfangen.«

»Ja, wenn ich ihr erklärt hätte, dass du ein Opfer von MacMonsters Rachsucht geworden bist.«

Wir lachten. Irgendwie wurden wir an diesem Tag seltsam verlegen, sobald wir uns ansahen.

»Aber echt«, sagte Danny, »ich find's unmöglich von ihm, dass er mich am Telefon einfach abgehängt hat. Dazu hat er kein Recht, das alte Monster.«

Ich war der gleichen Meinung; doch irgendwie war es

etwas anderes, wenn ich selbst über meinen Onkel schimpfte, als wenn Danny es tat. »Nenn ihn nicht so«, sagte ich.

»Allmächtiger, du verteidigst ihn auch noch!«, sagte Danny.

»Er hat sich wirklich blöd benommen. Aber glaub mir, er hat auch seine guten Seiten.«

Eine Weile standen wir uns wortlos gegenüber. Ginger graste noch immer friedlich und ließ sich die Sonne auf den Rücken scheinen. Ich sah Danny verstohlen von der Seite an. Er trug ein kariertes Flanellhemd mit hochgekrempelten Ärmeln, sodass man seine sonnengebräunten Arme sah, und Jeans mit Flicken auf den Knien.

»Kann man hier eigentlich auch mal zum Baden gehen?«, fragte ich, um das Thema zu wechseln.

»Sicher«, sagte Danny. »An heißen Sommertagen fahren Shee und ich zum Loch Maree; der ist nicht weit von hier. Allerdings muss man abgehärtet sein, denn das Wasser ist verdammt kalt. Unsere Lochs sind sehr tief, weißt du, oft bis zu dreihundert Meter, und durch den Caledonian Canal miteinander verbunden.«

»Deshalb kann sich das Ungeheuer von Loch Ness auch seit Jahrhunderten verstecken«, sagte ich; ein Witz, den bestimmt schon viele vor mir gemacht hatten.

»Ja, es muss schon recht alt sein«, stimmte Danny zu und zwinkerte mit einem Auge.

»Gibt's wirklich Leute, die daran glauben?«, fragte ich.

»Klar doch, genug. Besonders natürlich die, die am Tourismus verdienen.«

Plötzlich donnerte und dröhnte es in der Ferne. Ein Tiefflieger kam in mörderischem Tempo über die Hügel geschossen wie eine Höllenmaschine von der Form eines schwarzen Haies. Um ein Haar streifte er den Gipfel des Ben Nevis. Er röhrte über uns hinweg und verschwand mit ohrenbetäubendem Brüllen hinter der Kette der Cairngorm Mountains.

Ginger vollführte vor Schreck eine Serie wilder Bocksprünge. Ich ging zu ihr, um sie zu beruhigen, doch auch meine Hände zitterten. Irgendwie verkörperten diese Kampfflugzeuge für mich Erbarmungslosigkeit und Gewalt. Sie glichen gefühllosen Ungeheuern, die ich als persönliche Bedrohung, einen Angriff auf mich und alle anderen Lebewesen empfand. Wie immer hinterließ auch dieser Tiefflieger Wut und Hilflosigkeit bei mir, weil ich mich gegen den unnatürlichen, unmenschlichen Lärm nicht wehren konnte.

Die Schafe auf den Hängen blökten, und von *Brooks Pasture* herüber hörten wir das verstörte Gewieher der Pferde.

»Der Teufel soll sie alle holen mit ihren Scheißmanövern!«, rief Danny zornig hinter mir. »Die machen doch mit uns, was sie wollen – ob sie uns jetzt Atomkraftwerke vor die Nase setzen oder Tiefflieger auf uns loslassen. Dabei brauchen wir das Zeug gar nicht. Die Sowjets wollen abrüsten; aber das passt der Rüstungsindustrie natürlich nicht in den Kram.«

»Ich dachte, das wäre hier ein Fleck Erde, wo man noch seine Ruhe hat«, sagte ich.

»Glaubst du wirklich, dass es so einen Ort noch gibt?«

Danny stand neben mir und streichelte Gingers Hals. Eine tiefe Falte hatte sich zwischen seinen hellen Augenbrauen eingegraben. »Es gibt keine Ecke, wo sie mit ihrer zerstörerischen Technik, ihrer Macht- und Besitzgier nicht hinkommen. Und es ist nur noch eine Frage der Zeit, bis sie's geschafft haben, alles kaputtzumachen, wenn wir sie nicht daran hindern.«

Ich fasste Ginger am Zügel und wir gingen den Weg entlang, der zum Wäldchen führte. Noch lag ein fernes Grollen in der Luft, und es dauerte eine Weile, bis der Duft und Frieden und die verträumte Stimmung des Sommernachmittags wiederhergestellt waren, bis die Lerchen wieder über den Moorwiesen kreisten und die Singdrosseln sich in den Bäumen niederließen, bis die Schafe wieder ihre Köpfe senkten und grasten.

»Lass uns den Pfad dort drüben gehen«, sagte Danny, noch ehe wir das Wäldchen erreicht hatten. »Er führt zu einem kleinen Wasserfall und dann ein Stück an der Landstraße entlang bis zu einem alten Friedhof mit einer verfallenen Kirche.«

Er hatte sein Fahrrad am Zaun zurückgelassen. »Möchtest du mal ein Stück reiten?«, fragte ich. »Ginger ist gutmütig; sie hat bestimmt nichts dagegen.«

Danny schüttelte lächelnd den Kopf. »Ich bin total außer Übung, Laurie, und würde bloß eine lächerliche Figur machen. Wir hatten zwar mal ein Pony, aber das ist lange her. Ich weiß nicht, ob ich noch reiten kann.«

»Ich glaube nicht, dass man's verlernt. Genauso wenig wie das Radfahren. Und es ist ganz natürlich, dass man sich auf dem Pferderücken auch mal dumm anstellt. Das geht jedem so. Aber natürlich ist Reiten auch eine Frage der Übung. Wenn du möchtest, können wir uns ja ab und zu treffen, und ich lasse dich auf Dandy oder Ginger reiten. Ich verspreche auch, dass ich nicht über dich lache.«

»Das wäre nicht schlecht. Aber ich möchte nicht, dass du

Schwierigkeiten mit deinem Onkel bekommst. Er würde es wohl irgendwann doch herauskriegen, und dann feuert er dich vielleicht wirklich. Du kannst gut reiten, nehme ich an?«

»Ach, es hält sich in Grenzen. Ich reite erst seit zwei Jahren und hab dabei auch nie besonderen Ehrgeiz entwickelt. Mir war's immer nur wichtig, mit Pferden zusammen zu sein. Das, was ich kann, reicht, um auszureiten, auch mal zu galoppieren und einen Graben zu überwinden. Mit Dressur oder Springreiten hab ich's nie versucht. Ich mag keinen Drill, weder für Menschen noch für Tiere.«

Danny nickte. »Ich bin froh, dass du das sagst. Wenn im Fernsehen die Springturniere gezeigt werden, die sie überall so lieben, schalte ich immer ab. Ich finde, das ist Tierquälerei und sollte endlich verboten werden. Die Dressurvorführungen gefallen mir auch nicht besonders. Ich hab's am liebsten, wenn Pferde sich in ihrer natürlichen Umgebung frei bewegen können – so, wie es ihrer Art entspricht. Dann sind sie am schönsten. Und eigentlich haben wir kein Recht, ihnen unseren Willen aufzuzwingen.«

»Das Recht haben wir bei keinem Tier«, sagte ich. »Und doch tun wir's dauernd. Das und Schlimmeres.«

Dannys bloßer Unterarm berührte den meinen. Er war warm und ich spürte, wie etwas von ihm zu mir übersprang – prickelnde Schwingungen, die ich schon einmal beim Tanzen auf dem Ceilidh gespürt hatte.

»Und wie lohnt man's den edlen Pferden, dass sie Höchstleistungen bringen und den Menschen dazu dienen, Geld zu machen, ihren Ehrgeiz zu befriedigen oder ihre Freizeit angenehm zu verbringen?«, sagte Danny. »Nur die Wenigsten haben das Glück, in einem Heim für Pferde zu landen, wie es dein Onkel hat, wenn sie alt, krank und wertlos sind.«

»Ich habe nie begriffen, warum das so läuft«, erwiderte ich. »Dass Leute, die angeblich pferdenärrisch sind, immer wieder Pferde kaufen und verkaufen, als wären sie Surfbretter oder Sportwagen. Hunde behält man, bis sie sterben – warum nicht auch Pferde? Keiner scheint darüber nachzudenken, wie das für sie sein mag, von Menschen und Orten, die sie lieb gewonnen und an die sie sich gewöhnt haben, getrennt und weggebracht zu werden – an einen fremden Ort, zu Leuten, die sie nicht kennen, die anders mit ihnen umgehen, sie vielleicht schlagen oder ewig in einer engen, finsteren Box stehen lassen. Wenn ich ein Pferd hätte, könnte ich es nicht weggeben.«

»Manchmal muss man es tun«, sagte Danny; und ich wusste, er dachte an das Pony namens Dumpling, das er und Sheila einst gehabt hatten.

»Manchmal – aber es darf nicht zur Selbstverständlichkeit werden. Wie kann einer, der sein Pferd liebt, den Gedanken ertragen, dass es irgendwann einmal auf einem dieser grausamen Pferdetransporte in den Süden landet? Sie sind tagelang auf engstem Raum zusammengepfercht, bekommen weder Futter noch Wasser, werden oft durch die schlechten Transportbedingungen schwer verletzt. Unterwegs sortiert man nur die Toten und Sterbenden aus. Das nennt man dann ›Schwund‹.« Ich benutzte das deutsche Wort dafür; das englische kannte ich nicht. Es war so schwierig, das alles in Englisch auszudrücken, nicht einfach in meiner eigenen Sprache drauflosreden zu können. Bestimmt machte ich jede Menge grammatikalische Fehler. Auch fehlten mir immer wieder die

Worte; dann ersetzte ich sie einfach durch deutsche Ausdrücke und hoffte, dass Danny mich aus dem Zusammenhang heraus trotzdem verstehen würde.

»Warum kann man die Tiere nicht wenigstens im nächstgelegenen Schlachthof töten und ihnen diese Transporte ersparen?«, fragte er. »Ich werde das nie begreifen.

»Es geht natürlich ums Geld«, sagte ich. »In Frankreich wird für ein lebendes Schlachtpferd oft bis zu sechstausend Mark gezahlt – das sind ungefähr tausendsiebenhundert Pfund. Für ein totes Schlachtpferd erzielt man nur ungefähr die Hälfte. Und der Einkaufspreis für ein Schlachtpferd in Deutschland oder Polen liegt oft bei etwa tausend Mark, also knapp dreihundert Pfund.«

»Ich verstehe«, sagte Danny. »Für eine solche Verdienstspanne sind gewisse Leute zu allen möglichen Grausamkeiten bereit. Und die Menschen, die mit Tiertransporten zu tun haben, sind abgestumpft. Für die sind Tiere nicht mehr als eine Ware.«

Ich sagte: »Ich bin überzeugt, dass diese Leute eine Menge Schuld auf sich laden. Aber auch die, die Pferde so einfach kaufen und verkaufen, wie es ihnen gerade passt. Wenn wir Tiere züchten oder zu uns nehmen, haben wir auch Verantwortung für sie. Ich hab mal im Fernsehen einen Bericht über Pferdetransporte von München nach Italien gesehen – das heißt, nur einen Teil des Films. Ich konnte ihn mir einfach nicht bis zu Ende anschauen. Was sie da mit den Pferden gemacht haben, war wirklich schrecklich.«

Meine Stimme zitterte und ich stockte. Es war nun fast ein Jahr her, dass ich diesen Filmbericht gesehen hatte. Ich hatte damals nächtelang davon geträumt, wieder und wieder.

»Schon allein der Transport in den Eisenbahnwaggons...
An der Grenze wurden die Pferde einen Tag und eine Nacht lang abgestellt, durften nicht ins Freie, bekamen nichts zu trinken. Sie hatten kein bisschen Platz, um sich zu bewegen...« Ich schluckte. »Und dann, auf dem Markt in Italien – ich glaube, es war in Monza – wurden die Pferde endlich ausgeladen. Sie waren zu diesem Zeitpunkt schon total verstört, drehten sich im Kreis, scharrten dauernd mit den Vorderhufen. Anschließend sah man, wie eins von den Pferden auf die Waage sollte. Weil es Angst hatte und sich wehrte, wurde es von dem Mann, der es wiegen sollte, mit einer Kette über die Nase geschlagen. Dann hab ich abgeschaltet.«

Sekundenlang schwiegen wir. »Manchmal denke ich, dass die KZ-Transporte ähnlich gewesen sein müssen. Damals, zur Hitlerzeit, sind sie mit den Menschen so umgegangen, wie sie's heute manchmal mit den Tieren tun. Ich weiß nicht, ob da so viel Unterschied ist, warum man immer so empört ist, wenn Menschen und Tiere miteinander verglichen werden. Leiden ist Leiden und Grausamkeit ist Grausamkeit.«

»Für mich ist da kein Unterschied«, sagte Danny, fasste flüchtig nach meiner Hand und drückte sie. »Aber so lange die Kirche sich nicht auch für die Tiere einsetzt, so lange sie auf dem Standpunkt steht, dass Tiere keine Seele haben und deshalb nicht schützenswert sind, wird sich wohl wenig ändern.«

Ich schüttelte den Kopf. »Es ist nicht nur die Kirche allein. Es muss bessere Tierschutzgesetze geben. Und die Menschen müssen ein anderes Bewusstsein entwickeln. Es ist so ein unendlich weites Feld. Dieses Heranzüchten und Abschlachten von Tieren, weil wir möglichst viel Fleisch essen oder

Mäntel aus ihren Pelzen machen wollen... das kommt mir alles wie Sünde vor. Und es ist ja nur ein Teil des Missbrauchs, den wir mit unserer ganzen Erde treiben.«

»Ja«, sagte Danny. »Wenn es danach ginge, dürfte ich auch keine Schafe züchten. Unsere Schafe haben zwar immer noch eine Menge Freiheit; aber irgendwann werden sie dann nach Dingwall zum Viehmarkt getrieben und verkauft, wenn die Herde zu groß ist. Ich hab das schon als Kind gehasst und ich hasse es heute noch. Abr wir brauchen das Geld; und bis jetzt ist mir noch keine andere Möglichkeit eingefallen. Von der Wolle allein können wir nicht leben.«

»Es macht schon einen Unterschied, wie man mit den Tieren umgeht«, sagte ich, um ihn zu trösten. »Solange die Schafe bei euch sind, haben sie es gut. Das ist mehr, als man von vielen anderen Tieren sagen kann. Und ihr seid ja gezwungen, sie irgendwann zu verkaufen.«

Der Bach, der durch *Brooks Pasture* floss, schlängelte sich hier zwischen Wollgras, Heidekraut, blühenden Fingerhüten und Birkengruppen dahin, bildete kleine Tümpel, hüpfte glucksend über bemooste Steine. Manchmal sah ich flache Uferstellen, an denen die Erde von vielen Hufen aufgewühlt und zertrampelt war; hierher kamen die Schafe zur Tränke.

Der Wasserfall, den Danny mir zeigen wollte, war nicht wild und reißend. Er bestand aus einer Ansammlung von Felsbrocken, über die das Wasser eifrig rauschte und sprudelte – braunes Moorwasser, das in der Tiefe grün und golden schimmerte.

Danny erzählte, dass sich dieser Wasserfall bei schweren Regenfällen und zur Schneeschmelze in eine Sturzflut verwandelte, die ganze Wiesen überschwemmen und die Hauptweide von *Braeside* unter Wasser setzen konnte. Wir überquerten die Brücke; sie war eine von jenen Kamelhöckerbrücken, die ich hier im Hochland schon mehrmals gesehen hatte, geschwungen wie eine Sichel. Gingers Hufe hallten klingend auf dem Sandstein wider.

Nach einer Abkürzung quer über die Hauptweide, die Dannys Familie gehörte, erreichten wir die Landstraße. Ein grasbewachsener Erdwall grenzte die Straße von den Wiesen ab, die schließlich in einem Gehölz endeten.

Wir hielten uns diesseits der Böschung, für den Fall, dass ein Auto kam, was Dannys Aussage nach durchschnittlich alle fünfzehn Minuten einmal passierte; und ich band Gingers Zügel wieder hoch und ließ sie vor uns her über den weichen Grund gehen. Irgendwo erklang das seltsame Gackern eines Moorschneehuhns und ein Specht hämmerte an einem Baumstamm herum, dass Rindenspäne durch die Luft flogen. Sonst war es still. Ein süßer Duft nach Harz und Kiefernnadeln lag in der Luft.

»Bist du gern im Hochland?«, fragte Danny, während wir nebeneinanderher gingen, die Köpfe gesenkt, die Hände in den Taschen unserer Jeans vergraben.

»Sehr«, sagte ich und nickte heftig. »Das Leben hier kommt mir so... richtig vor, wenn du verstehst, was ich meine. Das, was ich bei Onkel Scott tue, ist sinnvoll – ich hab das Gefühl, dass es viel sinnvoller ist als alles, was ich bisher in meinem Leben gemacht habe, einschließlich der Paukerei in der Schule. Und es ist so schön, freies Land um sich zu haben, wenn man aus dem Haus geht – die Wiesen und Weiden und Berge; nachts, wenn man aufwacht, den Regen und die Nachtvögel zu hören statt Verkehrslärm. Für dich ist das wohl nichts Besonderes, weil du ja damit aufgewachsen bist.«

Er erwiderte: »Vielleicht hast du Recht. Aber ich weiß immerhin, dass ich nie in einer Großstadt leben möchte. Das ist mir klar geworden, als ich zum ersten Mal in London war. So eine Stadt ist aufregend und interessant und all so was, aber ich könnte den Lärm und Gestank und die Enge auf Dauer nicht aushalten. Immer in einen Park zu müssen, wenn man mal ein bisschen Grün um sich haben will...«

Jenseits der Böschung tuckerte ein kleiner Lieferwagen vorbei. Ginger kümmerte sich nicht darum; sie schien an Autos gewöhnt zu sein, wo immer sie auch früher gelebt haben mochte. Sie hatte den Zweig eines Busches zu sich heruntergezogen und knabberte am Laub, das ihr zu schmecken schien; und weil ich sie beobachtete, merkte ich nicht, dass vor mir eine Wurzel aus dem Boden ragte.

Ich stolperte und Danny fasste mich am Arm. Dabei verlor auch er den Halt, fiel gegen die Böschung und riss mich mit sich. Für Augenblicke lagen wir dicht beisammen, und ein Schauer kleiner Schwingungen ging zwischen uns hin und her, die stärker und süßer waren als alles, was ich je zuvor gespürt hatte.

Ich hätte ewig so liegen mögen, im sonnenwarmen Gras der Böschung, den Kopf an Dannys Schulter. Er hielt mich nicht fest und doch kostete es mich eine Menge Kraft, von ihm loszukommen, mich aufzurichten und wieder auf den Füßen zu stehen.

Wir sahen uns nicht an. Eine Weile gingen wir dicht nebeneinander den Pfad zwischen der Böschung und den Bäumen entlang, so dicht, dass unsere Arme sich berührten. Mir war seltsam schwindlig.

Nach einer langen Zeit des Schweigens sagte Danny mit leiser Stimme: »Als ich ein Kind war, dachte ich immer, ich müsste eines Tages über die Hügel dort gehen. Ich stellte mir vor, dass hinter den Bergen alles anders sein müsste als hier, malte mir eine Art Oase mit Dattelpalmen, Springbrunnen und orientalischen Gärten aus, wie ich's auf einem Bild in *Sindbad der Seefahrer* gesehen hatte. Eines Tages hab ich mich auf den Weg gemacht, bin aber nur bis zum Fuß der Hügel gekommen, weil es Abend wurde und weil ich Hunger bekam.«

»Wie alt warst du damals?«, fragte ich ebenso leise.

»Sechs, glaube ich. Erst ein paar Jahre später bin ich wirklich auf die andere Seite des Hügels gekommen. Natürlich ist's da auch nicht viel anders als bei uns; aber das weiß man ja als Kind nicht.«

»Weil man da noch an Wunder glaubt«, sagte ich.

Dann war es plötzlich so, als hätten wir uns nichts mehr zu sagen. Ein starkes Gefühl der Befangenheit vernebelte mir gleichsam den Kopf, sodass mir nichts mehr einfiel und ich Mühe hatte, meine Füße beim Gehen normal voreinander zu setzen. Vielleicht ging es Danny ebenso, denn auch er versank in Schweigen, starrte in die Luft und warnte mich nur einmal davor, Ginger zu nahe an die Eibenbüsche heranzulassen, weil sie giftig seien.

»Die Zweige rufen bei Tieren Vergiftungen hervor, besonders bei Pferden«, sagte er. »Für Menschen sind die roten Eibenbeeren gefährlich. Wir nennen sie Totenlämpchen.«

Wir sahen uns die Ruine einer Kirche und einen Friedhof

an, auf dem längst niemand mehr beerdigt wurde. Dannys Urgroßeltern waren hier begraben. Auf einem Grabstein, der von Waldreben überwuchert war, standen ihre Namen eingemeißelt.

Es war ein stimmungsvoller, romantischer Ort, der wie die Kulisse zu einer Erzählung von Wilkie Collins oder Jane Austin aussah; und er hätte mir auch bestimmt sehr gefallen, wenn sich diese elende Verlegenheit nicht zwischen uns breit gemacht hätte. Wir streiften über den Friedhof und benahmen uns wie ein Fremdenführer und eine Touristin, während Ginger neben den Überresten der alten Friedhofsmauer stand, die Zügel an einen Holunderbaum gebunden, und mit ihrem hellen Schweif die Fliegen verjagte.

Danny kannte eine Abkürzung nach *Braeside* zwischen Kartoffelfeldern und über die Landstraße. Ein Seitenweg führte ins Dunkel von Eichen, Kiefern und Rhododendronbüschen hinein, der sich als Auffahrt von *Braeside* entpuppte; ein Weg, der verriet, dass hier einst Kutschen und Fuhrwerke entlanggefahren sein mussten.

»Die Zufahrt müsste geteert werden«, murmelte Danny. »Im Winter und bei starken Regenfällen ist das hier oft eine einzige Schlammbrühe.«

Ich nickte, dachte aber bei mir, dass der Weg zwischen den Bäumen und Büschen, der anmutige Biegungen machte und zwischendurch unversehens den Blick auf Weiden und Bergketten freigab, seinen Charme verloren hätte, wenn er gezähmt worden wäre. Mit Geld konnte man so manches im Leben bequemer gestalten; ihm waren aber auch schon viel natürliche Schönheit und alter Zauber zum Opfer gefallen.

Die seltsame Verlegenheit, die von uns Besitz ergriffen

hatte, hielt sich hartnäckig. Da ich nicht bis zu Dannys Haus mitkommen wollte, verabschiedeten wir uns an der Stelle, wo sich die Auffahrt gabelte und ein kleinerer Pfad einen Bogen ums Haus machte; er führte zum Wäldchen hinauf. Wir gaben uns die Hand, sahen uns aber nur flüchtig in die Augen und schauten rasch wieder weg. Keiner von uns schlug ein Wiedersehen vor.

In gedrückter Stimmung schwang ich mich auf Gingers Rücken, während Danny sich über die Auffahrt entfernte. Ich war zugleich traurig und böse auf mich und ihn, weil es mir schien, als hätten wir etwas verdorben, was schön und viel versprechend begonnen hatte.

Als wir das Wäldchen erreichten und keiner mich hören konnte, begann ich zu schimpfen. »Blöde Tussie!«, sagte ich zu mir selbst. »Was hab ich bloß falsch gemacht? Und er... Warum war er plötzlich steif und stumm wie ein Stockfisch? Wir haben uns benommen wie zwei verdammte Idioten...«

Ginger spitzte die Ohren. Ich streichelte ihren Hals und murmelte: »Du kannst nichts dafür. Es hat nichts mir dir zu tun. Du bist ein gutes Mädchen; es gibt kein besseres!«

Irgendwo im Gebüsch und zwischen den Geröllbrocken, die am Bachufer verstreut lagen, als hätte eine Riesenhand sie hierher geschleudert, raschelte und wisperte es. Brownies!, dachte ich und lächelte, obwohl mir eigentlich mehr nach Heulen zu Mute war. Vielleicht saßen sie irgendwo unter den Steinen, in ihren zotteligen Pelzen und kicherten über mich.

Im Wäldchen war es grün und dämmrig, doch außerhalb seiner Grenzen lag die Sonne leuchtend über den Moorwiesen und der Heide. Wolkenfetzen warfen ihre Schatten auf den Heathery Hill. Ich ritt zwischen den Hecken dahin, in denen es eifrig huschte und zwitscherte. Da stand Dannys Fahrrad noch an der Stelle, an der er es zurückgelassen hatte. Vielleicht hatte er es ganz einfach vergessen; möglich war aber auch, dass er keine Lust mehr gehabt hatte, mich bis hierher zu begleiten.

Ich seufzte. Plötzlich sah ich am Rand der Schafweide eine verwitterte Eiche stehen, deren Äste zur Hälfte abgestorben waren und sich schwarz gegen den Himmel abzeichneten. Ihr Stamm und die Zweige waren von glänzendem Efeu überzogen, so dicht, als trüge sie ein dunkelgrünes Fellkleid.

Dannys Efeubaum! Hatte er nicht geschrieben, dass ich dort eine Nachricht für ihn hinterlassen konnte, wenn ich wollte? Vielleicht würde ich ihm schreiben.

Mit einem Mal begriff ich, weshalb der letzte Teil dieses Spaziergangs mit Danny so schwierig und wunderlich gewesen war. Die Sache war ganz einfach. Ich hatte mich in ihn verliebt.

8

*I*n dieser Nacht hörte ich Käuzchen und Eulen schreien und die Ranken des Efeus im Rhythmus des Windes über das Fensterglas scharren, hörte einen plötzlichen Regenschauer aufs Dach trommeln und bei Morgengrauen die erste Drossel singen.

Erst dann wurde ich ruhiger und schlief ein. Dabei träumte ich, dass Danny vor dem Haus stand, um mich abzuholen, doch Onkel Scott wollte ihn nicht einlassen. Er hatte die Tür verbarrikadiert und schoss mit einem Jagdgewehr aus dem Fenster. Ich versuchte zu schreien, dass er damit aufhören sollte, aber wie so oft im Traum bekam ich nur ein undeutliches Krächzen heraus. Zum Glück waren die Kugeln nur Platzpatronen und Danny passierte nichts. »Lassen Sie mich sofort zu ihr, Sie altes Monster!«, rief er. Seltsamerweise war er angezogen wie Robin Hood in der Fernsehserie. »Sie haben kein Recht, Laurie gefangen zu halten!«

Ich versuchte aus dem Fenster zu klettern, aber es ging nicht, denn vor dem Haus war ein tiefer Graben wie bei einer Burg im Märchen. Dann hörte ich ein Scharren und dachte: Das muss Danny sein! Er versucht, ein Loch in die Mauer zu machen, um mich zu befreien...

Ich wachte auf und merkte, dass das Scharren von der Zimmertür her kam. Rascal saß auf dem dunklen Flur und wartete darauf, eingelassen zu werden.

»Ausnahmweise«, sagte ich und legte eine Decke ans Fußende meines Bettes. Wie der Blitz sprang Rascal hinauf und rollte sich zu einer Kugel zusammen, als wollte er sich so klein wie möglich machen, damit keiner ihn sah und auf die Idee kam, ihn wieder zu vertreiben.

Ich stand am Fenster und sah in die Dämmerung; ein heller Schein, der sich von den Bergen her auszubreiten begann. Meine Gedanken gingen zu Danny, wie er als kleiner Junge losgewandert war, um sich das wunderbare Land jenseits der Hügel anzusehen.

Rascal stieß selige Schnarchlaute aus. Es war so einfach, einen Hund glücklich zu machen; wie viel komplizierter waren da doch wir Menschen! Ich schwankte zwischen Überschwang und Unsicherheit, rief mir jede Geste, jedes Wort Dannys ins Gedächtnis zurück, um ihre Bedeutung zu ergründen. Dass ich ihm nicht gleichgültig war, wusste ich – ich hatte es schon beim Tanzen auf dem Ceilidh bemerkt. Doch zwischen beginnender Freundschaft und Verliebtheit ist ein großer Unterschied; und woher sollte ich wissen, ob Danny mehr für mich empfand als nur Sympathie?

Ich setzte mich auf den Bettrand und streichelte Rascal, der wohlig brummte, sich auf den Rücken rollte und die Pfoten in die Luft streckte. Warum war es eigentlich so wichtig, zu wissen, ob auch Danny sich in mich verliebt hatte? Entscheidend waren doch meine Gefühle für ihn. Die konnte mir keiner nehmen – außer vielleicht ich selbst, wenn ich sie mir durch Zweifel und Einwände zerstörte.

Ein Pferd wieherte und von *Braeside* herüber kam das erste verschlafene Krähen eines Hahns. Ich sah auf die Uhr; es war Viertel nach fünf. Ich würde jetzt nicht mehr schlafen können, das wusste ich. Also konnte ich ebenso gut gleich aufstehen, Wäsche in die Waschmaschine stecken und das Frühstück vorbereiten.

In der Küche herrschte das übliche Durcheinander. Dart lag auf dem Sofa und begrüßte mich mit schläfrigem Schwanzwedeln. Ich sammelte die Kleidungsstücke ein, die überall verstreut lagen, und legte sie zusammen. Dann spülte ich Geschirr, wischte die Tischplatte ab, säuberte den Herd und kehrte den Boden.

Als ich das mittlere Schrankfach öffnete, um Brot herauszunehmen, fiel mir ein Zettel in die Hände, auf den Mrs. Tweedie in ihrer krakeligen Handschrift das Rezept für Butter-Shortbread geschrieben hatte: 8 oz butter, 12 oz flour,

4 oz sugar... Wie viel war eine englische Unze? Ich lief nach oben und sah in meinem Wörterbuch nach: 28,35 Gramm.

Eine Viertelstunde später war ich damit beschäftigt, die ersten Shortbread Fingers meines Lebens zu backen, mit glühendem Gesicht, die Arme bis zu den Ellbogen hinauf voller Mehl. Die weiche Butter musste mit dem Mehl vermischt werden, bis man eine brotkrümelartige Masse erhielt; so stand es in Mrs. Tweedies Rezept. Dann wurde der Zucker dazugeknetet und schließlich formte man den Teig zu kleinen Stücken von der Länge und Dicke eines Fingers und legte sie auf ein gefettetes Blech.

Obwohl ich in meinem Leben erst zweimal einen Kuchen gebacken hatte, fand ich die Sache gar nicht so schwierig. Gegen halb sieben Uhr morgens schob ich das Blech in den Ofen. Das Shortbread sollte etwa fünfundzwanzig Minuten bei mäßiger Hitze backen, bis es hellgelb war. Dann begann ich das Frühstück vorzubereiten.

Bald durchzogen liebliche Düfte die Küche. Die Hunde schnupperten und machten erwartungsvolle Gesichter. Als ich das Kaffeewasser aufsetzte und meine Nase vorsichtshalber zum zehnten Mal in das Backrohr steckte, um nachzusehen, ob die Shortbread Fingers auch nicht verbrannten, öffnete sich die Küchentür und Onkel Scott kam mit nassen Haaren und hochgekrempelten Hemdsärmeln herein.

»Allmächtiger!«, sagte er und vergaß ganz, dass er eigentlich nicht mit mir redete. »Was riecht denn da so gut?«

»Das Shortbread«, sagte ich. »Ich hab Shortbread Fingers gebacken.«

Zu spät fiel mir ein, dass das vielleicht nach Bestechung klang, doch er fasste es offenbar nicht so auf. Seine Miene, die seit Tagen so düster gewesen war, entwölkte sich, als hätte ihn eine gute Fee mit dem Zauberstab berührt.

»Du hast Shortbread gebacken?«, fragte er ungläubig. »Ja, kannst du das denn?«

»Mrs. Tweedie hat mir das Rezept gegeben«, sagte ich stolz.

Er murmelte etwas Undeutliches vor sich hin. Ich merkte, dass er zugleich unsicher und erfreut war. »Warum bist du so früh auf den Beinen?«, fragte er.

»Ich konnte nicht mehr schlafen«, sagte ich, froh, dass er den Grund dafür nicht kannte, und zog das Blech mit dem Shortbread aus dem Ofen. Die »Fingers« waren etwa zu doppelter Größe aufgelaufen und hellgelb; genau so, wie sie sein sollten, behauptete Onkel Scott.

Ich stellte sie zum Auskühlen auf das Fensterbrett und scheuchte die Hunde weg, die sich etwas zu lebhaft für die Plätzchen interessierten. Dann sah ich, dass MacDuff draußen vor dem Fenster saß und mit Augen, so groß wie Suppentassen, hereinsah, ungefähr wie der Hund in Andersens Märchen. Also verfrachtete ich das Shortbread auf die Anrichte und ließ den Kater herein.

Es war schön, wieder einmal in Ruhe und Frieden mit Onkel Scott zu frühstücken und die noch warmen Shotbread Fingers zum Kaffee zu essen. Ich schaffte nicht mehr als fünf Stück, denn sie waren durch den hohen Anteil an Butter recht üppig, aber sie schmeckten überraschend gut, und Onkel Scott, der gegen Shortbread abgehärteter war als ich, vertilgte mehr als ein Dutzend.

Über unsere Meinungsverschiedenheit wurde kein Wort mehr verloren. Wir redeten über unverfängliche Dinge; darüber, dass wir heute endlich, so wie es uns der Tierarzt aufgeschrieben hatte, mit der Entwurmung der Pferde anfangen mussten, dass Onkel Scott Dr. Drury bestellen musste, da bei einem Teil der Pferde die Tetanusimpfung fällig war, und dass wir noch in dieser Woche nach Inverness fahren wollten, um eine Geschirrspülmaschine zu kaufen.

»Vielleicht sollten wir das gleich morgen erledigen«, meinte mein Onkel. »Denn am Donnerstag hast du ja deinen freien Nachmittag.«

»Einkaufen müssten wir auch«, sagte ich. »Ich hab eine lange Liste mit Sachen aufgestellt, die wir brauchen.«

»Dann fahren wir morgen Vormittag«, entschied er. »Allan wollte diesmal seinen freien Vormittag sowieso verlegen. Das heißt, falls uns nichts dazwischenkommt. Wenn ich mir etwas vornehme, passiert meistens etwas Unvorhergesehenes; das ist hier so eine Art Naturgesetz.«

Ich schaltete die Waschmaschine ab und hängte die Wäsche zum Trocknen auf die Leine. Meine Jeans und T-Shirts und Onkel Scotts Flanellhemden flatterten wie verrückt im steifen Ostwind, und ich fragte mich mit einem Blick auf den wolkenverhangenen Himmel, wann der nächste Regenguss einsetzen würde.

Dann schrie Allan vom Stallhof herüber, ich solle endlich das Kraftfutter vorbereiten; er könne sich schließlich nicht um alles kümmern; und als ich zum Haus zurückkehrte, tauchte der Postie auf, drückte mir zwei Briefe in die Hand und fragte augenzwinkernd, ob auch alles »fein geklappt« hätte.

»Ja, sicher, danke«, sagte ich hastig und Düsternis überfiel mich, als ich an den gestrigen Nachmittag dachte.

Während ich den Kessel für das Futter aufsetzte, sah ich mir meine Post an. Es war ein Brief von meinem Vater und einer von Annika. Ich las sie nacheinander und rührte dabei mit einem mächtigen Kochlöffel in dem Brei herum.

Mein Vater schrieb, Mutter hätte die Sommergrippe. Er hatte zwei Tage Urlaub genommen, damit er sich um sie kümmern konnte, aber jetzt sei sie schon wieder einigermaßen auf dem Posten. Annika beklagte sich darüber, dass sie den ganzen Tag in dem muffigen Fotoladen stehen musste, während die Leute ins Schwimmbad und zum Essen gingen oder im Englischen Garten am Chinesischen Turm in der Sonne saßen.

»Ich dachte immer, die Schule wäre ätzend, aber man ist da wenigstens nicht den ganzen Tag eingesperrt«, schrieb sie. »Ich komme mir hier vor wie der Graf von Monte Christo im Verlies. Du weißt ja nicht, wie gut du es hast – immer draußen bei den Pferden...«

Natürlich fragte sie auch nach Danny und ob wir uns schon geküsst hätten. »Hoffentlich ist er nicht so eine schüchterne Mehlprimel wie du, sonst läuft da so gut wie gar nichts ab«, meinte sie. »Was macht ihr eigentlich, wenn ihr euch trefft? Redet ihr darüber, welche Schafsorten am widerstandsfähigsten sind, oder spielt er dir was auf dem Dudelsack vor?«

Noch während ich den sechs Seiten langen Brief las, beschloss ich, Annika nichts von dem Spaziergang mit Danny zu erzählen – jedenfalls vorerst nicht. Vielleicht später einmal, wenn ich älter war, wenn das Jahr in Schottland längst hinter mir lag und ich lächelnd und abgeklärt auf alles zurückblicken konnte.

Würde ich wohl jemals so alt und gesetzt sein, dass ich über Danny und meine Gefühle für ihn lächeln konnte? Erwachsene tun das manchmal – sie erzählen von ihrer ersten Liebe, von Enttäuschungen und stürmischen Leidenschaften, die sie in ihrer Jugend erlebt haben, und lachen dabei, als hätte es sie nie wirklich betroffen. Ich konnte das nicht verstehen, konnte mir nicht vorstellen, dass ich mich jemals ähnlich verhalten würde.

Die Pferde drängten sich am Gatter, als ich kam, fraßen gierig ihre Haferrationen, was bei einigen nicht ohne zurückgelegte Ohren und Drohbeißen abging. Wir mussten darauf achten, die Wallache Rae und Owlie an zwei möglichst weit voneinander entfernten Stellen zu füttern, weil sie regelmäßig Streit miteinander bekamen und sich schon böse Bisswunden zugefügt hatten. Rae war überhaupt eines unserer unberechenbarsten Pferde; an einem seiner schwierigen Tage konnte er jederzeit beißen, buckeln oder ausschlagen. Ich hatte gelernt, mich ihm mit größtem Respekt zu nähern.

Ich stand eine Weile bei Fairy Queen, sah zu, wie sie ihr Mash fraß, und freute mich über ihren Appetit. Schon wirkte ihr Fell nicht mehr so struppig, und langsam kam wieder Glanz in ihre Augen. Dandy trottete auf Schritt und Tritt hinter mir drein und stupste mich, um Karotten oder ein Stück Apfel oder wenigstens ein bisschen zusätzliche Aufmerksamkeit zu bekommen; und während ich Eimer schleppte, Pferdenasen auseinander schob und aufpasste, dass Brownie, das schwarze Pony, keinen fremden Hafer stibitzte, hörte ich, wie jenseits der Hecken die Schafe von *Braeside* mit lang gezogenen Schreien zusammengetrieben wurden.

Danny!, dachte ich und lauschte in der Hoffnung, seine Stimme zu erkennen. Leider waren Allan und Onkel Scott in meiner Nähe, sonst wäre ich auf das Mäuerchen geklettert, um hinüberzusehen.

Im Geist versuchte ich einen Brief an ihn aufzusetzen, den er im Efeubaum finden sollte; doch ich kam nicht über die Anrede hinaus und selbst damit hatte ich Probleme. »Lieber Danny« oder »Hallo, Danny«?

Ich war so in Gedanken versunken, dass ich um ein Haar gegen Nutmeg stieß, der hoffnungsvoll an mir herumknabberte. Er war inzwischen daran gewöhnt, dass ich ihm heimlich Leckerbissen zusteckte. Ich legte rasch die Arme um seinen alten, steifen Hals, drückte das Gesicht gegen seine angegraute Nase, verscheuchte die Fliegen von seinen blinden Augen und flüsterte: »Jetzt nicht, Alterchen, später!« Und als ich aufsah, merkte ich, dass Allan mich stirnrunzelnd beobachtete, als hätte er mich bei dem Versuch ertappt, ein Komplott gegen ihn anzuzetteln.

Als ich Myrddin und Siebenschön ihr Futter auf *Laurels Pasture* brachte, begann es zu regnen. Ich stellte die Eimer unter ihre Nasen und rannte zum Küchengarten, wo die Wäsche zwischen den Holunderbäumen hing. Kaum hatte ich sie zur Hälfte abgenommen, kam hinter den Wolkengebirgen schon wieder die Sonne hervor, unschuldsvoll strahlend, und brachte die Regentropfen auf den Rhabarberblättern zum Funkeln.

Schimpfend hängte ich alles wieder auf und schwor mir, mich nicht mehr um das Wetter zu kümmern und die Wäsche hängen zu lassen, bis sie trocken war, auch wenn es eine Woche dauern sollte. Dann lief ich zu *Laurels Pasture* zurück, wo Myrddin und Siebenschön angefangen hatten, sich gegenseitig von den Eimern wegzupuffen. MacDuff saß auf einem Zaunpfosten und putzte sein nasses Fell, während die Hunde sich freundlich wedelnd über den Stallhof näherten.

Ich sah mich um. Onkel Scott und Allan waren im Stall verschwunden; da stieg ich zu MacDuff auf den Zaun und spähte zu den Bergen hinüber, deren Gipfel in dicke Wolkenhauben gehüllt waren. Auf dem Heathery Hill wanderten versprengte Schafe zwischen windzerzaustem Gestrüpp. Eine Gestalt, klein wie eine Puppe, stand dort oben und stieß schrille Pfiffe aus, die der Wind zu mir herübertrug.

Die Gestalt war so weit entfernt, dass ich nicht einmal erkennen konnte, ob es ein Junge oder ein Mädchen war, eine Frau oder ein Mann; doch ich glaubte zu wissen, dass es Danny war. Eine Weile stand ich auf dem Querbalken, beschattete die Augen mit der Hand und beobachtete die Gestalt, wie sie behände den steilen Hang hinaufging und die Schafe zu Tal trieb.

Ein sonderbares Gefühl erfüllte mein Herz, eine Mischung aus Sehnsucht und Traurigkeit. Ich wäre gern zu ihm gelaufen, über die heidekrautbewachsenen Koppeln, den Hang hinauf; doch mein Verstand verbot es mir und warnte mich, dass dieser Wunsch kindisch und unvernünftig war.

Wie hieß es doch in dem Lied? »Oh Danny boy, the pipes, the pipes are calling; along the glen and down the mountainside...« Ich summte es vor mich hin; und plötzlich begriff ich, dass es ein trauriges Lied war, ein Lied vom Abschiednehmen. Doch dann tat sich die Stalltür auf, und Onkel Scott und Allan kamen über den gepflasterten Hof. Da verstummte ich, sprang rasch vom Zaun und wandte mich ab, als könnten sie mir die Gedanken von den Augen ablesen.

9

Abends saßen wir wieder zusammen, Onkel Scott und ich, tranken Tee, aßen Shortbread Fingers und hörten Musik von Vivaldi. Mrs. Kirkish hatte es geschafft, das Wohnzimmer innerhalb kurzer Zeit gemütlicher zu machen. Die honigfarbenen Dielen glänzten, der Teppich war zwar noch fleckig, aber frei von Staub und Hundehaaren, die Stapel alter Zeitungen und Zeitschriften teils weggeworfen, teils ordentlich zusammengelegt und in ein Regal geschichtet.

Es war ein warmer Abend, an dem wir ohne Kaminfeuer auskamen. Ein Fenster stand offen und die Düfte der Hochlandsommernacht strichen wie sanfter Atem durchs Zimmer.

Wir redeten über Pferde – ein unerschöpfliches Thema, bei dem wir uns stets einig waren. Onkel Scott erzählte von Rae, und wie er ihn, geschunden und bis zum Skelett abgemagert, von Zigeunern gekauft hatte.

»Nichts gegen Zigeuner«, sagte er. »Ich mag keine Vorurteile gegen bestimmte Volksstämme oder Hautfarben. Aber sie behandeln ihre Pferde sehr schlecht; ich habe da schon schlimme Dinge erlebt.«

»Es müsste strengere Tierschutzgesetze geben«, sagte ich.

»Und vor allem Leute, die dafür sorgen, dass sie auch eingehalten werden. In unserer Gesellschaft setzt man alles daran, dass Menschen, die anderen etwas wegnehmen, bestraft werden. Wer Tiere quält, sie in Fallen fängt, sie unter schlimmsten Bedingungen heranzüchtet, um ihr Fleisch oder ihre Felle zu verkaufen, wer junge Katzen oder Hunde in Abfalltonnen wirft oder auf Autobahnrastplätzen aussetzt, wird selten zur Rechenschaft gezogen. Geld und Besitz gehen über alles, nicht aber die Achtung vor unseren Mitgeschöpfen und ihr Schutz.«

»Was machst du, wenn eines von den Pferden todkrank wird?«, fragte ich. »Für viele ist das hier auf *The Laurels* ja die letzte Station.«

Es war ein Thema, das mich seit Jahren beschäftigte – die Frage, wie man Pferden ein leichtes und würdevolles Ende bereiten konnte, eines, das sie vor den Schrecken letzter Transporte und dem Schlachthaus, wo sie die Todesangst und das Blut anderer Tiere rochen, bewahrte.

»Ein Metzger aus Inverness kommt hierher«, sagte Onkel Scott. »Er tötet sie mit dem Bolzenschussapparat und weiß genau, wo er ansetzen muss. Das ist das schnellste und leichteste Ende, das ich kenne; denn selbst Spritzen wirken recht unterschiedlich – und wenn sie nicht sofort wirken, kann sich das Ende lange hinziehen. Und unsere Pferde dürfen hier sterben. Das ist der letzte Freundschaftsdienst, den man ihnen erweisen kann – dass sie in ihrer gewohnten Umgebung sterben dürfen, ohne Angst und Qual.«

Ich nickte schweigend und merkte, wie mir die Tränen kamen. Dann erzählte ich Onkel Scott von Puck, einem der ältesten und hässlichsten Pferde in Habermanns Stall. Alle hatten ihn verächtlich einen alten Klepper genannt, doch er war mein Liebling gewesen, sanft wie ein Lamm und dankbar für jede Liebkosung.

»Er war so gutmütig«, sagte ich. »Er hatte so milde, freundliche Augen und wollte immer alles recht machen. Der Lohn dafür, dass er sein Leben lang voller Geduld ungeschickte und oft grobe Reitschüler auf seinem Rücken herumgetragen hat, war, dass sie ihn verkauft haben, als er zu alt wurde, um täglich fünf Stunden zu arbeiten. Ich habe nie erfahren, was aus ihm geworden ist. Aber er wird wohl mit einem dieser Pferdetransporte nach Italien geschafft worden sein.«

Onkel Scott klopfte seine Pfeife am Kaminrost aus. »Manchmal können wir Menschen oder Tieren, die wir lieben, ein schlimmes Schicksal nicht ersparen«, sagte er nach einer Weile. »Manchmal sind wir hilflos, und es tut weh, mit ansehen zu müssen, wie sie leiden – oder es auch nur zu wissen oder zu vermuten. Damit müssen wir leben.«

Obwohl er es nicht aussprach, wusste ich, er dachte an Anne, seine Frau, die vor vier Jahren gestorben war. Ich ging ans Fenster, sah in die Dunkelheit hinaus, suchte nach einem Taschentuch und schnäuzte mich.

»Dafür«, hörte ich ihn sagen, »gibt es aber auch wieder Gelegenheiten im Leben, wo wir etwas tun können, um Leiden zu verhindern oder zu mildern, ganz gleich, ob es sich dabei um Menschen oder Tiere handelt. Und das tun wir beide, so gut wir können. Vielleicht ist das ein Trost.«

»Ja«, sagte ich und schnüffelte. »Vielleicht hast du Recht.«

Ich hörte, wie Onkel Scott das Zimmer verließ. Rascal sprang vom Sofa, kam zu mir und leckte meine Hand. Er spürte wohl, dass ich traurig war.

Meine Gedanken wanderten von Puck zu Danny. Was mochte er jetzt gerade tun? Zum ersten Mal verspürte ich Angst, unsere kurze Freundschaft könnte zu Ende sein, noch ehe sie richtig begonnen hatte.

Jetzt kam auch Dart und wollte gestreichelt werden. Ich kniete nieder und kraulte beiden den Hals, Rascal rechts und

Dart links von mir. Von hinten hatte sich MacDuff angeschlichen und rieb seinen Kopf an meiner Hüfte.

»Ich werde ihm schreiben«, sagte ich zu den Hunden und dem Kater; doch was sollte ich Danny schreiben? Dass der Rest unseres Spaziergangs deshalb in peinlichem Schweigen verlaufen war, weil ich mich in ihn verliebt hatte? Nein, das konnte ich nicht. Damit machte ich womöglich wirklich alles kaputt. Wenn ich ehrlich mit mir selbst war, hielt ich es für ziemlich wahrscheinlich, dass Danny mich mochte, aber mehr auch nicht. Eine plötzliche Liebeserklärung hätte ihn bestimmt unsicher gemacht und die seltsame Verlegenheit zwischen uns nur verstärkt, es vielleicht sogar unmöglich gemacht, dass wir je wieder unbefangen miteinander umgehen konnten. Das war ein Einwand. Ein zweiter, noch wichtigerer war, dass ich tief innen Angst vor Zurückweisung hatte. Ich wusste, Danny war nicht der Typ, der sich über meine Gefühle lustig gemacht hätte, wenn er erfuhr, dass ich in ihn verliebt war; er würde auch nicht herumlaufen und damit angeben. Doch allein die Vorstellung, dass er Mitleid mit mir hatte, weil er meine Gefühle nicht erwidern konnte, oder sich scheute, mich wiederzusehen, weil er nicht das Gleiche empfand wie ich und mich deshalb zurückweisen musste, war unerträglich. Nein, ich würde es ihm nicht sagen – heute nicht und auch nicht morgen; vielleicht würde er es niemals erfahren.

Hol's der Teufel!, dachte ich; da tat sich die Wohnzimmertür auf und Onkel Scott kam zurück. Er trug ein Kleidungsstück über dem Arm und murmelte: »Ich hab da etwas für dich, Laurie – Annes Reitjacke. Sie hat sie nur selten getragen, weil sie ja nicht reiten mochte. Ich denke, sie müsste dir passen. Wenn sie dir gefällt, kannst du sie haben.«

Und er gab mir die Jacke. Sie war wundebrar, aus braunbeige gemustertem Tweed, leicht tailliert, mit Samtkragen und Samtknöpfen. Ich konnte nicht glauben, dass sie wirklich mir gehören sollte.

»Die willst du mir schenken?«, fragte ich. »Ehrlich?«

»Sicher«, sagte er. »Aber probier sie erst mal an. Als Anne die Jacke bekam – ein Schneider in Aberdeen hat sie für sie genäht –, muss sie ungefähr fünfunddreißig gewesen sein; aber sie hatte immer eine Figur wie ein junges Mädchen.«

Ich ging in die Halle hinaus, wo ein mannshoher alter Spiegel in goldenem Rahmen hing, machte Licht und schlüpfte in die Reitjacke. Über meinen langen, schlottrigen Baumwollpulli passte sie nicht; also zog ich den Pullover aus und probierte die Jacke über dem T-Shirt an. Sie passte wie angegossen. Ich sah wie eine von diesen englischen Reiterinnen auf einer Herbstjagd aus.

Onkel Scott war mir in die Halle gefolgt. Eine Weile sagte er gar nichts und sah mich nur an. Ich drehte mich um, legte die Arme um seinen Hals und küsste ihn rasch auf die Wange.

»Vielen, vielen Dank!«, sagte ich. »Sie ist wunderbar. Eigentlich ist sie viel zu schön für mich.«

Er schüttelte den Kopf. »Nein, das ist sie nicht. Es wäre schade gewesen, sie einfach so im Schrank hängen zu lassen und zu warten, bis die Motten sie auffressen. Anne hätte sie dir sicher auch geschenkt.«

»Wie war sie eigentlich?«, fragte ich, als wir wieder im Wohnzimmer saßen. Ich trug die Reitjacke noch; sie fühlte sich so angenehm leicht und warm an und roch nach Lavendel.

Onkel Scott war damit beschäftigt, seine Pfeife wieder anzuzünden. Er sah mich nicht an. »Anne, meinst du?«

»Ich hab sie doch kaum gekannt. Als ihr geheiratet habt, war ich noch nicht geboren; ich kannte sie eigentlich fast nur von Briefen und Fotos.« Ich warf ihm einen vorsichtigen Blick zu. »Oder möchtest du nicht über sie reden?«

»Warum nicht? Ich hatte irgendwie immer das Gefühl, ihr müsstet euch gekannt haben, weil ihr euch so ähnlich seid – nicht nur äußerlich. Sie hat Tiere geliebt, genau wie du; auch wenn sie nicht so pferdenärrisch war. Und sie war am liebsten draußen in der Natur. Sie liebte alle Pflanzen, kannte die Namen vieler Blumen, Büsche und Bäume – besser als ich, obwohl ich hier geboren und aufgewachsen bin.«

Er sah nachdenklich vor sich hin und zog an seiner Pfeife. »Eine bessere Partnerin als sie hätte ich mir nicht wünschen können. Sie war kein Anhängsel, verstehst du? Keine von den Frauen, die nur durch ihre Männer leben und sich beklagen, wenn man zu wenig Zeit für sie hat. Anne hatte genug eigene Interessen. Sie war nicht böse, wenn ich mit den Pferden zu tun hatte oder auf Viehmärkte fuhr. Sie hat stundenlange Spaziergänge mit den Hunden gemacht, Pflanzen gezogen und sich um den Garten gekümmert, gekocht und gebacken, das Haus in Ordnung gehalten und beim Tierschutzverein mitgearbeitet. Im Winter hat sie viel Musik gehört. Abends waren wir immer zusammen; wir haben uns auf die gemeinsamen Abende gefreut. Aber tagsüber ging jeder von uns seinen eigenen Pflichten und Interessen nach.«

»Sie war sicher glücklich hier«, sagte ich. »In die Großstadt hätte sie jedenfalls nicht gepasst, so wie du sie schilderst. Es war gut, dass sie dich kennen gelernt hat.«

Er nickte, aber sein Gesicht wirkte traurig. »Sie hätte gern Kinder gehabt«, erwiderte er. »Aber man bekommt im Leben nicht immer alles, was man sich wünscht.«

»Und du?«, fragte ich behutsam.

»Mir war es nicht so wichtig – früher nicht. Mein Leben war auch ohne Kinder ganz in Ordnung. Annes wegen hat es mir Leid getan, dass wir kinderlos geblieben sind.« Er schwieg eine Weile. »Als sie starb, dachte ich anders über die Sache. Ich weiß, alles wäre leichter für mich gewesen, wenn ich eine Tochter oder einen Sohn gehabt hätte. So bin ich allein zurückgeblieben.«

Ich hätte gern erwidert: Du hast ja mich. Doch ich sagte es nicht, denn in einem Jahr würde ich wieder von hier fortgehen; und ich war ja auch nicht seine Tochter, sondern nur seine Nichte – eine »angeheiratete« noch dazu. Wir waren also nicht einmal blutsverwandt.

Stattdessen sagte ich: »Du hast die Pferde!« Und er antwortete mir nicht wie im Frühling meine Mutter: »Pferde sind keine Menschen.« Er nickte und lächelte leicht. »Du hast Recht. Sie brauchen mich. Das ist schon seltsam. Die Natur hat es so vorgesehen, dass Tiere ohne uns Menschen leben können, aber wir haben sie von uns abhängig gemacht und nehmen ihnen ein Stück Lebensraum nach dem anderen.«

»Dafür können wir nichts, du und ich«, erwiderte ich. »Du tust alles für die Pferde, was in deiner Macht steht.«

Sein Lächeln vertiefte sich. »Das klingt gut, Laurie. Es wäre ein passender Nachruf auf mich. Er tat für die Pferde, was in seiner Macht stand. Vielleicht wird es eines Tages über mein Leben wirklich nicht viel mehr zu sagen geben als das.«

»Es ist eine ganze Menge«, sagte ich.

10

Am nächsten Tag kam Mrs. Kirkish schon mit dem Achtuhrbus, strotzend vor Tatendrang. Sie hatte gleich drei Spraydosen mitgebracht, um den Teppich und die Polstermöbel im Wohnzimmer zu reinigen. Das Zeug stank scheußlich, und die Hunde verkrümelten sich niesend und mit eingeklemmtem Schwanz. Als Onkel Scott dazukam, sagte er, er wolle nicht, dass in seinem Haus Mittel benutzt wurden, die das Ozonloch noch vergrößerten.

»Lieber hab ich einen dreckigen Teppich im Wohnzimmer«, erklärte er.

Mrs. Kirkish schien der Meinung zu sein, dass die Ozonschicht unserer Erde weniger wichtig war als ein sauberer, gepflegter Haushalt. Nach längerem Hin und Her einigten sich die beiden darauf, dass sie die Flecken auf dem Teppich mit Wasser und Schmierseife bearbeitete und die Sessel so lassen sollte, wie sie waren, bis Onkel Scott einen Polsterer bestellt hatte, der sie neu bezog.

»Aber dann müssen Schonbezüge auf die Möbel!«, verlangte Mrs. Kirkish.

Onkel Scott schüttelte den Kopf. »Nur über meine Leiche«, sagte er. »Ich dulde keine Schonbezüge in meinem Haus.«

»Dann dürfen die ›Beasties‹ aber nicht mehr auf die Sessel und aufs Sofa.«

Onkel Scott erwiderte, das solle sie mit den Hunden und dem Kater selbst ausmachen. »Die Tiere sind ihr Leben lang gewöhnt, die Polstergarnitur zu benutzen«, sagte er und ich merkte, dass er sich das Lachen verbiss. »Ich glaube nicht, dass sie begreifen werden, warum sie's plötzlich nicht mehr tun sollen.«

Um halb zehn hatten wir geduscht und uns umgezogen. Onkel Scott suchte sein Scheckbuch und ich meine Einkaufsliste, und als wir beides endlich gefunden hatten, machten wir uns daran, das Haus zu verlassen, um nach Inverness zu fahren und die Geschirrspülmaschine zu kaufen.

Onkel Scott fuhr den Rover aus der Garage. Ich war gerade eingestiegen, als ein Wagen mit Anhänger langsam über die Auffahrt gezuckelt kam, die Lorbeerbüsche streifte und bei der Vortreppe anhielt. Zwei Polizisten in Uniform stiegen aus.

»Herr im Himmel, was ist jetzt wieder los?«, murmelte Onkel Scott und stellte den Motor ab.

Im Haus bellten laut die Hunde, während mein Onkel ausstieg und sich mit den Polizisten unterhielt. Was konnte passiert sein? War vielleicht eines unserer Pferde ausgebrochen und auf die Landstraße geraten? Aber nein, Allan war ja noch draußen auf den Koppeln; er hätte es merken müssen.

Ich kurbelte die Scheibe herunter. Es ging tatsächlich um ein Pferd, so viel bekam ich von ihrem Gespräch mit. Ich beobachtete, wie Onkel Scott mit den Polizisten um den Wagen herum zur Rückseite des Anhängers ging, zog meine Füße zwischen einem Werkzeugkasten und dem Sack mit Kartoffeln hervor, der seit meiner Ankunft dort lag, und stieg aus.

Die Beamten waren gerade dabei, die Laderampe herunterzulassen.

»Sie haben ein herrenloses Pferd mitgebracht«, sagte Onkel Scott.

Die beiden drehten sich um und sahen mich an. »Das ist meine Nichte«, erklärte Onkel Scott. »Sie hilft mir mit den Pferden.«

Im Anhänger stand das jammervollste Pferd, das ich je im Leben gesehen hatte. Es sah schrecklich aus, eine verkörperte Anklage gegen die Menschen, die schuld waren oder zuließen, dass gesunde Tiere sich in solche Elendsgestalten verwandelten. Es war ein braunes Pferd, abgemagert bis auf die Knochen, am ganzen Körper mit Schwielen und Wunden, eiternden oder kahlen Stellen bedeckt, das Fell unvorstellbar struppig, verschmutzt und verklebt.

Am schlimmsten war die Angst, die sich in jeder Faser seines Körpers ausdrückte, in der Art, wie es zurückwich, als die Polizisten die Laderampe heruntergelassen hatten und in den Anhänger stiegen.

Ich hörte, wie Onkel Scott scharf den Atem einzog. »Lassen Sie mich das machen«, sagte er.

Sie kamen wieder herunter, offensichtlich erleichtert, dieses schwierige und für sie ungewohnte Geschäft jemandem überlassen zu können, der mehr Erfahrung in solchen Dingen hatte.

Mit ein paar Schritten war Onkel Scott im Anhänger. Ich folgte ihm langsamer, unschlüssig und ein wenig ängstlich, denn bei misshandelten Pferden musste man immer mit Tritten oder Bissen rechnen. Doch dieses Pferd war zu elend und gebrochen, um noch den Willen oder die Kraft aufzubringen, sich zu wehren. Es drückte sich nur gegen die Innenwand des Anhängers, als fürchtete es, geschlagen zu werden, und Onkel Scott murmelte sanfte, beruhigende Worte, während er den Strick löste, mit dem es festgebunden war. Er redete und redete, leise und gleichmäßig, hatte das fremde Pferd an dem zerfetzten Überrest eines Halfters gefasst und schob es behutsam und vorsichtig, Schritt für Schritt, rückwärts die Laderampe hinunter.

Ich ging mit, stützte das Pferd, so gut ich vermochte, und konnte die Augen nicht von ihm wenden. Sein Kopf mit der einst hellen Mähne, in der Schmutz und Kletten hingen, war einmal schön gewesen, doch jetzt war er ausgemergelt wie das Gesicht eines sehr alten Mannes. Die entzündeten Augen lagen tief in den Höhlen, die Nase war mit blutverkrusteten Striemen bedeckt. Seine Beine zitterten so, dass ich fürchtete, sie würden den dürren Tierleib nicht mehr lange tragen können und der Hengst würde im nächsten Moment zusammensinken wie ein kranker, ausgehungerter Sklave unter der Last eines Granitblocks.

Auch der Kopf des Pferdes hing schwer nach unten, als wäre sein Gewicht unerträglich. Auf seinem Hals glänzte der Schweiß. Wir führten die Jammergestalt ins Freie und meine Augen brannten. Es war wie ein Alptraum – am liebsten wäre ich davongelaufen, um mich irgendwo zu verstecken und diesem Schauspiel zu entgehen, doch ich konnte nicht fort. Ich war auf einem Gnadenhof für Pferde und ich musste lernen, den Tatsachen ins Auge zu sehen, so grausam und schmerzlich sie auch manchmal sein mochten.

»Wir haben es bei Nairn gefunden«, sagte der jüngere der beiden Polizisten, der rotes Haar hatte. »Ein Farmer hat uns angerufen. Es muss dort in der Gegend tagelang umhergeirrt sein.«

»Keiner wusste, wem es gehört. Ist seinem Besitzer wohl ausgerissen«, fügte sein Kollege hinzu. »Kein Wunder, würde ich sagen.«

»Der Besitzer wird sich auch kaum melden«, sagte mein Onkel bitter. »Er muss wissen, dass er sonst wegen Tierquälerei zur Verantwortung gezogen würde.«

»Wir wussten nicht, wohin mit dem Pferd«, sagte der Rothaarige. »Im Tierheim haben sie keinen Platz für Pferde. Sie haben uns zu Ihnen geschickt.«

»Der macht's nicht mehr lange«, murmelte sein Kollege mit einem Blick auf das Pferd. »Sieht böse aus.«

Der Hengst stand da, den Kopf tief gesenkt und rührte sich nicht bis auf das stetige Zittern der dünnen Beine. Ich hatte gegen die Tränen angekämpft, doch sie ließen sich nicht zurückhalten. Auch meine Nase lief.

Ich wandte mich ab und versuchte mit aller Kraft, das Weinen zu unterdrücken, weil ich mich vor Onkel Scott und den beiden Männern schämte; doch ich konnte nichts dagegen tun. Es war, als wäre ein Brunnen in meinem Innern, der überlief, und ich bekam den Deckel nicht mehr zu. Ich weinte nicht allein um dieses Pferd, sondern um alle geschundenen und missbrauchten Tiere, weinte über ihren Schmerz und ihr Elend und die Hilflosigkeit, mit der sie alles ertragen mussten, was man ihnen zufügte.

Ich war froh, als ich hörte, dass sie gingen. Onkel Scott führte das Pferd über *Laurels Pasture* zum Stallhof, und die Polizisten stiegen in ihren Wagen. Sie ließen den Motor an und ich schnäuzte mich heftig, fuhr mir mit dem Handrücken über die Augen und folgte Onkel Scott, während das Polizeiauto auf dem Platz vor dem Haus wendete und Mrs. Kirkish aus dem Wohnzimmerfenster schaute, um festzustellen, was draußen vorging.

Ich holte Onkel Scott noch auf der Koppel ein, da er nur langsam vorwärts kam. Das Pferd schien völlig erschöpft zu sein, blieb immer wieder stehen und atmete schwer. Die Fliegen ließen sich auf seinen Wunden nieder, gierig wie Vampire, und es hatte nicht die Kraft, sie mit einer Bewegung seines Schweifes zu verjagen.

Onkel Scott sah kurz auf, als ich kam, und nickte mir zu. Sein Gesicht war finster.

»Das ist nicht das erste Pferd, das ich so sehe«, sagte er. »Und bestimmt auch nicht das letzte. Daran gewöhnen werde ich mich nie. Aber es ist keine Schande zu weinen, wenn man so ein Elend sieht, Laurie; im Gegenteil.«

In wilder, schmerzlicher Wut verscheuchte ich die Fliegen. »Meinst du, dass wir es durchkriegen?«, fragte ich mit tränenerstickter Stimme.

»Ich weiß es nicht«, sagte er müde. »Es sieht schlecht aus.«

»Soll ich Kraftfutter holen?«, fragte ich. »Vielleicht frisst es.«

»Wir können es probieren. Aber schick mir erst Allan. Ich möchte versuchen, das Tier in den Stall zu bringen, hab aber das Gefühl, dass es womöglich gleich zusammenbricht. Allan ist kräftiger als du. Wir könnten es von beiden Seiten etwas stützen, er und ich.«

Ich rannte los, froh zu entkommen. Allan stand beim Schuppen; er war damit beschäftigt, das Entwurmungsmittel nach den Angaben des Tierarztes abzumessen und hatte offenbar nichts von dem mitbekommen, was sich vor dem Haus abgespielt hatte.

Rasch erklärte ich ihm, was passiert war, rang in meiner Aufregung nach Worten. Er sah mich mit flüchtiger Verwunderung an, wohl, weil mein Gesicht tränenverschmiert war. Doch immerhin war sein Blick nicht so feindselig wie sonst.

Er nickte nur, stellte den Messbecher beiseite, drückte mir die Flasche mit dem Entwurmungsmittel in die Hand und lief über den Stallhof.

Ich brachte die Flasche in die Futterkammer zurück, holte Weizenkleie, Quetschhafer und Melasse und lief damit ins Haus. Mrs. Kirkish und die Hunde empfingen mich an der Tür.

»Was ist passiert?«, fragte sie.

»Die Polizei hat ein Pferd gebracht, das irgendwo aufgefunden wurde«, sagte ich und drängte die Hunde in die Halle zurück. »Es ist in schrecklichem Zustand. Nein, Dart, Rascal, ihr bleibt jetzt noch hier, sonst erschreckt ihr das arme Pferd.« Und ich schloss die Haustür vor ihren Nasen.

Während ich das Futter zubereitete, tauchte Mrs. Tweedie auf, klein und verhutzelt, aber mit der entschlossenen Miene eines Fünfkämpfers. Offenbar richtete sie es bewusst so ein, dass sie von nun an jedes Mal dann kam, wenn auch Mrs. Kirkish im Haus war, um sie zu kontrollieren und ihre eigene Stellung zu behaupten.

»Diese Person«, sagte sie zu mir, »sollte sich lieber mehr um die Halle kümmern, unter der Treppe feiern die Mäuse Hochzeit. Stattdessen pusselt sie ständig im Wohnzimmer herum.«

Ich war mit meinen Gedanken bei dem elenden braunen Hengst und hatte überdies wenig Lust, mich auf Mrs. Tweedies Seite zu schlagen. »Fleißig ist sie«, sagte ich. »Und alles auf einmal kann sie nicht machen.«

Sie murmelte etwas im Stil von fehlender Ehrfurcht vor einer alten Frau und dass ich mit dem Futter die ganze Küche verstänkern würde. Dabei klapperte sie bösartig mit Tellern und Tassen, doch ich kümmerte mich nicht weiter um sie. Ich leerte das Mash in einen Eimer und verließ das Haus, diesmal zusammen mit den Hunden, da ich damit rechnete, dass das Pferd inzwischen im Stall war.

Onkel Scott und Allan hatten es in der ersten Box gleich neben der Tür untergebracht und da lag es in der Streu, schlaff, ein Haufen Knochen und schmutziges Fell, bedeckt von Schwielen und Wunden und Striemen und dem Schweiß der Schwäche. Es atmete schwer und unregelmäßig; sein Brustkorb hob und senkte sich mühsam. Ein Vorderbein zuckte noch immer.

Onkel Scott und Allan standen hilflos vor ihm.

»Hoffentlich hat er keine ansteckende Krankheit«, sagte Allan, als ich durch die Tür kam.

»Wir müssen es riskieren«, erwiderte mein Onkel. »Schließlich können wir ihn nicht einfach abschieben. Außerdem ist er zu Tode geschwächt und erschöpft.« Er beobachtete, wie ich den Eimer mit Mash neben die Boxtür stellte und sagte leise: »Er wird nichts fressen.«

»Aber er hat sicher Durst«, erwiderte ich. Schon stiegen mir die Tränen wieder in die Augen. »Hast du ein Fohlenfläschchen? Dann könnte ich ihm Wasser einflößen.«

»Wir sollten ihn jetzt nicht beunruhigen«, meinte Onkel Scott. »Vielleicht lassen wir ihn einfach mal einige Zeit in Ruhe, bis er sich etwas erholt hat.«

Wir sahen uns schweigend an. »Ich hole Will«, murmelte Allan. »Oder sollen wir Dr. Drury anrufen?«

»Besser Will. Der Doktor würde wahrscheinlich nach dem ersten Blick auf das Pferd sagen, dass wir uns die Mühe sparen können, weil es sinnlos ist.«

»Ich wollte, er würde wenigstens eine Hand voll fressen«, sagte ich leise. »Dann würde er vielleicht wieder ein bisschen Kraft kriegen.«

»Wenn man krank und völlig erschöpft ist, hat man keinen Hunger«, erwiderte Onkel Scott. »Wir müssen den Tatsachen ins Auge sehen, Laurie. Es kann sein, dass er sich zum Sterben hingelegt hat.«

Dass der Hengst nach *The Laurels* gekommen war, um zu sterben... Ich fing wieder zu weinen an. Allan war aus dem Stall verschwunden; wir hörten, wie er hinter dem Haus den Rover startete.

»Es ist so... ungerecht«, sagte ich. »Ich möchte, dass er wieder gesund wird und hier bei uns weiterleben kann, damit er noch ein paar gute Jahre hat. Er darf nicht einfach so sterben – jetzt noch nicht.«

»Selbst wenn er sich wieder erholen sollte«, sagte Onkel Scott ernst, »können wir ihn auf die Dauer doch nicht behalten. Wir nehmen hier keine Hengste auf, nur Wallache. Bei all den Stuten gäbe das ein heilloses Theater.«

Ich spürte eine wilde Auflehnung gegen das Schicksal, das so ungerecht und grausam sein konnte; es widersprach dem alten Glauben vom Sieg des Guten über das Böse. In den Märchen wurden die Helden, die Unrecht erlitten und Schlimmes überstanden hatten, stets belohnt. Doch das Leben war anders; und diese Erfahrung tat weh.

Onkel Scott legte den Arm um meine Schulter. »Vielleicht«, sagte er, »gibt es ja auch ein Paradies für Tiere – oder zumindest einen Ort, wo sie es nach ihrem Tod gut haben. Zu wünschen wär's.«

Ich suchte nach einem Taschentuch und fand keins. Mein Onkel griff in die Tasche seiner Jacke und gab mir seins; und ich schnäuzte mich und sah unglücklich auf das braune Pferd in der Streu nieder.

»Glaubst du denn an ein Leben nach dem Tod?«, fragte ich leise.

Er seufzte und schüttelte den Kopf. »Nein«, sagte er dann. »Ich wollte, ich könnte daran glauben, aber ich kann es nicht, Laurie.«

Alan hatte offenbar einige Zeit nach Will suchen müssen – als Schäfer war er ja mit seiner Herde in den Bergen unterwegs –, denn er kehrte erst nach zweieinhalb Stunden zurück, Will auf dem Beifahrersitz. Will hatte zwei seiner Heilkräutertees mitgebracht, in altes Zeitungspapier gewickelt, und dazu ein Naturheilmittel gegen Entzündungen. Er machte ein bedenkliches Gesicht, als er den braunen Hengst sah.

»Dem hat einer übel mitgespielt«, sagte er. »Schlechtes Futter, Schläge, Überanstrengung – und das jahrelang. Ein Galeerensträfling könnte nicht schlimmer ausschauen.« Nachdenklich kaute er an dem Mundstück seiner kalten Pfeife. Dann kniete er nieder und legte das Ohr an die Brust des Hengstes.

Das braune Pferd ließ alles mit sich geschehen, zuckte nur leicht zusammen, wenn es berührt wurde. Will murmelte besänftigende Worte, dann sagte er: »Das Herz ist in schlechtem Zustand.« Langsam richtete er sich wieder auf. »Kaputt wie alles andere. Fieber hat er auch – kommt wohl von Schwäche und Erschöpfung. Ich glaube nicht, dass er eine ansteckende Krankheit hat.«

»Wird er durchkommen?«, fragte ich.

Er sah mich an und seufzte. Seine klaren blauen Augen unter der gebräunten Stirn hatten den sanften Blick eines Hundes. Ich spürte, er wollte mir nicht wehtun, mochte aber auch nicht lügen.

»Hab nicht viel Hoffnung, Lass«, sagte er schließlich ernst. »Ich denke, es ist so, dass er genug hat von diesem Leben. Er kennt wohl nichts anderes als Mühe und Plage und Schmerzen. Dafür lohnt sich's nicht zu kämpfen.«

Ja, so war es wohl – das braune Pferd hatte den Kampf aufgegeben. Will meinte, wir sollten es auf alle Fälle mit dem stärkenden Tee versuchen. »Jede Stunde 'nen guten halben Liter«, sagte er. »Das sind Bergkräuter, die heilen, beruhigen und reinigen. Der Tee muss eine Viertelstunde ziehen. Wenn der Braune den heutigen Tag und die Nacht übersteht, könnt ihr anfangen, ihn hochzupäppeln. Salbe könnte ich euch bringen und Tee für Umschläge, damit die Wunden besser heilen. Aber vorerst sollte man ihn in Ruhe lassen, meine ich.«

Allan fuhr Will zu seinen Schafen zurück. Ich ging in die Küche, um den Bergkräutertee zu kochen, und geriet mitten in einen Wortwechsel zwischen Mrs. Tweedie und Mrs. Kirkish, die sich gegenseitig beschuldigten, einen Eimer mit Putzwasser umgestoßen zu haben. Ich hatte MacDuff in Verdacht, der unschuldsvoll auf dem Sofa saß und seine Pfoten putzte. Er hatte die Angwohnheit, vom Schrank oder von der

Fensterbank zu springen, wobei er wegen seines Umfangs nicht immer sehr elegant auf dem Boden landete. Dabei konnte es schon passieren, dass er etwas umstieß.

»Sie sollten wirklich besser aufpassen, statt mir noch mehr Arbeit zu machen, als ich schon habe«, sagte Mrs. Kirkish.

Mrs. Tweedies Nase zuckte vor Empörung. »Das brauchen Sie mir wirklich nicht zu sagen! Solange ich in diesem Haus bin – und das sind nun schon fast vierzig Jahre! –, ist mir noch nie ein Putzeimer umgefallen.« Dabei machte sie ein Gesicht wie eine Fee, die alles nur mit einem Zauberstab zu berühren braucht und der menschliche Ungeschicklichkeiten wie umgestoßene Eimer, angebranntes Essen oder herunterfallendes Geschirr fremd sind.

Mrs. Kirkish erwiderte etwas, was so ähnlich wie unser Sprichwort von den Spänen klang, die nur da fallen, wo gehobelt wird. Das nahm Mrs. Tweedie gewaltig übel. Sie begann aufzuzählen, was sie »in diesem Haus« schon alles geleistet hatte.

Zum Glück kam Onkel Scott in die Küche und die allgemeine Aufmerksamkeit richtete sich auf Dart und Rascal, die das Pech hatten, ins ausgegossene Putzwasser zu treten.

»Das Essen ist fertig!«, verkündete Mrs. Tweedie, während Mrs. Kirkish den Hunden die Pfoten mit dem Putzlappen abwischte. Mrs. Tweedie hatte vom Metzger Haggis mitgebracht, eine weitere schottische Spezialität – oder vielmehr *das* schottische Nationalgericht überhaupt, wie die alte Dame erklärte. Was auf den Tisch kam, war wieder einmal nicht nach meinem Geschmack, nämlich ein wurstähnliches Gebilde in Bratensoße, das aus Schafsinnereien und Hafermehl bestand.

Ich sagte, ich hätte keinen Appetit, was auch stimmte. Der Anblick des braunen Hengstes verfolgte mich. Ich hätte mich am liebsten in mein Zimmer geflüchtet und unter der Bettdecke verkrochen.

»Deine Nichte«, sagte Mrs. Tweedie spitz zu Onkel Scott, »ist eine recht verwöhnte junge Person.«

Onkel Scott erwiderte beschwichtigend, solche Spezialitäten wären wohl nicht nach jedermanns Geschmack und außerdem hätte ich einen sehr bedrückenden Vormittag hinter mir.

Mrs. Tweedie behauptete, Haggis sei »very tasty«. »Früher war man froh und dankbar, wenn man überhaupt etwas auf dem Teller hatte.«

Ich sagte: »Ich möchte kein Fleisch mehr essen. Meinetwegen soll kein Tier sterben müssen.« Meine Stimme zitterte verdächtig.

»Die Tiere werden in jedem Fall geschlachtet, mit und ohne dein Zutun«, erwiderte Mrs. Tweedie streng.

»Ich finde es gut, dass junge Leute sich Gedanken über so was machen«, mischte sich Mrs. Kirkish ein. »Wenn alle Menschen aufhören würden, Fleisch zu essen, statt nur zu denken: An mir liegt's ja nicht, sondern an den anderen, sähe es besser aus auf unserer Welt. Eine Sünde und Schande ist das, wie die armen Tiere heutzutage in Ställe gepfercht und zu tausenden abgeschlachtet werden.«

Die beiden Frauen funkelten sich über den Tisch hinweg an. Auch Mrs. Kirkish hatte das Haggis nicht angerührt, sondern ihr mitgebrachtes Käsesandwich ausgepackt. Onkel Scott seufzte und schob seinen Teller beiseite. Er hatte fast nichts gegessen.

»Ich sehe nach dem Pferd«, murmelte er.

Mrs. Tweedie begann sich wortreich darüber zu beklagen, dass sie sich so viel Mühe mit dem Essen gäbe, was jedoch von keinem »in diesem Haus« geschätzt würde. »Undank ist der Welt Lohn«, sagte sie, was eines ihrer Lieblingssprichwörter war.

Ich stand auf, seihte den Bergkräutertee ab, der inzwischen lange genug gezogen hatte, gab Onkel Scott den Becher und fing an, die Hunde zu füttern. Am Tisch herrschte eisiges Schweigen. Ich dachte an den braunen Hengst im Stall und dann an Danny, von dem ich seit Montag nichts gehört hatte und vielleicht nie wieder etwas hören würde. Es war ein schwarzer Tag.

11

Der Wecker läutete kurz vor Mitternacht. Schlaftrunken schlüpfte ich in meine Jeans und einen Pulli und stieg die Treppe hinunter, um Onkel Scott abzulösen, der bei dem braunen Hengst wachte. Doch als ich in die Halle kam, stand die Küchentür einen Spalt offen und Lichtschein drang auf den schlecht beleuchteten Flur.

Dart und Rascal zwängten sich durch die Tür und begrüßten mich. Ich sah, dass Onkel Scott am Küchentisch saß, die Whiskyflasche vor sich, das Gesicht grau im Licht der Deckenlampe.

Ich wusste, dass das Pferd gestorben war, noch ehe er es

mir sagte. Leise ließ ich mich auf dem Sofa nieder, froh, dass die Hunde sich zu mir setzten und ihre warmen Körper eng an mich drückten.

»Wenigstens hat er einen leichten Tod gehabt«, murmelte Onkel Scott. »Er lag nur da, so, wie du ihn am Abend in der Box gesehen hast, und sein Atem wurde immer schwächer und hörte dann ganz auf. Er ist einfach weggedämmert.«

Ich spürte, dass er nicht nur mich damit trösten wollte, sondern auch sich selbst. Eine Weile schwiegen wir. Neben mir atmeten die Hunde tief und regelmäßig. Dart blaffte leise im Schlaf.

»Magst du einen Schluck Whisky?«, fragte mein Onkel schließlich.

Ich wollte schon den Kopf schütteln, aber dann nickte ich, denn mir war kalt und ich hoffte, der Whisky würde mich wärmen. Onkel Scott holte ein Glas aus dem Schrank und goss mir etwas von der goldgelben Flüssigkeit ein. Sie schmeckte scharf und stark und ich musste husten. Im Wohnzimmer schlug die Standuhr die mitternächtliche Stunde.

Ich dachte an das Pferd, das zu uns gekommen war, um zu sterben. Es war ein trauriger, doch irgendwie auch versöhnlicher Gedanke, dass es seine letzten Stunden an einem freundlichen, geschützten Ort verbracht hatte, bei Menschen, denen sein Schicksal nicht gleichgültig war, die sanft und liebevoll mit ihm umgingen und versucht hatten, ihm zu helfen – auch wenn die Hilfe zu spät gekommen war.

Meine Befürchtung, ich könnte in dieser Nacht kein Auge mehr zutun, war unbegründet, denn der Whisky wirkte wie ein Schlafmittel auf mich. Kaum hatte mein Kopf das Kissen berührt, fiel ich auch schon in schweren Schlaf und träumte von Danny.

Ich träumte, dass er beim Efeubaum auf mich wartete – jene alte Eiche am Rand der Schafweide, die von Efeu überwuchert war – und dass ich ihm von dem Pferd erzählte, das in unserem Stall gestorben war. Doch plötzlich war es nicht mehr der braune Hengst, sondern der arme alte Puck aus Habermanns Stall; und ich weinte bitterlich um ihn. Da nahm mich Danny in die Arme und tröstete mich. Ganz deutlich glaubte ich seine Schulter an meiner Wange zu spüren, den Geruch seiner Haut und seines Hemds zu riechen wie damals beim Tanzen auf dem Ceilidh.

Der Traum, gnädig, wie Träume es manchmal sind, hatte mir einen Wunsch erfüllt. Doch noch während ich glücklich war und Dannys Arm um meine Schultern spürte, wusste ich bereits, dass es nur ein Traum war; und die Enttäuschung darüber war so groß, dass ich davon erwachte.

Draußen dämmerte der Morgen. Die Vögel sangen und ich war traurig und ratlos. Einige Zeit lag ich da und grübelte und begriff schließlich, dass mich der Zustand des Wartens auf ein Zeichen von Danny, die Ungewissheit bedrückte. Es war ein Zustand, den ich schon von früher her kannte – dass ich auf etwas wartete, ein glückliches Ereignis oder eine Katastrophe, und mich unfähig fühlte, selbst eine Entscheidung herbeizuführen.

Ruf ihn an, rede mit ihm oder schreib ihm, hätte Annika gesagt, der solche Unentschlossenheit fremd war. Sie hätte eine Entscheidung erzwungen und dafür gesorgt, dass sie so ausfiel, wie sie es sich wünschte. Bei mir war das anders. Mir fehlte Annikas zuversichtliche Art, die Energie, mit der sie ihr

Leben in die Hand nahm. Bei der Sache mit Danny musste ich damit rechnen, dass ich zurückgewiesen wurde. Da erschien mir Abwarten immer noch besser, weil die Ungewissheit auch ein Stück Hoffnung barg.

Doch an diesem Morgen, nach dem Tod des braunen Hengstes und meinem trügerischen Traum, hatte ich plötzlich keine Hoffnung mehr; und mir war, als hörte ich Annika sagen: »Ach, hör auf, dich wie ein hypnotisiertes Kaninchen zu benehmen, Laurie!«

Ich schwang die Beine über die Bettkante und holte das Briefpapier hervor, das Annika mir zum Abschied mitgegeben hatte. In meinem gestreiften Pyjama, der noch von meinem Großvater stammte, setzte ich mich an Tante Annes Sekretär und begann einen Brief an Danny zu schreiben.

Es wurde ein ebenso kurzer wie krakeliger Brief, denn meine Finger waren steif vor Kälte; ein Brief ohne Liebeserklärung, ein Meisterwerk an Unverfänglichkeit.

Hallo, Danny, schrieb ich, wie geht's dir so? Vergangene Nacht ist hier im Stall ein Pferd gestorben; es war keines von unseren. Die Polizei hat es gebracht. Es war in schrecklichem Zustand und wir konnten nichts mehr tun, um es zu retten, auch der Tierarzt nicht und Will nicht, der Schäfer. Der frühere Besitzer müsste wegen Tierquälerei ins Gefängnis, doch sie werden ihn wohl nie finden. Mein Onkel ist jetzt nicht mehr böse auf mich, weil ich mit euch auf dem Ceilidh war. Ich denke zwar, dass er seine Meinung über dich und deine Familie nicht ändern wird, aber er hat wohl begriffen, dass ich mich nicht in diese Feindschaft (das Wort musste ich im Wörterbuch nachschlagen) hineinziehen lasse.

Vielleicht sehen wir uns mal wieder, wenn ich nachmittags

mit Dandy oder Ginger an eurem Haus vorbeireite. (Am liebsten hätte ich geschrieben: Ich reite jetzt jeden Tag zwischen eins und zwei Uhr nachmittags bei euch vorbei, so lange, bis ich dich treffe... Doch das wäre wohl zu deutlich gewesen.)

Über dem Ende des Briefes brütete ich lange und heftig. Schließlich schrieb ich nur: »So long, Laurie«, steckte den Bogen in einen Umschlag, klebte ihn zu und malte DANNY in Großbuchstaben darauf.

Onkel Scott kam nicht zum Frühstück; an diesem Morgen schlief er wohl länger. Während ich meinen Kaffee trank, hörte ich, wie Allan telefonierte. Offenbar ging es um das tote Pferd und darum, dass es abgeholt werden sollte.

Ich trank meinen Kaffee nicht aus, sondern ging hastig mit Dart und Rascal an Allan vorbei ins Freie, um nichts von all dem hören zu müssen. Um den Stall machte ich einen Bogen, vermied es sogar, auf die grün gestrichene Tür und die hohen Fenster zu sehen, während ich beim Schuppen den Hafer in die Eimer füllte.

In der Gesäßtasche meiner Jeans steckte der Brief an Danny. Ich wollte damit zum Efeubaum gehen, sobald die Pferde versorgt waren und ich mich unbemerkt verdrücken konnte. Zwar hatte ich heute meinen freien Nachmittag; aber jetzt, wo ich den Brief geschrieben hatte, konnte ich es plötzlich nicht mehr erwarten, ihn zu »befördern«.

Während wir die Pferde fütterten, tauchte Onkel Scott auf, übernächtigt und mit Schatten unter den Augen. »Sie holen den Hengst im Lauf des Vormittags ab«, sagte Allan über Bells Rücken hinweg. »Sie wollen untersuchen, ob er eine ansteckende Krankheit hatte.«

»Das hätte Will sicher bemerkt«, erwiderte Onkel Scott. »Jedenfalls wollen wir's nicht hoffen, sonst können wir uns auf einigen Ärger gefasst machen.«

Rae und Owlie rangelten miteinander und versuchten sich zu beißen. Onkel Scott packte Rae an der Mähne und zog ihn zur Seite. Es fehlte nicht viel und er hätte einen Tritt abbekommen. Glücklicherweise sprang er noch rechtzeitig zurück, um Raes Hufen auszuweichen.

»Dieser Racker merkt sofort, wenn man nervös und unausgeschlafen ist«, sagte er.

Am Himmel standen schwere Wolken, die so tief herabhingen, dass die Gipfel der höchsten Berge in ihnen versanken. Allan ging zu *Laurels Pasture* hinüber, um Siebenschön und Myrddin zu füttern. Ich beobachtete Onkel Scott und hoffte, dass auch er verschwinden würde, damit ich die Koppel verlassen und durch die westliche Pforte zu den Schafweiden von *Braeside* laufen konnte.

»Vielleicht könnten wir ja morgen früh nach Inverness fahren und die Geschirrspülmaschine kaufen«, sagte er. »Falls nicht wieder was dazwischenkommt. Heute ist dein freier Nachmittag – hast du schon was vor?«

Zögernd erwiderte ich: »Ich wollte ein bisschen mit Dandy ausreiten und später Briefe schreiben.«

Onkel Scott nickte. »Es ist besser, wenn du dir für den Nachmittag nicht zu viel vornimmst. Das Wetter sieht nicht gut aus.« Er musterte den düsteren, wolkenverhangenen Himmel. »Könnte sein, dass sich ein Sturm zusammenbraut.«

»Ein Sturm! Du meinst, ich soll nicht ausreiten?«, fragte ich erschrocken.

»Nachmittags wird es wohl noch halten. Kann auch sein, dass wir ungeschoren davonkommen. Für gewöhnlich geht es abends oder nachts los.«

»Und die Pferde?«, fragte ich. »Was machen wir mit ihnen?«

»Falls es schlimm kommt, müssen wir sie rechtzeitig in den Stall holen. Einmal ist eine Stute auf der Koppel umgekommen, weil sie unter einem Baum Schutz gesucht hat, in den der Blitz einschlug. Seitdem bin ich vorsichtig geworden.«

Er sah noch immer müde aus und ich beschloss, zum Mittagessen Pfannkuchen zu backen und dazu Kaffee zu kochen, um ihn ein bisschen aufzumuntern. Dann hörten wir das Brummen eines schweren Motors von der Auffahrt her und sahen, wie Allan am Gatter von Laurels Pasture auftauchte und hinter dem Wintergarten verschwand. Dart und Rascal begannen zu bellen und rasten aufs Haus zu.

»Das muss der Lastwagen aus Inverness sein«, sagte Onkel Scott. »Sie holen den Hengst.« Und er ging durch das Koppelgatter und den Weg zwischen den Mäuerchen entlang.

Ich aber war froh, dass ich nicht mitkommen musste, sondern eine andere Richtung einschlagen konnte; denn ich wollte nicht sehen, wie sie das magere braune Pferd aus dem Stall und ums Haus herum trugen, um es in den Wagen zu laden.

Erst als ich die Grenze von *The Laurels* überschritten hatte und die Pforte hinter mir schloss, atmete ich auf. Die Schatten der Wolken lagerten über den von Heidekraut purpurfarbenen Weiden und Berghängen. Selbst die Schafe wirkten grau in dem blau-schwarzen, unheilvollen Licht und ein seltsamer Wind säuselte im Laub der Hecken. Die Schafe blökten und irgendwo kläffte ein Hund, doch es war nicht die Stimme von Dart oder Rascal.

Nessie! dachte ich und mein Herz klopfte schneller; aber das Gebell war sehr fern und ich sah niemanden, während ich zum Efeubaum ging, der schwarz und düster wie ein Monolith unter dem schwarzen, düsteren Himmel stand.

Nessie hatte aufgehört zu bellen – falls es wirklich Dannys Hund gewesen war –, doch mein Herz hämmerte immer stärker, je näher ich der alten Eiche kam. Vier erwachsene Männer wären nötig gewesen, um den Stamm des Efeubaumes mit ausgestreckten Armen zu umspannen, so mächtig war er. Ein Teil der Eiche war abgestorben. Spechte hatten kreisrunde Löcher für Nisthöhlen ins morsche Holz gehackt; an manchen Stellen war die Rinde abgeplatzt und zeigte die sonst verborgenen Gänge von Borkenkäfern und Eichenkernholzkäfern.

Ich ging um den Baum herum und entdeckte schließlich in Augenhöhe eine Höhlung im Stamm, die von Efeublättern fast verdeckt war. Unwillkürlich sah ich mich um, als fürchtete ich, bei etwas Verbotenem ertappt zu werden, ehe ich den Brief aus meiner Jeanstasche zog. Niemand beobachtete mich; die Schafe zogen friedlich durch Heidekraut und Gebüsch und in den Zweigen der Eiche hüpfte und raschelte ein Vogel.

Ich hob die Hand und dachte, dass dies der absolut seltsamste und sicher auch romantischste Briefkasten war, den es geben konnte. Zugleich fragte ich mich, ob Danny wohl je auf die Idee kommen würde, hierher zu gehen und nach einem Brief von mir zu suchen.

Während ich den Umschlag in die Höhlung steckte und mir

dabei an der rauen Rinde die Haut ein wenig aufschürfte, spürte ich plötzlich, dass im Inneren des Baumes etwas lag, was sich anders anfühlte als Moos, Rinde oder moderndes Holz. Es war ein glatter, röhrenförmiger Gegenstand aus Papier, der noch nicht lange dort gelegen haben konnte, denn er fühlte sich steif an, unversehrt von Moder und Feuchtigkeit.

Mit zitternden Fingern fasste ich danach und zog den Gegenstand aus der Baumhöhle, zusammen mit meinem eigenen Brief. Dann sah ich, was ich da in der Hand hielt: zwei Briefumschläge – meinen eigenen und einen anderen aus grauem Umweltschutzpapier, zusammengerollt und mit einem Gummiband umwickelt.

Es war ein Brief von Danny. *To Laurie* stand auf dem Umschlag. Ich erkannte seine Schrift sofort. Und wer hätte mir auch sonst eine Nachricht im Efeubaum hinterlassen sollen als er?

Mein Herz schlug eine ganze Serie von Purzelbäumen. Rasch steckte ich meinen eigenen Brief in die Baumhöhle zurück und lief zum Pfad, glücklich wie ein Schatzsucher mit seiner Beute.

Der Wind hatte aufgefrischt und zerrte an meinen Haaren und meiner Jacke. Ich fand einen geschützten Platz am Wegrand, wo die Hecke einen Knick nach innen machte und eine Art natürlicher Laube bildete. Dort kauerte ich mich ins Gras und öffnete Dannys Brief.

»Liebe Laurie«, schrieb er, »ich hoffe, du kommst auf die Idee, noch in diesem Jahr zum Efeubaum zu gehen, sonst kann's passieren, dass mein Brief dort verrottet. Falls ich nichts von dir höre, wird mir schon etwas einfallen, wie ich

›Kontakt mit dir aufnehmen‹ kann (klingt nach Spionagetätigkeit, wie?). Zur Not bleibt immer noch unser Postie. Ich dachte, du würdest mal anrufen, aber das tust du natürlich nicht... (Dahinter waren ein großes Ausrufezeichen und ein Fragezeichen gemalt.) Sheila und ich gehen am Sonntagabend zu einer Geburtstagsparty bei alten Schulfreunden, die in der Nähe von Dingwall wohnen. Hast du Lust mitzukommen? Wir wollten so gegen acht losfahren und könnten dich dort, wo eure Auffahrt abzweigt, abholen, oder auch wieder an der Bushaltestelle, wenn dir das lieber ist wegen MacM. Hinterlass eine Nachricht im Efeubaum oder ruf mich an – oder komm ganz einfach mal bei uns vorbei. Nessie kennt dich ja inzwischen und wird dich nicht beißen (und sonst auch keiner von uns). Danny«

Ich ließ das Blatt sinken. Mir war richtig heiß vor Glück; meine Ohren glühten und am liebsten hätte ich jemanden umarmt – Danny vor allem, aber auch Onkel Scott, Annika, Dandy oder Rascal; am besten alle zusammen. Das Leben war plötzlich ein einziges Fest, ein Sommertag, ein Geschenk der Götter – oder ganz einfach ein randvoller Honigtopf für einen schottischen Brownie.

12

Ich buk Pfannkuchen wie ein Weltmeister; »pur« für mich, zum Bestreichen mit Marmelade und für Onkel Scott mit geriebenem Käse bestreut. In meinem Überschwang gelang mir alles phantastisch. Die Pfannkuchen wurden dünn und locker und brannten nicht an und der Käse klebte nicht an der Pfanne fest. Onkel Scott aß fünf Stück davon und trank anschließend im Wohnzimmer noch drei Tassen Kaffee. Dabei glättete sich sein Gesicht langsam wieder; er lehnte sich im Stuhl zurück, seufzte tief und sagte: »Danke, Laurie. Genau das hab ich gebraucht. Ich meine nicht nur das Essen oder den Kaffee. Normalerweise würde ich an einem Tag wie heute allein herumsitzen und in Trübsinn verfallen. Es ist schön, jemanden im Haus zu haben, der das Leben mit einem teilt.«

Zum zweiten Mal an diesem Tag wurde mir warm vor Freude. »Es macht manches leichter«, fügte er hinzu, ohne mich dabei anzusehen. »Ich hatte fast schon vergessen, wie gut es tut, ins Haus zu kommen und dort jemanden vorzufinden; einen Menschen um mich zu haben, der weiß, was mich bedrückt. Einfach mal eine Tasse Kaffee vorgesetzt zu bekommen, wenn man friert oder total down ist...«

Ich dachte: Wenn Mutter das jetzt hören könnte! Laut sagte ich: »Ich bin froh, dass ich dir nicht auf die Nerven falle, Onkel Scott.«

»Auf die Nerven fallen?«, wiederholte er und lachte leise, sodass ich zuerst dachte, ich hätte eine komische, ungebräuchliche Formulierung benutzt. Doch dann erwiderte er: »Ich glaube nicht, dass du das könntest; jedenfalls nicht mir. Du gehörst nicht zu den Menschen, die einem ständig am Rockzipfel hängen oder einem die Ohren vollschwatzen. Du hast viel von Anne. Gehst deine eigenen Wege, liebst Tiere, hast eigene Interessen und bist doch da, wenn man dich braucht.«

Es war die umfangreichste Lobrede auf meine Person, die

ich je gehört hatte, und sie machte mich richtig verlegen. Ich merkte, dass ich rot wurde und stand hastig auf, um das Geschirr in die Küche zu tragen.

»Lass das doch jetzt mal«, sagte Onkel Scott. »Ab morgen haben wir eine Geschirrspülmaschine, so Gott will. Außerdem ist heute dein freier Nachmittag.« Er ging zum Fernseher und stellte ihn an. »Mal hören, was der Wetterbericht sagt.«

Wir platzten mitten in eine Übertragung der Hochlandfestspiele in Braemar, bei denen die englische Königin höchstselbst unter den Zuschauern war. Ich saß auf der Armlehne eines Sessels und beobachtete fasziniert, wie die Bagpipe-Bands auf ihren Dudelsäcken spielten, wie Männer und Frauen beim *Highland Fling* seltsam hüpfende, wippende Tänze auf Zehenspitzen vorführten, dass ihre Kilts nur so wirbelten, und bullige Männer, »Heavies« genannt, in Schottenröcken und gestrickten Kniestrümpfen ihre Kräfte im Baumstoßen, Hindernislaufen und Hammerwerfen maßen.

Dann folgten Nachrichten und der Wetterbericht. Ein Sturmtief aus Skandinavien hatte das Hochland erreicht. An den Küsten wurde Sturmwarnung gegeben.

»Sollen wir die Pferde gleich hereinholen?«, fragte ich ängstlich.

Onkel Scott stand am Fenster. »Jetzt noch nicht«, sagt er. »Vorläufig sieht es einigermaßen ruhig aus. Ich denke, wir können ein paar Stunden abwarten. In jedem Fall müssen sie vor Einbruch der Dunkelheit in den Stall, damit wir nachts nicht vom Sturm überrascht werden.«

Der Himmel war bleiern wie zuvor, jetzt aber von seltsamen gelben Streifen durchzogen, die an das letzte Glimmen von Feuer erinnerten. Die Vögel waren verstummt; man hörte nicht einmal die harten Schreie der Seemöwen, kein Grillengezirp, auch nicht das ferne, verwehte Blöken der Schafe.

Die Pferde waren voller Unruhe. Sie sahen sich mit gespitzten Ohren und weit aufgesperrten Augen um, als lauerte eine feindliche Indianerhorde irgendwo im Hinterhalt, bereit, johlend und lassoschwingend herbeizustürmen und sie zu umzingeln. Selbst vor mir wichen sie zurück und machten schreckhafte Seitensprünge. Nur die Ponys waren gelassener und Dandy verleugnete mich nicht. Er kam mir entgegen, freundlich und erwartungsvoll wie immer, und ließ sich geduldig satteln und zäumen.

Wir ritten zum Efeubaum – ohne Rascal diesmal, der sich mittags einen Dorn in die Pfote getreten hatte und mit unglücklicher Miene auf dem Sofa zurückgeblieben war. In meiner Hosentasche steckte ein zweiter Umschlag mit einem Zettel darin, auf dem stand: »Lieber Danny, als ich diesen Brief an dich schrieb, wusste ich noch nichts von deinem. Ich gehe am Sonntag gern mit euch auf das Fest und werde um acht an der Bushaltestelle auf euch warten. Laurie«

Mein Brief lag noch in der Baumhöhle. Ich holte ihn wieder heraus, riss den alten Umschlag auf und steckte die beiden Papierbogen zusammen in den neuen Umschlag. Mittags hatte ich kurz überlegt, ob ich meinen ersten Brief an Danny vielleicht einfach wieder mitnehmen und so tun sollte, als hätte ich von mir aus keinen Schritt unternommen, um ihn wieder zu sehen. Dann aber war mir klar geworden, dass das ein albernes, unehrliches Spiel gewesen wäre. Nein, ich wollte aufrichtig zu Danny sein, so weit es ging. Dass ich ihm verschwieg, was ich für ihn empfand, stand auf einem anderen Blatt.

Auf dem Weg zum Wäldchen sah ich in der Ferne drei Gestalten auf dem Heathery Hill; sie standen bei den Schafen. Ich zügelte Dandy, wartete eine Weile und sah hinüber und mir war, als würde eine der Gestalten die Hand heben und mir zuwinken. Vielleicht täuschte ich mich aber auch; die Entfernung war zu groß, um sicher zu sein. Doch es war schön, mir vorzustellen, dass Danny dort auf dem Hügel war und mich sah. Ich winkte zurück, ehe ich weiterritt, und fragte mich, ob er auf dem Heimweg beim Efeubaum vorbeigehen und meinen Brief dort finden würde.

Im Wäldchen war es dunkel, als wäre die Dämmerung schon hereingebrochen. Der Wind hatte sich gelegt. Nur das Glucksen und Plätschern des Baches war zu hören, der über bemooste Felsen sprang und bloßgelegte Baumwurzeln umspülte, die sich manchmal als natürliche Brücken von einem Ufer zum anderen spannten.

Braeside lag verlassen da; nicht einmal Nessie war zurückgeblieben, um das Haus zu bewachen. Er wurde wohl auf den Weiden und Hängen als Hirtenhund gebraucht. Die Hühner saßen mit aufgeplustertem Gefieder verschreckt unter einem Mauervorsprung und gaben keinen Pieps von sich. Eine riesige gelbe Katze lief uns über den Weg und erschreckte Dandy so, dass ich Mühe hatte, ihn wieder zu beruhigen.

Rosen blühten um die Eingangstür von *Braeside,* gelb und aprikosenfarben vor der grauen Hauswand, und das alte schwarze Auto stand in der Auffahrt, staubig, die Reifen voller Schmutz.

Als ich mich umwandte, kam es mir vor, als hinge der Himmel nun noch tiefer über der Bergkette der Cairngorms. Der Ben Nevis war völlig in dunklem Wolkengebräu verschwunden und jetzt kam erneut Wind auf, fegte in kurzen, kräftigen Böen über die Weiden und schüttelte die Bäume, die die Grenze zur Landstraße bildeten.

»Wir müssen zurück, Dandy«, sagte ich. »Ich glaube, der Sturm bricht früher los, als Onkel Scott vermutet hat.«

Es war, als hätten wir den gleichen Gedanken gehabt, denn Dandy wendete geschickt auf dem schmalen Pfad und trabte zum Wäldchen zurück. Das Tempo bestimmte er selbst. Ich hatte stets Bedenken, Dandy anzutreiben, weil ich ihn nicht überfordern wollte; doch heute hatte er es eilig, nach Hause zu kommen.

In windstillen Augenblicken hörte ich das leichte Pfeifen seiner Atemzüge und, mehr als vorher, das Bimmeln der Leitschafglocken, vermischt mit Hundegebell. Von den drei Gestalten auf dem Heathery Hill war nichts mehr zu sehen. Vielleicht hatten sie inzwischen eine mir abgewandte Hangseite erreicht, oder eine Baumgruppe verdeckte mir die Sicht auf sie.

Auf *Brooks Pasture* waren Onkel Scott und Allan damit beschäftigt, den schwierigeren Pferden Halfter und Trense anzulegen und sie paarweise in den Stall zu bringen. Die Tiere waren jetzt noch aufgeregter als vorher. Einige standen dicht gedrängt beisammen, andere liefen am Mäuerchen und am Koppelzaun entlang wie Gefangene, die einen Ausbruch planen.

Im Vorüberreiten sah ich, wie Onkel Scott und Allan den Wallach Owlie zu beruhigen versuchten. Er war gestiegen und schlug mit den Vorderhufen wild um sich. Eine neuerliche Windbö fegte Blätter und Zweige über die Koppeln.

Ich schrie: »Ich bringe nur Dandy in den Stall. Dann komme ich und helfe!« Doch der Wind trug meine Stimme mit sich fort und ich war nicht sicher, ob einer von ihnen mich hörte.

Dandy war sichtlich froh, in den Stall zu kommen, wo schon sechs weitere Pferde in den Boxen standen und ihn mit schrillem Gewieher begrüßten. In fliegender Hast nahm ich ihm Sattel und Zaumzeug ab, brachte sie in die Sattelkammer und raffte ein paar Halfter und Trensen an mich; dann rannte ich hinaus auf den Stallhof.

Siebenschön und Myrddin standen am Gatter und schnaubten verstört. Sie schienen beobachtet zu haben, wie ein Teil der anderen Pferde in den Stall gebracht wurde. Angst stand in ihren weit aufgerissenen Augen; doch ich wagte es nicht, sie allein und ohne Onkel Scotts Hilfe von der Koppel zu holen. Sie konnten noch immer unberechenbar sein, gerade in einer Situation wie dieser. Für solche Arbeiten war ich noch zu unerfahren und auch nicht kräftig genug. Ich konnte mich um die ruhigeren, gesetzten Pferde kümmern und um die Ponys, die nicht so leicht aus der Ruhe zu bringen waren wie die meisten Rassepferde.

Onkel Scott kam mir mit Owlie entgegen. Er rief mir zu, ich solle Fairy Queen holen und Nutmeg, anschließend Ginger und die Ponys.

Ich machte einen Bogen um Owlie, der seitlich auszubrechen versuchte. Onkel Scott musste seine ganze Kraft aufwenden, um ihn zu halten. Ich hatte geglaubt, wir könnten die Pferde ganz einfach in einer ruhigen Schar in den Stall treiben, so wie es in Habermanns Stall üblich war. Jetzt begriff ich, dass das hier nicht möglich war; dazu hatten wir zu viele schwierige Pferde in der Herde. Bei einigen von ihnen musste man damit rechnen, dass sie aus irgendwelchen Gründen plötzlich durchdrehten; und die Gefahr, dass sie dann alle anderen ansteckten, war zu groß.

Allan folgte Onkel Scott in gebührendem Abstand mit Bell und Primrose. »Was ist mit Myrddin und Siebenschön?«, fragte ich, ehe ich hinter ihm und den Stuten das Gatter schloss.

»Um die kümmern wir uns schon«, rief er über die Schulter zurück. »Nimm du die Ponys!«

Das Brausen des Windes hatte einen pfeifenden, johlenden Unterton angenommen, der ausgesprochen unheimlich klang. Ich sah flüchtig zum Himmel auf. Geisterhaft fahles Licht drang zwischen den Rissen in der blau-schwarzen Wolkendecke hervor. Meine Haare hatten sich gelöst, flatterten mir wild ums Gesicht und machten mich ganz verrückt. Ich band in aller Eile mein Halstuch darum und zurrte es fest.

Die Ponys drängten sich am Gatter, doch ich suchte zuerst nach Fairy Queen und Nutmeg. Der braune Wallach stand verloren zwischen den anderen Pferden, die Nase witternd erhoben. Ich nahm mir sekundenlang Zeit, beruhigend mit ihm zu reden und ihn zu streicheln, ehe ich ihn beim Halfter nahm und ihn zu Fairy Queen brachte, die mir seit ihrer schweren Fohlengeburt vertraute und sich ohne weiteres von der Koppel führen ließ.

Es war nicht einfach, auf dem schmalen Weg mit zwei Pferden zu gehen. Wenn sie gewollt hätten, hätten sie mich bis auf den Ben Nevis und wieder hinunter ziehen können und ich hätte nichts dagegen zu tun vermocht. Zum Glück waren sie beide gutmütig. Trotzdem musste ich höllisch aufpassen, dass ich nicht zwischen ihnen eingezwängt wurde oder versehentlich einen Tritt abbekam. Besonders Nutmeg bewegte sich ungeschickt, da er ja nichts sehen konnte, und ich begriff zu spät, dass es besser gewesen wäre, ein Pferd nach dem anderen von der Koppel zu holen. Nun aber musste ich sehen, wie ich mit beiden zurechtkam.

Onkel Scott und Allan standen beim Gatter von *Laurels Pasture* und versuchten Myrddin herauszuführen, die sich sträubte und angstvoll zurückwich. Ihr Gewieher erschreckte Fairy Queen. Ich musste stehen bleiben, sie mit aller Kraft festhalten und ihr gut zureden, während Nutmeg furchtsam auf der Stelle trampelte.

Als wir den Stallhof endlich erreichten, war ich total außer Atem. Meine Arme schmerzten, ich schwitzte und ein Teil meiner Haare hatte sich wieder gelöst und flatterte mir vor den Augen herum. Dann, direkt beim Brunnen, trat mir Nutmeg kurz, aber kräftig gegen das Schienbein, und für Augenblicke sah ich Sterne.

Es war nicht seine Schuld; wir hatten zurückbleiben müssen, weil Onkel Scott und Allan mit Myrddin unseren Weg kreuzten und mir bedeuteten, dass ich abwarten sollte, bis sie im Stall waren. Da hatte Fairy Queen völlig unerwartet einen Satz nach links gemacht und mich und Nutmeg mit sich gerissen. Dabei war es passiert.

Ich biss die Zähne zusammen. Jetzt war keine Zeit, mich irgendwo hinzusetzen und meine Wunden zu pflegen. Die ersten schweren Tropfen fielen, versprengt vom Wind, und die Ponys mussten in den Stall. Onkel Scott zählte auf meine

Hilfe; ich konnte und wollte ihn nicht enttäuschen. Dieser stürmische Augustnachmittag war meine erste Bewährungsprobe. Ich musste sie bestehen.

13

*I*ch fürchte, wir werden den Stiefel aufschneiden müssen«, sagte Onkel Scott.

Ich erwiderte: »Aber... es sind die einzigen Reitstiefel, die ich dabei habe!«

»Es ist auch dein einziges linkes Bein. Und es muss aus dem Stiefel heraus. Ich denke zwar nicht, dass du dir den Knöchel gebrochen hast, aber du brauchst kalte Umschläge. Üblicherweise hat man in so einem Fall einen Fußknöchel wie ein Elefant. Kein Wunder, dass sich der Stiefel nicht mehr bewegen lässt.«

Ich schluckte und erwiderte nichts.

»Mach dir keine Sorgen wegen der Reitstiefel«, sagte er. »Ich kenne einen Schuster, der die wunderbarsten Reitstiefel von Schottland macht; bei dem krieg ich Sonderpreise. Aber ich versuch's jetzt noch mal.«

Er begann wieder zu ziehen. Der Stiefel lockerte sich nicht um einen Millimeter. Es tat höllisch weh, aber ich gab keinen Mucks von mir. Vermutlich wurde ich jedoch blass, denn Onkel Scott warf einen Blick auf mein Gesicht, schüttelte den Kopf, stand auf und öffnete eine Schublade des Küchenschranks.

»Wie konntest du bloß mit diesem Fuß weiter herumlaufen?«, brummte er. »Wenn so etwas passiert, gibt es nichts, als sofort den Stiefel auszuziehen, das Bein hochlegen und kalte Umschläge machen.«

»Ich weiß«, sagte ich schwach. »Aber ich wollte euch doch helfen.«

Seine Miene wurde weicher. »Bist eine gute Lass«, sagte er. »Ohne dich hätten wir's auch nicht mehr rechtzeitig geschafft. Es war meine Schuld; ich dachte nicht, dass der Sturm so schnell aufziehen würde. Hör nicht auf mich; ich brumme immer wie ein alter Bär, wenn mir etwas Leid tut.«

Er kniete vor mir nieder, eine große Schere in der Hand, und begann an der Innenseite meines Fußes langsam das Stiefelleder aufzuschneiden. Es war zäh und ich sah, dass er Mühe damit hatte. Doch mehr als alles andere bekümmerte mich mein Reitstiefel. Ich hatte die Stiefel gebraucht gekauft und sie passten mir nicht besonders gut, aber sie waren meine einzigen, und ich hatte wenig Lust, mein erstes selbst verdientes Geld gleich für ein Paar neue Reitstiefel auszugeben, auch wenn sie handgearbeitet und piekfein waren.

Ein bemerkenswert monströser Klumpfuß kam zum Vorschein. Die Schwellung, ausgehend vom Knöchel, zog sich bis zu den Zehen hinunter und hinauf bis fast zur Wade; der Farbton erinnerte an einen Feuermelder. Onkel Scott befahl mir, den Fuß auf ein Kissen zu legen, das er auf den Küchenstuhl gepackt hatte, und machte aus Geschirrtüchern und Essigwasser einen Umschlag.

Der Sturm schleuderte wahre Gischtfontänen gegen die Fenster. Es heulte in den Kaminen, Fensterläden klapperten und der Regen rauschte wie eine Sturzflut vom Himmel.

Immer wieder zuckten Blitze ums Haus und von Zeit zu Zeit erklang ein gewaltiger Donnerschlag, so laut, dass es mir vorkam, als würde das ganze Haus davon erzittern.

Die Hunde hatten sich unter dem Sofa verkrochen. MacDuff saß mit feuchtem, gesträubtem Fell auf einem Stuhl und hatte sich zu seiner doppelten Größe aufgeplustert, als gelte es, einen unsichtbaren Feind abzuwehren. Ich hätte Onkel Scott gern gefragt, ob das Haus einen Blitzableiter hatte; doch weil ich das englische Wort dafür nicht kannte, ließ ich es bleiben.

Dann, als es wieder einmal blitzte und gleich darauf so laut knallte, dass einem fast die Ohren abflogen und sich auch meine Haare sträubten, sagte Onkel Scott: »Ich fürchte, jetzt hat es in der Nähe eingeschlagen. Ich sehe lieber mal nach, falls es irgendwo zu brennen anfängt.«

»Du gehst doch nicht aus dem Haus?«

Er schüttelte den Kopf. »Erst werde ich mal nach oben gehen und aus dem Fenster sehen, ob mit dem Stall und dem Schuppen alles in Ordnung ist. Allan ist zwar bei den Pferden, aber ich kann mich nicht darauf verlassen, dass er da drinnen den richtigen Überblick hat.«

Angstvoll lauschte ich ihm nach. Mein Schienbein, der Reitstiefel, alles war unwichtig, wenn es nur nicht irgendwo brannte. Ich wusste, es gibt kaum ein schlimmeres Ereignis als ein Feuer, wenn man den Stall voller Tiere hat. Einen Augenblick lang überfiel mich Panik; doch dann nahm ich plötzlich das Rauschen des Regens mit vollem Bewusstsein wahr und dachte: Solange es wie aus Kübeln gießt, kann nicht viel passieren. Falls es irgendwo brennt, wird der Regen das Feuer löschen, ehe es sich richtig ausbreiten kann.

Mit einem Mal war ich schrecklich müde und ertappte mich dabei, wie mein Kopf nach vorn sank. Es blitzte noch immer wie wild, aber der Donner wurde langsam schwächer und ferner; und unversehens stand Danny in der Küchentür und sagte: »Es ist alles in Ordnung. Der Blitz muss in einen Baum eingeschlagen haben.«

Ich fuhr hoch und merkte, dass nicht Danny da stand, sondern Onkel Scott. Er kam und räumte ein paar Sachen vom Sofa – einen Regenmantel, meinen armen zerschnittenen Stiefel, Socken, eine Schachtel, in der Tomatenmark gewesen war – und half mir, mich hinzulegen. Dann brachte er noch eine Decke, mit der er mich zudeckte.

»Du bist müde«, sagt er. »Ich wechsle noch rasch deinen Umschlag. Der Sturm hat nachgelassen; bald ist alles überstanden. Schlaf jetzt, Laurie.«

Am nächsten Tag rief Danny an.

Zum Glück war Onkel Scott nicht im Haus. Es war noch früh am Morgen und er brachte mit Allan die Pferde wieder auf die Koppeln, während ich faul beim Frühstück saß. Wegen meines Beines hatte ich strenges Verbot zu arbeiten und humpelte unbeholfen und stöhnend durchs Haus, gefolgt von einem ebenfalls hinkenden Rascal.

»Hallo, Laurie!«, sagte Dannys Stimme, als wäre es das Selbstverständlichste von der Welt, dass wir miteinander telefonierten. »Wie geht's so?«

Sekundenlang blieb mir die Luft weg. Ich setzte mich auf eine Kiste mit Bierflaschen und fragte schwach: »Danny, bist du's?«

»Sicher. Er ist nicht im Haus, wie?«

»Woher weißt du das?«

»Weil ich ihn draußen mit den Pferden gesehen hab; ihn und den schwarzhaarigen Lad.«

Mein Herz klopfte heftig. Im Chor fragten wir: »Hast du meinen Brief bekommen?«, und lachten dann los. »Welchen Brief?«, fragte er und ich sagte: »Ja, gestern.« Und er wollte wieder wissen, welchen Brief ich meinte; da erklärte ich es ihm.

»Dann liegt er noch im Efeubaum«, sagte er. »Den hole ich mir.«

»Es sind zwei«, verbesserte ich.

»Und?«, fragt er. »Kommst du mit? Sonntagabend, meine ich?«

»Ja«, sagte ich ziemlich steif. »Nur ... es ist was mit meinem Bein, weißt du.« Und ich erzählte ihm kurz, was mir passiert war.

»Komm trotzdem mit«, bat er. »Wir brauchen ja nicht zu tanzen. Und ich hole dich ab.«

»Abholen? Hier vor dem Haus? Das geht doch nicht!«

»Warum nicht? Wir bleiben im Auto sitzen, Shee und ich. Er braucht es gar nicht zu merken, wenn du schon draußen auf uns wartest. Wir fahren sofort wieder los.«

»Klar merkt er es. Ich möchte nicht, dass er denkt, ich will ihn absichtlich ärgern, jetzt, wo wir wieder so gut miteinander auskommen.«

Der Gedanke, dass Onkel Scott glauben könnte, ich hätte Danny und Sheila bewusst vors Haus bestellt, um ihm zu zeigen, dass ich mich einfach über seine Wünsche hinwegsetzte, gefiel mir nicht. Wir stritten eine Weile am Telefon über die Sache und Danny versuchte mir klar zu machen, dass sogar der »verbohrteste alte Knochen« einsehen müsse, dass ich mit meinem Bein nicht weit hüpfen konnte.

Schließlich einigten wir uns darauf, dass ich ihm ein Stück über die Auffahrt entgegenkommen würde, bis zu einer Stelle, die durch Bäume abgeschirmt war, sodass man uns vom Haus aus nicht mehr sehen konnte.

»Aber dort ist der Weg so schmal; du musst schließlich den Wagen wenden können!«, wandte ich ein.

»Kein Problem. Fahr ich eben rückwärts«, sagte er.

Sekundenlang schwiegen wir und die alte Verlegenheit machte sich wieder zwischen uns breit. Ich wünschte mir gleichzeitig, dass Danny das Gespräch beenden und dass er weiterreden sollte und lauschte dabei zur Eingangstür, ob Onkel Scott zurückkam. Das Blut pochte und brodelte in meinem geschwollenen Bein; dann sagte Danny: »Hör mal, Laurie, hast du mir eigentlich erst geschrieben, nachdem du meinen Brief gefunden hast oder schon vorher?«

Er klang seltsam angespannt. »Vorher«, erwiderte ich. »Ich hab deinen Brief ja erst gefunden, als ich selbst an dich geschrieben hatte und meinen Brief zum Efeubaum bringen wollte.«

»Das ist gut«, sagte er. »Ich dachte, du ... würdest mich vielleicht zu langweilig finden oder so.«

Langweilig? Allmächtige Tante! Ich musste lachen; es kam ein bisschen zittrig heraus. Dann erwiderte ich: »Nein, überhaupt nicht. Wie kommst du bloß darauf?«

»Na ja, weil... nur so.« Er hatte es plötzlich sehr eilig. »Also dann, bis Sonntag um acht, Laurie. Mach's gut und pfleg dein Bein.«

Und schon hatte er aufgelegt.

14

„Tut's dir Leid, dass du nicht tanzen kannst?«, fragte Danny. Ich schüttelte den Kopf. Nein, es tat mir nicht Leid; nicht bei dieser ganz gewöhnlichen Disco-Musik. Anders wäre es gewesen, wenn sie einen schottischen Walzer gespielt hätten, doch von Folk schienen die Leute hier wenig zu halten.

Es war das Geburtstagsfest des kraushaarigen Mädchens, das ich schon auf dem Ceilidh gesehen hatte. Sie hieß Moonie und war mit Danny zur Schule gegangen. Ich fand, dass sie hübsch war mit ihrer weißen Haut, dem schwarzen Haar und den porzellanblauen Augen. Auch einige von den anderen Leuten kannte ich flüchtig – Tom und seine Freundin, Rose, das rothaarige Mädchen, Sheilas Verehrer im Pinguinfrack und das Pärchen, das auf dem Ceilidh mit uns am Tisch gesessen hatte.

Das Fest fand in einem ehemaligen Pferdestall statt, der von Moonies Brüdern zu einer Töpferwerkstatt umgebaut worden war. Der lang gestreckte Raum hatte eine Reihe hoher Fenster und einen Fußboden aus alten Steinplatten, schief getreten von vielen Pferdehufen. Wir saßen auf Matratzen, Polstern und Strohballen; die einstigen Futtertröge waren mit Hilfe von Brettern zu Tischen umfunktioniert.

Das zweiflügelige Stalltor stand weit offen und gab den Blick auf einen ungepflegten Garten frei, in dem halb verwilderte Rosen und Katzenminze im Mondlicht blühten, gesäumt von Buchsbäumchen und stachligem Ilex. Dazwischen standen Tongefäße und abstrakte Gebilde in allen Größen und verblüffenden Formen.

Ich saß mit Danny auf einer Matratze, aus der die Innereien quollen, meinen elefantösen Fuß auf einer Kiste. Eigentlich hatte ich barfuß gehen wollen – wenigstens links –, aber dazu war es nicht warm genug. Nach langem Überlegen hatte ich einen von Onkel Scotts Gummistiefeln angezogen. Der Anblick war ausgesprochen verführerisch.

»Ist das die neueste Mode da, wo du herkommst – eine Sandale und einen Gummistiefel zu tragen, o Maid mit dem goldbraunen Haar?«, fragte Tom und kredenzte mir einen Apfelcidre.

»Da, wo ich herkomme, laufen die Leute auf den Händen«, sagte ich.

Danny verbiss sich das Lachen. »Die Art, wie du Frauen anmachst, scheint nicht immer ganz zu wirken«, sagte er.

Tom schüttelte betrübt den Kopf und quetschte sich neben mich auf die Matratze. Aus den Lautsprechern kam lautes, von eintönigen Schlagzeugklängen untermaltes amerikanisches Geheul.

»Du sitzt auf Sheilas Platz«, sagte Danny. »Sie kommt gleich zurück.«

Tom kümmerte sich nicht darum. Er warf mir einen seiner »Mir-kann-keine-widerstehen«-Blicke zu und versuchte mich auszufragen, wo ich wohnte und ob ich für länger in Schottland wäre.

»Sie weilt auf Schloss Balmoral«, sagte Danny vornehm. »Gehört zum Gefolge der Königin.«

Ich sah auf Onkel Scotts Gummistiefel, in dem mein Klumpfuß gerade Platz hatte, und begann prustend zu lachen. Tom musterte mich verdutzt. Da kam Sheila auf uns zu, den Befrackten im Schlepptau. Sie hatte Nudelsalat mitgebracht.

Langsam und umständlich richtete sich Tom auf. »Man weiß ja, wann man unerwünscht ist«, sagte er mit einem letzten seiner verführerischen Blicke auf mich.

Es wurde eng auf der Matratze. Ich saß ganz dicht neben Danny und spürte wieder diese seltsamen, unwiderstehlichen Schauer, die von ihm zu mir liefen wie Serien kleiner Stromstöße. Ob auch er diese Spannung empfand, wusste ich nicht. Wir sahen uns nicht an und ich pickte in meinem Nudelsalat herum und hätte nicht sagen können, ob er mit Salz oder Zucker angemacht war.

Die Musik dudelte uns die Ohren voll, gemischt mit einem Gewirr von Stimmen und Gelächter. Gesichter sahen auf uns nieder. Sheila und ihr Freund Ron kicherten über irgendetwas und plötzlich hörte ich Dannys Stimme an meinem Ohr sagen: »Lass uns ein bisschen rausgehen, Laurie. Es ist so laut und stickig hier drin.«

Ich nickte nur und er fasste mich um die Taille und half mir hoch. Dann bahnte er sich einen Weg durch die Tanzenden, den Arm noch immer um mich gelegt, sanft, aber fest, und wir erreichten das offene Tor.

Die Nachtluft war köstlich nach dem Rauch – klar und schwer vom Duft feuchter Blätter und der Rosen. Ein bewachsener Pfad führte zwischen Tongefäßen, Buchsbaumhecken und Ilexbüschen in den Garten hinein. Wir folgten ihm und fanden eine alte Bank unter einer Eibe.

Es kümmerte uns nicht, dass sie nass war und voller Vogelkot. Der Lichtschein der Lampe, die über dem ehemaligen Stalltor hing, reichte kaum bis hierher. Wir setzten uns dicht nebeneinander, obwohl Platz für vier gewesen wäre, und noch immer lag Dannys Arm um meinen Rücken.

Auf dem ganzen Weg hierher hatten wir geschwiegen. Ich hatte das Gefühl, etwas sagen zu müssen, doch mein Gehirn war wie benebelt. Das Einzige, was mir in den Sinn kam, durfte ich nicht aussprechen.

Danny war es, der schließlich das Schweigen brach. »Tut mir Leid, wenn du mich für einen Stockfisch hältst«, murmelte er und zog seinen Arm zurück. »Aber ich bin manchmal so verdammt verlegen mit dir. Das ist mir sonst noch nie mit... mit jemandem passiert.«

Es war scheußlich, seine Hand nicht mehr auf meinem Rücken zu spüren, so, als hätte man mir etwas Wichtiges genommen. Plötzlich war mir kalt. Ich spürte die Feuchtigkeit der Bank durch den Stoff meiner Hose dringen und die Musik aus der Werkstatt klang schrill in meinen Ohren.

»Frierst du?«, fragte Danny.

Ich nickte. Er zog die Jacke aus und legte sie mir um. Als er mich an den Schultern berührte, geschah es. Plötzlich hielten wir uns in den Armen und küssten uns. Es war ein Gefühl, als ginge eine starke Flutwelle über mich hinweg. Wenn Danny mich nicht festgehalten hätte, wäre ich vielleicht von der Bank gefallen, doch er ließ mich nicht los und ich dachte: Gleich werd ich verrückt! So kann das also sein! Warum hat mir nie jemand gesagt, dass es beim Küssen solche Unterschiede gibt?

Dann küssten wir uns wieder.

Meine Knie waren weich wie Götterspeise. Ich murmelte dicht an seiner Wange: »Eigentlich wollte ich es dir ja nicht sagen, aber...« Und gleichzeitig sagte Danny: »Als wir damals miteinander spazieren gegangen sind – mit Ginger, du weißt schon –, ist mir klar geworden, dass...«

Wir stockten beide und begannen zu lachen. Vom Stalltor her erklangen Hochrufe. Zwei Stimmen – eine Bassstimme und ein Sopran – sangen auf komische Weise im Duett: »For she's a jolly good fellow...«

Dann ließ jemand eine Leuchtrakete steigen. Sie erhellte für Sekunden Dannys schmales Gesicht und den Garten mit ihrem bunten, gleißenden Sprühregen und verglomm dann zischend, einen Rauchschweif hinter sich herziehend wie ein kleiner Komet.

Die Stereoanlage wurde lauter aufgedreht. In das letzte Zischen hinein erklangen die Töne eines schottischen Liedes, das Paul McCartney vor Jahren gesungen hatte: »Mull of Kintyre, the mist trawling in from the sea; my desire is always to be here, oh Mull of Kintyre...«

In diesem Augenblick, mit Dannys Hand in der meinen, kam mir zum ersten Mal der Gedanke, für immer hier im Hochland zu bleiben.

Liebe Leserinnen und Leser,

in meinen Erzählungen ist Tier- und Naturschutz ein wichtiges Thema, das mir sehr am Herzen liegt. Ich habe darin mehrmals Organisationen erwähnt, die sich für unsere Natur und die bedrohte Tierwelt einsetzen. Für diejenigen unter euch, die bei einer solchen Organisation mithelfen wollen, aber nicht wissen, wohin sie sich wenden sollen, habe ich eine kleine Auswahl von Adressen zusammengestellt. Allerdings kann ich hier nur die jeweiligen Hauptgeschäftsstellen nennen. Die meisten der genannten Organisationen haben jedoch Niederlassungen und Arbeitsgruppen in allen größeren Städten Deutschlands. Die Hauptgeschäftsstellen geben euch sicher gern Auskunft, wenn ihr erfahren wollt, wo sich in eurer Nähe die Tier- oder Naturschutzorganisation befindet, bei der ihr mitmachen wollt.

Eure
Ursula Isbel

Hier die Adressen:

Verein Pferdehilfe e. V.
Buttermelcherstraße 1 · 80469 München
Tel.: 089/29 13 04 43

Deutscher Tierschutzbund e. V.
Baumschulallee 12 · 53005 Bonn
Tel.: 02 28/60 49 60

Bund Naturschutz e. V.
Im Rheingarten 7 · 53225 Bonn
Tel.: 02 28/40 09 70

Bund gegen den Missbrauch der Tiere e. V.
Viktor-Scheffel-Straße 15 · 80803 München
Tel.: 089/3 83 95 20

World Wildlife Fund for Nature e. V.
Hedderichstraße 110 · 60591 Frankfurt/Main
Tel.: 069/6 05 00 30

Greenpeace Deutschland e. V.
Große Elbstraße 39 · 22767 Hamburg
Tel.: 040/30 61 80

Robin Wood
Gewaltfreie Aktionsgemeinschaft
für Natur und Umwelt e. V.
Langemarckstraße 210 · 28199 Bremen
Tel.: 04 21/59 82 88

Jugendbücher ab 12

Abby Lynn

von Rainer M. Schröder

ABBY LYNN - die fesselnde Geschichte eines jungen Mädchens, das trotz widrigster Umstände sich selbst und ihren Idealen treu bleibt.

Abby Lynn
Verbannt ans Ende der Welt

Abby Lynn ist gerade vierzehn Jahre alt, als sie an einem kalten Februarmorgen des Jahres 1804 in den Straßen Londons einem Taschendieb begegnet. Angeblich der Komplizenschaft überführt, verschwindet sie hinter den Mauern des berüchtigten Gefängnisses von Newgate. »Verbannung« lautet nach qualvollen Wochen des Wartens das Urteil. Verbannung zu sieben Jahren Sträflingsarbeit in der neuen Kolonie Australien.

Abby Lynn
Verschollen in der Wildnis

Abby ist glücklich auf Yulara, der Farm der Chandlers. Seit kurzer Zeit ist das ehemalige Sträflingsmädchen Andrew Chandlers Frau. Eines Tages macht sie sich mit einem Nachbarn auf zu dessen Farm. Doch dort kommt der Planwagen nie an. Obwohl die tagelange Suche einer vielköpfigen Patrouille ohne Ergebnis bleibt, will Andrew nicht an den Tod seiner jungen Frau glauben. Gemeinsam mit dem Fährtenleser Baralong versucht er sich Gewißheit über Abbys Schicksal zu verschaffen. Andrew lernt, auch unsichtbare Zeichen zu verstehen und wird mit den geheimnisvollen Traumpfaden und Mythen der Aborigines vertraut. Und er begreift, welchen Schaden die Arroganz der Siedler in dieser Welt anrichten wird.

Erschienen bei C. Bertelsmann

Als Taschenbuch bei OMNIBUS

Der Taschenbuchverlag für Kinder und Jugendliche
von C. Bertelsmann